超高齢社会と向き合う

田尾雅夫
西村周三 編
藤田綾子

名古屋大学出版会

はじめに

　この社会と，それを支えるシステムそのものが，今，大きく変容しようとしている。グローバリゼーションといい，高度情報化といい，そしてさらに，本書で取り上げる少子高齢化といい，建築物にたとえれば，この社会の骨格に相当するところが大きく変化しようとしている。いや，骨格そのものが入れ替わろうとしているのである。20年も経てば，鉄骨とコンクリートだけではビルは建たなくなるかもしれない。しかし，それに替えて何を基材とすればよいのかが，まだ分からないのである。さらに，たとえそれが見つかったとしても，それを組み立てるノウハウがまだ分かっていないのではないかという不安もある。これらは，考えれば考えるほど，払拭しがたい不安を喚起することになりかねない。

　極端に言えば，今後半世紀を経れば，この社会は，今の社会では想像できないような社会に様変わりしているかもしれない。20年後，10年後，もしかすると，10年と経たないごく近いところで，前倒しの変化が起きるかもしれない。しかも，この変化は，必ずしも明るい未来を約束するものではない。その逆に，停滞の社会，出口の見えない社会であるかもしれない，そのような見通しを立てる人も少なくない。それをデータで実証する，または簡潔に論証することは難しいが，皮膚感覚的に言えば，狼少年の戯言であると葬り去ることができないようではある。私たちの近辺では，それの予兆として，いたずらなと言って片付けることのできない騒がしさを感じる機会が多くなったからでもある。経済の停滞，貧富の拡大，政治的ポピュリズムの横行などである。もちろん，ただ騒ぐだけでは，何の益もない，悪あがきに類することである。しかし，あがきもせずただ座視するだけでは何も展望はひらけない。この延長線上に，その社会は確実に到来するからである。その予兆は，重石を載せたように，私たちを重い気分にさせる。

その重い気分を払拭するために，私たちは何かをしなければならない。その何かをするためには，現実の重さを考えれば考えるほど，よほどの覚悟がなければならないようではある。しかし，その覚悟がなければ，そして何もしなければ，その重石はますます重く感じられることになるだろう。したがって，その社会に真剣に向き合うためには，またはその社会で生きる決心をするとすれば，その社会を直視して，重い気分を少しでも軽減できそうな方策の工夫を重ねるべきである。対費用効果は必ずしも大きくないかもしれないが，それでも，生きると決心した以上は，少しでもその重石を取り除くような試みに，私たちは参加しなければならない。

その社会については，すでに述べたがグローバリゼーションや高度情報化などさまざまな視点から考えることができる。そのなかでも本書は，高齢化の影響を中心に考え，その社会の有様，そしてそれにどのように対応するか，またできるかについて，可能な限り提言的に考えてみたい。この社会は今，いわゆる超高齢社会の入り口に位置している。それは高齢化社会でもなければ高齢社会でもない。高齢者が多い，それも尋常の多さではない社会が，近い将来，到来しようとしているのである。今日でもすでに多いが，その比ではない社会が目前に迫っている。いくらか語弊のある言い方であるが，高齢者が多くなりすぎると，社会に対して過剰なコストを負荷することになる。『楢山節考』の世界である。多くなりすぎると，この社会のインフラが崩されるかもしれない。見方によっては，この社会の存立に関わる危機であると言ってもよいのである。

少子高齢化への対策については，部分的には，すでにその社会の変貌に向けて施策的に工夫が重ねられている。地方分権や福祉関連諸法の改正，介護保険の制定などである。しかし，それらはまだ部分的であるし，バラバラの感は拭いがたい。システムとして相互に関連づけられなければ，カマキリが敵に向けた斧のように，どれだけの効用が発揮されるかについては，心許ないことである。少なくとも，その重石を根本から除去できるほどの効用は期待できないであろう。それぞれ個々別途に対応するようでは，近未来の深刻

な危機的状況に対処することはできないのではないだろうか。欲しいのは，ビッグマップである。その社会を，今の社会に繋げて，何が問題であるのか，何をすれば少しでも対費用効果がよくなるのか，それを鳥瞰できる見取り図が欲しいのである。

　本書は，まだ完全とは言えないであろうが，それに一歩でも近づくためのガイドブックとして位置づけたい。高齢者の多い社会を，少しでも住みよい社会にするための，基本的な考え方，それに根ざした方策について，それぞれの分野に詳しい方々に執筆をお願いした。本書を手にされる方々は，各章をそれぞれ個別にではなく，それらを繋げながら読まれて，未来の社会と，そのなかでのあるべき対応策を構想していただきたい。そしてその社会での生き方を考えていただきたい。

　なお，本書の出版にあたっては，名古屋大学出版会の橘宗吾氏と神舘健司氏にお世話を願った。企画の当初は，これほど大きく広がるとは考えてもみなかったが，本書のように大きく膨らんだのは両氏の熱意による。重ねて感謝したい。

2003年1月

編者を代表して　田尾雅夫

目　次

はじめに　i

I　超高齢社会を考える基礎

I-1　超高齢社会の到来 …………………2
1　超高齢社会とは…(2) / 2　超高齢社会の必然…(3) / 3　悪夢…(7) / 4　悪夢を超えて…(8) / 5　しかし，時間がない…(10) / 6　エイジズムという偏見…(12) / 7　コストを少なくする…(13) / 8　悪夢のマネジメント…(14)

I-2　エイジングについて――加齢現象とは …………17
1　エイジングとは何か――純粋な年齢効果をどのように抽出するか…(17) / 2　エイジング研究の方法…(18) / 3　生理的エイジング…(19) / 4　心理的エイジング…(24) / 5　おわりに…(28)

I-3　人口について――超高齢化とは …………30
1　はじめに…(30) / 2　超高齢化の動向…(31) / 3　超高齢化の人口学的要因・帰結…(36) / 4　超高齢化対策としての人口政策…(39) / 5　おわりに――地球規模での対策…(42)

I-4　豊かなのか，貧しいのか――高齢者の経済状況 …………47
1　はじめに…(47) / 2　家族関係の変化――三世代世帯の減少と単身世帯の増加…(48) / 3　高齢者

の所得・資産…(51)/4 経済状況に呼応する環境の変化…(59)/5 今後の展望…(61)

II 社会・心理・行動

II-1 エイジズムへの挑戦 …………66
1 はじめに…(66)/2 教科書の中のエイジズム…(70)/3 介護の中のエイジズム──高齢者虐待…(73)/4 エイジズムからプロダクティブ・エイジングへ…(77)/5 おわりに…(81)

II-2 高齢者から家族と地域を考えなおす …………84
1 はじめに…(84)/2 客体から主体としての高齢者へ…(84)/3 高齢者の新しい暮らし方──ニュータウンの事例から…(89)/4 超高齢社会の家族と地域のゆくえ…(94)

II-3 より積極的に生きる──仕事とその設計 …………99
1 就労における高齢者の課題…(99)/2 職務再設計…(103)/3 高齢者就労のための能力開発…(109)/4 高齢者就労の実例…(112)/5 高齢者就労の課題とその解決方法…(116)

II-4 心身の病理と向き合う …………118
1 高齢期のさまざまな喪失と対処行動…(118)/2 高齢期の心身の病理への受け止め…(122)/3 心身の病理への予防の取り組みと健康増進…(127)/4 看取り,そして死にゆくことに向き合う…(130)

II-5 超高齢社会と介護 …………136
1 はじめに…(136)/2 長寿化の進展と介護…

(137)／3　家族の変化と介護…(141)／4　介護の社会化と要介護高齢者の生活…(146)／5　おわりに…(150)

III　政策・制度・組織

III-1　行政施策──地方自治体による超高齢社会への対応 …154

1　はじめに…(154)／2　行政の対応…(155)／3　論点1：コストを考える…(156)／4　論点2：システムを考える…(158)／5　論点3：新しい資源を考える…(162)／6　行政の果たすべきこととは…(164)

III-2　保険・年金・医療・介護制度 …168

1　はじめに──制度理解の必要性…(168)／2　社会保障の給付と負担について…(169)／3　社会保険制度と税による社会保障…(173)／4　公的年金制度と自助努力──「リスク」の理解…(175)／5　医療保障の見通し…(184)／6　介護保険の見通し…(186)

III-3　高齢者雇用 …189

1　はじめに…(189)／2　高齢者雇用の現状…(190)／3　雇われる側の論理…(198)／4　雇う側の論理…(199)／5　目指すべき方向…(202)

III-4　高齢者施設のこれから …208

1　はじめに…(208)／2　介護保険制度と施設…(210)／3　介護サービスと非営利性…(213)／4　アメリカの場合…(216)／5　日本の場合…(218)／6　おわりに…(221)

終章　変化に対する適応力 ……………………………………223

1　はじめに…(223) / 2　第1の変化：世界の中での変化…(224) / 3　第2の変化：技術の変化…(227) / 4　適応力を高めるには…(230)

索　引　233

執筆者一覧（執筆順，＊印は編者）

＊田尾　雅夫（京都大学）　はじめに，I-1，III-1
＊藤田　綾子（京都光華女子大学）　I-2，II-1
　小島　　宏（国立社会保障・人口問題研究所）　I-3
＊西村　周三（京都大学）　I-4，III-2，III-3，終章
　安達　正嗣（名古屋市立大学）　II-2
　長町　三生（広島国際大学）　II-3
　石井　京子（大阪市立大学看護短期大学部）　II-4
　春日キスヨ（安田女子大学）　II-5
　井本　　喬（元・デイサービスセンター「ベラミ」所長）　III-4

第 I 部

超高齢社会を考える
基　　礎

I-1

超高齢社会の到来

1　超高齢社会とは

　われわれは今日に至るまでに，すでに高齢化（aging）社会を経，そして高齢（aged）社会を経つつある。その果てにある超高齢社会とは，人口の3割，4割，もしかするとそれを遙かに越えるような，高齢者が圧倒的多数を占める社会である。少子化が今のままであると，人口の半数が高齢者という社会も，極論ではなく，あり得ないことではない。
　その社会には，健康に支障のない，経済的にも自立できる高齢者も多いのだろうが，他方には，一人暮らし，寝たきり，病弱，さらに言えば，痴呆性の障害をもった人たちも，また増えることになる。逆に，高齢者を支える生産人口や労働力人口は，むしろ減少に向かい，少子化がそれに追い打ちをかけるように，それらの人口をいっそう少なくする社会でもある。その高齢者が多い社会を，悲観的に考えれば，支えきれなくなる事態もないことではない。国立社会保障・人口問題研究所がまとめた『日本の将来推計人口』[2002]の中位推計によれば，その社会では生産年齢人口比は1.5人で，高齢者1人を1.5人で支えることになる。なお，2050年には高齢化率（全人口に対する65歳以上の高齢者の人口比）が，先進各国では25％程度で推移するのに対して，わが国では35％に迫る，あるいは越えることが予想されている。これは，狼少年を気取って言えば，後述する「悪夢」に近いことになる。この社会のことを，私たちはできるだけ詳細に，今，承知しなければならない。狼が来てから騒いでも手遅れである。

周知のことであるが，1995年の国勢調査で，65歳以上の高齢者の人口比が14％を超えることが明らかになった。わが国は高齢社会に入ったのである。高齢化社会ではすでにない（なお，高齢化社会とは高齢者の人口比が7％以上，高齢社会とは14％を超えた場合を言う）。そして，それをはるかに上回るという超高齢社会の足音が聞こえるようになった。いや，もう目前に迫っているのである。2020年には高齢化率27.8％で，4人に1人が高齢者で占められると予想されている。少子化の進行次第では，それがさらに前倒しになるかもしれない。

　極論をあえて言えば，高齢者はコストである。エイジングはさまざまな支援措置を必要とする。とくに75歳以上の後期高齢者については，支援がなければ最低限の生活基盤さえ保障されない人が多くいる。いわゆる社会的弱者が多くを占めるようになる。また，65歳以上の高齢者の人口比が増加することは，少子化と合わさって，そのコストを負担する労働力人口が減る，そして国力がいっそう衰退することを意味している。もしかすると，この社会が早晩，成り立たなくなるという覚悟を，私たちに迫っていると言えなくもない。労働力の減少は，社会全体の活力，あるいは国力の減衰に直結しているからである。消滅には至らないとしても，このグローバル化された国際社会でのプレゼンスを大いに乏しくするであろう。これを危機という認識で捉えるのは，当然と言うべきである。

　危機ではあるが，それならばなおのこと，それを前向きに捉え，それを乗り越えようとする意志がなければならない。超高齢社会は，その姿勢が問われる社会でもある。

2　超高齢社会の必然

　一般的に言って，高齢者の増加は高度に産業化された社会においては避けられないことであるとされる。衛生状態が改善され，健康に生きられるよう

になれば，さらに，経済的に衣食が足りるようになれば，長寿に向かい，高齢者が多くなるのは1つの必然である。しかし，わが国の場合，他の国々に比較していっそう高齢化問題を深刻にさせるのは，その増加の度合いが急速であることによっている。たとえば，しばしば用いられる基準として，高齢化率7％が，14％に倍加する年数が，アメリカ合衆国で71年，スウェーデンでは85年に対して，わが国は24年である。ヨーロッパの他の遅い国と比較してさえも2倍以上である。清家 [1998] は，これを2倍速，3倍速と呼んでいる。

しかし，高齢化問題への対処の出遅れ感は，ようやくこの社会に浸透し，共有されはじめている。それと呼応して，施策的な対応もはじまった。本書の各章で議論されるように，個々の施策の展開については，急速に整備され，この数年，他の国々に比較しても，遜色があるとは言えなくなった。その施策的な対応をみれば，ほぼ出揃った感さえある。とは言いながら，全体としてみれば，出遅れた分，それに備えたさまざまな施策は後追い的になりがちであり，まだ多くの問題点が残されているようにもみえる。

とくに，高齢者という生活者を，どのように位置づけるかについての論点が，決定的に不足していると言ってよい。基礎的なところでの，高齢者その人に焦点を当てた論点は未しの感がある。高齢者とはどのような人たちであるのかという観念が，まだ成熟しているとは言えないということである。たとえば，社会的弱者として一括することは正しい見方とは言えない。弱者とは言えない人も多くいる。また，弱者をつくらないことが施策の基本でもある。さらに，エイジズムという固定観念がある。それを払拭することで，超高齢社会の高齢者の悲惨さはいくらかでも解決に向かうことが期待されるが，そのためには，高齢者の経済的，精神的，肉体的な自立を図るフィロソフィの構築が欠かせない（石川 [1998]）。高齢者にとって自立とは何か，それが不可能な人，弱者と言える人たちとはどのような高齢者であるのかを見極めなければならないであろう。

要は，施策に先行するフィロソフィ，施策を支える基礎に相当するところ

の強化が必要ということであろう。施策という葉が茂っても根っこの部分が弱くては，巨木は倒れるかもしれない。さらに，大きく繁るほど，その巨木を外から展望する工夫も欠かせなくなる。偏って伸びれば，バランスを失い，少しの風で倒れるかもしれない。それを防ぐためには，根っこや枝葉，そして，やがて花を咲かせるであろうその巨木，その全体を見渡せるような視点からの議論が必須となる。つまり，家庭や地域社会，そして高齢者自身の自助的な努力などミクロの世界が，マクロの施策に重ね合わされてはじめて，超高齢社会は安寧を得るのである。これは，全体として捉えるのと同じことである。しかし，現時点では，高齢化の進行に対して，それへの対応がマクロもミクロも個々バラバラであり，概して言えば，後手後手であるとの印象は払拭しがたい。

　したがって，マクロもミクロも包み込んで，全体的な対応のために，来るべき超高齢社会を社会全体として支えるべく，どのように支えるようにデザインするか，このことが基本的なテーマとならざるを得ない。超高齢社会に近づくほど，高齢者への施策が，あらゆる施策の中心に位置づけられることになるのである。高齢者が増えると，病弱で虚弱，寝たきり老人や一人暮らし老人も増えることになる。誤解を覚悟で，あえて高齢者はコストであるとは，すでに述べたが，このコストは少なくはできるが，決定的になくすることはできない。

　高齢化とは，心身の衰えを必然としている。私もあなたも避けることはできないことである。しかし，その衰えには遅速の個人差がある。その個人差が，逆にコストを大きく負荷することになる。健康な高齢者に対しても，予防や早期発見的な措置などの対応施策が欠かせないが，高齢者を一括に把握はできない，またルーティンとして扱えない。機械化によるコスト削減にも限度がある。個別に，一人一人の高齢者に関わるほど，その差異に配慮されるコストは膨大なものとなる。真剣に考えるほど無限に膨らむことであろう。施策としては，そのことが不可避の制約となる。

　その社会の到来を必然として，では，その高コストに社会全体としてどの

ように対応できるのかということである。一方で，若年労働力の減少，他方で，介護を必要とする高齢者の増大が差し迫れば，当然，労働力の確保はあらゆる意味において欠かせないことである。マクロとミクロの結合は，来るべき超高齢社会を乗り切るための工夫であり施策でなければならない。

　それはまた，社会全体の問題としてだけではなく，私たち一人一人の問題でもある。その社会に，私たちは，どのように向き合えばよいのか。その社会で，できるだけ生きがいをもって幸せに生きるために，どのようなことをどのようにすればよいのか。そのことについて私たちは，できるだけ速やかに有効な解決策を，施策への期待だけではなく個人として一人一人が考えなければならない。たとえ今以上にIT化が進んで生産性が向上するようなことがあっても，特効薬が発明されてエイジングによる影響，健康への支障が少なくなるようなことがあっても，それは淡い僥倖というべきで，まさしく当てにならない期待である。将来を楽観的にしか考えないというのは，もしかするとイソップの寓話のキリギリスにたとえられるようなことではないだろうか。むしろ場合によっては，アリのように生きることこそ大切であると考える人がいなければならない。その方が不利益は少ないかもしれない。しかし，アリになって閉じこもる人が多くなれば，集合の誤謬で，ますます社会全体が萎縮に向かうであろうことも確かなことである。

　高齢者が多くなるであろうという確実な近未来，それに対する，この社会の資源の決定的な不足，これは前門の虎，後門の狼に喩えてよいであろう。虎に対しても狼に対しても優位であるためには，超高齢社会の根本にあると予想されるコストやリスクを，根本からどのように組み立て，処理するかを考えなければならない。つまり，前述の，根っこの問題である。それが虎対策であり狼対策である。その土台を支えることができなければ，解決策につながるものは何も得ることができない。そして，そこで何も得られなければ，社会不安をいたずらに煽るようなことになる。そうならないためにも，近未来の社会に対して，今から何ができるか，何をすべきであるかを考えなければならない。フィロソフィとして，具体的な工夫として施策として，また社

会全体としても個人としても，前向きに注意深く向き合わなければならないのである。社会も個人も，いくらかは狼少年的になった方がよい。狼は間違いなく来るのであるから。

3　悪　　夢

　繰り返すが，高齢者が増えるほど，それに少子化が加わって，労働力人口が減少を続けるほど，この社会の維持の難しさを招来する。維持できなくなる可能性もないとは言えない。しかし，一般的に指摘できることであるが，国富，いわゆるパイが増大しつつあれば，その過程で，持てるもの，持たざるもの，つまり貧富の格差が小さくなる。わが国の高度成長期が，それであった。しかし，今以降，国富が減少するとともに，社会的な資源の偏在が顕在化するのではないかという危惧がある。それが，いたずらにこの社会の不安を増幅して，結果的に，社会のシステムを円滑に稼動させなくなるということもないことではない。経済成長はすでに鈍化しているが，これが縮小に転じれば，ハンチントン［1995］の「第三の波」の仮説に従えば，民主主義が逆戻りして権威主義に回帰するようなことがないとは言えない。そうでなくとも，この社会の民主主義を支える基盤が盤石であるとは言い難いようである。

　ここまで言えば，狼少年としての役割をいたずらに大げさに演じているようであるが，その心配を少なくするのが，社会的な施策でなければならない。これらの悪しき連関を断つような工夫が，全体社会の施策から日常のささやかな工夫まで，さまざまなレベルで要るのではないかと考える。たとえば労働力の減少自体はやむを得ないと，とりあえず考えてみる。その減少をできる限り少なくするために，継続雇用も再雇用も，あるいは女性の活用も，さらに，外国人労働者の活用も，それを施策的に推進することが課題となるであろう。しかし，それでも，十二分に必要な労働力の確保が難しく，国力の

現状の維持さえ難しいとすれば，社会的な資源の偏在を避ける，少なくとも貧富の格差を顕在化させる政策的な愚行だけは避けなければならないことになる。そのためには保険制度の充実や徴税方式の変更などで応えるしかない。マクロな社会の枠組み自体を変更するようなことも必要になる。貧富の差を大きくして，この社会が不安定になるようであれば，シビル・ミニマムをどのように再構築するかなどについても考えなければならなくなる。資源の適正配分の工夫など，いわゆるマネジメントの考え方も要請されることになるであろう。

4 悪夢を超えて

　以上のことは，しかし，すでに多くの関係者には周知のことである。いまさら，付け加えることは少ない。言うまでもないことも多い。すでに多くの人たちが，超高齢社会という言葉を見聞きしている。その言葉を承知しない人はすでにごく少数である。しかし，その多くの人たちにとっては，その言葉がネガティブな響きをもつことが問題である。漫然とした不安を共振させつつ，それをやむを得ず迎えなければならないような社会心理がある。この心理を制御するためには，いたずらに無用の不安を煽るようなことは得策ではない。狼少年が言っていることは正しいが，余計な不安を煽っていることが問題なのである。その余計な不安の心理を抑制できるような施策的な対応を急ぐことが必須である。
　余計な不安をなくし悪夢を悪夢でなくするためには，社会の正確な見取り図と，それを実現するための施策，さらに詳細な処方箋をできるだけ早急に提示することが必要である。提示されれば，その不安は少しずつではあろうが解消に向かうであろうし，近未来の社会，超高齢社会を積極的に意義づけることもできるようになる。明るさについてはまだ何とも言えないが，少なくとも前向きの展望を得ることにはなるであろう。それができるかどうかは，

それに真正面から向き合うかどうかにかかっている。それから目を逸らすようでは、私たちの老後の幸せな生活は成り立つはずはなく、社会の安寧はないと言ってもよいであろう。

　ただし、群盲、象をなでるのたとえもある。全体図を正確に描かないと、不安を大きくすることは間違いない。しかし、その全体を捉えることが難しい。結局、部分的な工夫や部分的な施策の集合だけになってしまうということもあり得る。いや、その方が圧倒的に多いと言うべきであろう。しかし、前述のように、個々の工夫や施策をバラバラに積み上げるだけでは、この社会を乗り切るためには力量不足である。当面の経済状況、景気の浮沈に一喜一憂するだけではなく、この社会を支える資源が年々歳々乏しくなっているという現実をしっかりと見つめなければならない。個々の施策が妍を競うだけでは、希少資源をますます無駄に消耗することになる。具体的に言えば、たとえば、内閣府による平成13年版『高齢社会白書』[2001]は、対策として、就業・所得、健康・福祉、学習・社会参加、生活環境の4つの領域を区分している。その施策の集合は超高齢社会の施策立案のための対策集として、何も付け加えるものがないほどである。しかし全般的に施策の列挙のみで、総合的というべき視点を欠いている。施策縦断的な視点がないと言ってもよいのではないか。宮島[1997]にも、縦割体制の無駄について、同じような指摘がある。

　諸々の施策を連結する、総合的、あるいは縦断的で、全体社会的な規模での設計図がなければならない。高齢者のためには、あるいは超高齢社会のためには、福祉だけではない、医療だけではない、介護だけではない、法制度、そして再雇用や継続雇用も含めた見取り図がなければならない。公的なセクターからも私的なセクターからも、また近年注目されはじめた第三セクターやボランティアなども含めて、さまざまな視点から検討がなされ、それらの相互連関のなかで超高齢社会が論じられなければならない。それを支えるのはマルチディシプリナリーで、インターディシプリナリーな取り組みであり、それがなければ悪夢は越えられない。

5 しかし，時間がない

　しかし，そのための時間的な猶予はあまりないようにも見える。実際，それに備えての施策が，さまざまに提言され企画され，また実行されている。たとえば，福祉八法の改正，地方分権，介護保険など，さまざまな制度の改変がある。それはそれで急ぐべきであり，現実に急いでもいるが，それにしても間に合うのかという危惧は大いにある。繰り返すが，あと10年も経てば，否も応もなく，超高齢社会のとば口に立つことは間違いない。20年も経てばそのど真ん中にいる。戦後50年に比べれば，それは目に見えて近いところにある。遅きに失したという声も聞かれなくはない。それほど差し迫ったことである。時間との競争であるという認識を，今，私たちは共有しなければならないのである。

　しかし，超高齢社会を少しでも住みやすい社会にするためには，今からでもできることはある。今現在の工夫や施策の積み重ね，それをできる限り有効に活用して，少ない資源を少しでも有意義に使う努力を途中放棄しないことである。今からの積み重ねが，間違いなく，住みよい社会の実現に資することになる。さらに時間がかかるのではないかという危惧もあるが，これまでの確実な施策展開の延長線上で地道に努力することによって，その上に住みよい社会が大きく開花することになるはずである。ささやかな例であるが，ゴミの分別回収は市民の協力を得なければできず，かつては困難だと思われていた。しかし，この社会の趨勢は，分別回収を強力に押し進めようとしている。危機を目前とした時の社会の変化と，市民の意識の変化は寄り添うように，同じ方向に向かうのである。来るべき社会は市民参加を当然とするであろうし，それだけにセクターの垣根を超えて，さまざまの連携や協働の関係が実現されるであろう。

　また，見方を変えれば，超高齢社会とは，薄汚れた社会でさえなければ，社会的弱者を多くさえしなければ，それだけでもよいのではないか。高齢者

の多い社会は，成熟した市民が住まう社会である。それは，この社会の1つの到達点である。社会的なパイは縮小の方向に向かいかけているが，圧倒的なコストに，いわば青息吐息，呼吸困難で窒息さえしなければ，それだけでもよいのではないか，という考え方もなくはないのである。市民社会の成熟は，それとトレードオフの関係にあっても，十分見合うのではないだろうか。

　また，語弊はあろうが，高齢者が増えることは，この社会が真綿で首を絞められるようなことに喩えられる。それならば，今から少しずつでもよいから，真綿を取り除くことである。1つの方策として，高齢者がそれ自身独自の世界を構築するという可能性も考えてよいのではないか。ロソー［1998］は，高齢者が彼らだけの，いわば1つのコミュニティを創ることで，老人に関する否定的な見方から老人を保護できるような同質的な集団ができると考えている。真綿を除去する有力な提言でもある。この考えも，自立を促すということでは，市民社会の成熟と並行している。

　さらに極端に言えば，その社会で呼吸だけでもできれば幸せではないか。つまり比較的穏やかに，この半世紀が経過すれば，その先にはまた大いなる成長があるのではないか。しかし，場合によっては，それさえもできない社会が目前に近づきつつあるというのである。気がつかない間に呼吸困難になっていた，あるいは気がついたときはもう手遅れで手の施しようがなかった。しかし，今からであれば，遅くないとは言えないものの，まだ，真綿を少しでも除去できなくはない。また，その作業過程を，この社会の成熟，その下地をつくるための基礎作業として前向きに捉えることもできなくはない。この四半世紀，長くとも半世紀を持ちこたえ，耐えることで足腰の強い社会に仕上げたい，そのための方法論を問う，それが今の課題，緊急の課題ではないだろうか。

6 エイジズムという偏見

　しかし，それだけでは，高齢者を介護や看護の対象として，社会のコストとして捉えるだけで，きわめて一面的であり，成果を得るところも少ない。このイメージの普及は，この社会の未来を閉塞状況に追い込むことにさえなりかねない。この状況をどのように超えるか，それが，今後の，近未来の超高齢社会を正確に認識する枠組みとならなければならない。そのためには，社会の価値を徐々にではあるが，変えていかなければならない。老と壮，若の概念を更新すること，さらにその新しい老，壮，若が互いに共存できるような仕組みを積極的に構築するために，それを積極的に価値づける社会的コンセンサスを生み出さなければならない。

　要は，高齢者自らが，社会の一員であり続けられるような社会の構築である。そのためには，やはりいつまでも元気に働き続けられるように，それを支援できるシステムの構築が不可欠である。しかし，それが社会的な障害に出会うこともまた間違いない。いわゆる高齢者問題は，パルモア［1995］が指摘するように，エイジズムとして，レイシズムやセクシズムと並ぶ，偏見や差別が覆い被さる世界である。であるから，だれもが当面の厳しい課題から目を逸らしたがる。やがてだれでも高齢者になることは避けられないにもかかわらず，それを直視したがらない。なぜか。1つには高齢者の問題が，不幸とか汚れ，きたなさをイメージさせるからである。できれば自分とは関係のないことにしておきたい。すべての差別や偏見に通じることである。これは通常の社会意識の問題と通底することである。

　言うまでもないが，超高齢社会は高齢者が単純に増加するだけの社会ではないところに根の深さ，問題の深刻さがある。それを直視もできず，遠い世界のこととして目を背けるだけでは，来るべき社会は暗いものにならざるを得ない。明るく考えるだけでは脳天気の誹りを免れないが，少しでも明るくなるように考えることは，いわば先行投資として悪いことではない。もしか

すると今の社会の，未来の社会に向けた義務でさえあるかもしれない。そしてそのためには，この社会が施策として対応しなければならないことが数多くある。

したがって，この半世紀を乗り切れるかどうかは，高齢者が，語弊はあろうが過剰に多い，したがってマクロ的に過剰なコストが負荷される社会において，どのようにそのコストを軽減する工夫ができるかという論点に集約できる。

ただし，誤解がないように，再度強調しておきたいが，コストを少なくするということは，経済的な節約ということではない。経済的な合理性を貫徹せよということでもない。さらに，高齢者を社会の片隅に追いやることでもなければ，その人たちをある基準で選抜して区分けすることでもない。何よりも社会的な正義と両立すべきことである。

7 コストを少なくする

コストを少なくするために，大筋で3つの方向が考えられる。

1つは，コストが過重に負荷される高齢者を少なくすることである。できるだけいつまでも元気に暮らせること，できるだけ長く働き続けられることなどである。生き甲斐対策や健康増進など，行政施策が重要な位置を占めることになる。これらは，医療に関わる施策と密接に絡まっている。当然，継続雇用や再雇用などの就労対策として論じられることでもある。そのころの高齢者は，現時点の高齢者とは明らかに相違することであろう。もしかすると，清家［1992］が言うようなテクノジジイというハイテク機器好きの高齢者がいるかもしれないのである。

次には，高齢者に要するコストそのものの節減についてである。医療や福祉サービスはこれと密接に関係している。措置から保険へという流れは，これに対する対応である。また，公的な支援だけではなく，それ以外の資源活

用も重要と考えられるようになった。自助・共助・公助の相互的な関係が強調されることなどは，この議論と表裏一体と言ってよい。公民のパートナーシップやセルフヘルプ活動の奨励も同じ文脈の中にある。

さらに，それらが互いにシステムをなして，全体として効率的に稼動することが重要である。サービスの無駄な重複がないことや，相互の連絡調整が円滑であるかなどのマネジメントの問題が，これらに大きく関わることになる。

これらに加えて重要なことは，これらの一連の施策展開によって超高齢社会を乗り切ることができれば，それがその後の社会の手かせ足かせにならないということである。できれば，その弾みでその後の豊かな社会にそのまま貢献できるような施策であってほしい。そのためには，表層の施策のみに注目するだけでは，問題の本質的な部分を見逃すことになる。エイジングとは何か，それが与件としてこの社会に与える影響とは何かを，正確に認識しなければならない。

8　悪夢のマネジメント

超高齢社会とは，乏しい資源を融通し合うことによって成り立つと考えなければならない。前段で述べたように，少なくとも，有り余るほど資源があるとは考えるべきではない。むしろ転ばぬ先の杖ということで，先細りを覚悟しておいた方がよいことは言うまでもない。一方で，高齢者の格段の増加，他方で，それに施策として対応するための資源がそれに伴わない，これだけは疑う余地がない。

乏しい資源を融通し合うためには，サービス・システムがネットワークによって成り立つこと，要は，不足な資源を互いに補い合う関係が欠かせなくなる。経営管理とは，ヒト，モノ，カネ，さらに情報の4つの要素の，目標達成に向けての有機的統合とされているが，乏しい資源を必要なときに必要

な分を分け合い，譲り合うような関係を制度的に立ち上げておかなければならない。そのために何をするかを考えることが，社会全体のマネジメント，そしてそれぞれの個人，それぞれの家計のマネジメントである。社会全体と個人の2つのマネジメントが有機的に，さらに無駄や無理を排して，つまり効果的に絡み合って，超高齢社会を支えることになる。

さらに言えば，国富を支える部門を直接セクターとすれば，それらの有機的な結合を支える部門を間接セクターにたとえることができるが，超高齢社会においては，この間接セクターの重要性がいっそう大きくなるのである。というのは，超高齢社会においてはエイジングという不可避の与件に対処しなければならないが，前述したように，それには個々バラバラの施策の集合だけでは対応できず，システム全体を稼動させるためには，高度に難しい専門的な知見を必要とするからである。介護保険などは，そのための1つの方策であるが，そのすべてではない。

その社会を支えるさまざまな制度，それを利用するサービスの送り手や受け手の考えや行動を考慮しながら，さらにそれらを大きく括りながら，それを社会全体で捉え，乏しい資源を有効活用できるマネジメントが，そこにはなければならない。われわれが超高齢社会を生き延びることができるかどうかは，1つの大きな問いかけである。完璧な解答がないような設問であるとも考えられる。それに合格点を得られるような答案を書けるかどうかは，やがてその社会に生きざるを得なくなる，私の問題であり，あなたの問題でもある。

参考文献
石川嘉英［1998］『超高齢化社会の経済学』日本評論社。
国立社会保障・人口問題研究所［2002］『日本の将来推計人口　平成14年1月推計』。
清家篤［1992］『高齢者の労働経済学』日本経済新聞社。
清家篤［1998］『生涯現役社会の条件』中公新書。
内閣府編［2001］『高齢社会白書　平成13年版』財務省印刷局。
パルモア，E・B［1995］『エイジズム――優遇と偏見・差別』奥村正司他訳，法政大学

出版局。
ハンチントン，S・P［1995］『第三の波』坪郷實・中道寿一・藪野祐三訳，三嶺書房。
宮島洋［1997］『高齢社会へのメッセージ』丸善。
ロソー，I［1998］『高齢者の社会学』嵯峨座晴夫監訳，早稲田大学出版部。

（田尾雅夫）

I-2

エイジングについて──加齢現象とは

1 エイジングとは何か──純粋な年齢効果をどのように抽出するか

　エイジング（Aging）を英語の辞書で引くと「年をとること，老化，加齢」となるが，そこに含まれている内容は，マドックスが『エイジング大事典』（マドックス［1990］）を著さなければならないほど多様なものである。が，そのエイジングについて小田［1995］は，「個人の老化」「寿命の延び」「高齢者の増加」「人口の高齢化」の4つに分類できるとしている。この章では，彼の分類における「個人の老化」について考え，他の項目については，他の章を参照していただきたい。

　個人のエイジング研究の基本的枠組みは，「暦年齢」を独立変数とし，従属変数として身体的変化を考察する「生理的エイジング」，記憶・学習・知能・動機づけ・態度・価値感などの心理的機能を考察する「心理的エイジング」がある。しかし，真の意味での「暦年齢」効果を調べることは容易ではない。なぜなら，同じ人の「暦年齢」を20歳にしたり40歳にしたりと操作することはできないし，現に今生きている年齢のデータしか得ることはできないからである。したがって，調査対象者が示すデータは，「暦年齢」という要素とともに，その人の生きている「時代」の影響，特定の発達段階に対する文化の期待としての「ライフコース」などの影響を受けた結果である（図I-2-1参照）。

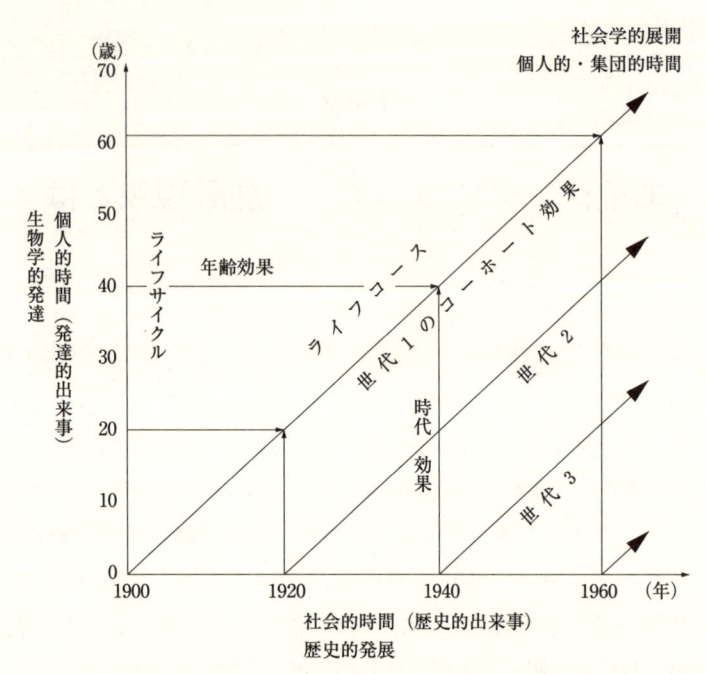

出所：青井和夫「高齢化社会における世代の問題」，世代間交流研究会編『高齢化社会の世代間交流』(財)長寿社会開発センター，1994年，5頁

図Ⅰ-2-1　年齢効果と時代効果とライフコースとの関係

2　エイジング研究の方法

「暦年齢」に関連した効果を調べるためにもっともよく用いられる方法に，異なった年齢の人々のグループを比較する「横断研究」がある。例えば，10歳代から20歳代……90歳代と年齢区分をして，従属変数としての知能テスト結果を比較して，年齢の影響を見る方法である。次は，ある年齢集団をひとつ選び，例えば，現在から将来にわたって知能テストを追跡して行い，その変化で年齢効果を見ようとする「縦断研究」である。「横断研究」は短時間であらゆる年齢のデータを得ることができ，さらに同時代に生きている人

のデータなので時代の影響が少ないことなどからよく用いられるが，各年齢の人が生まれ育った時代や世代の影響については考慮していないので，従属変数によっては「年齢効果」とは理解しがたい，「世代効果」が反映される場合がある。

他方「縦断研究」では，人生の後半までの年齢効果を見るには時間がかかり過ぎるし，テストを繰り返すのでテスト経験や時代の流れの影響などを受けるために，これもまた「年齢効果」を純粋に取り出すというわけにはいかない。そこで，次に考え出されたのが「コーホート研究」で，複数の異なった年齢集団を設定した上で，縦断的研究を行うものである。この方法によってかなり「年齢効果」と「世代効果」を区別できるが，研究中に起こる歴史性やテスト経験などはやはり取り除くことはできない。

このように「年齢効果」を見出すための様々な方法がとられているが，完璧なものはない。そこで，注意すべきは，いずれの方法で測定したとしても測定した結果が，世代や時代の効果なのか，あるいは年齢の効果なのか理論的に説明できるかどうかである。

3　生理的エイジング

(1) エイジングの学説

生理的なエイジングの終着駅としての人間の最大寿命はどの程度か，について多くの研究は 110〜115 歳までぐらいであろうという。2002 年 7 月現在のわが国の最高齢者は 114 歳で，これまでに確認されている最高死亡年齢は 116 歳である。これらから，人間の生命の極限値は 120 歳まではいかないであろうと考えられている。とすると，生理的エイジングとは最大 120 年以内の有限な変化のプロセスということになる。

では，この人間を有限な存在の限界に至らせるプロセス（エイジング）が

生じる原因はどのように考えられているのだろうか．老化説について紹介しよう（宮川・荒井 [1990]）。
 (1) 消耗説：物質が時間の経過とともに擦り切れていくように，生体の機能や形態が長い生活の中で擦り切れていくという説。
 (2) 生活速度説：生物は生まれたときから一定量の「命の素」ともいうべき物質を持っており，その物質が代謝過程の中で消費され，使い果たされるときが死であるという説。
 (3) プログラム説：遺伝子DNAの中に老化のプロセスが組み込まれているという説。
 (4) エラー説：プログラム説と反対の考えで，寿命は遺伝情報によって決められるのではなく，細胞分裂が繰り返される間に，DNAが損傷し間違いが起こり，その蓄積が障害をもたらし老化を起こすという説。
 (5) 代謝産物蓄積説：細胞代謝の結果，発生した産物が細胞内に沈着し蓄積されて細胞の機能が障害され，老化を起こすという説。
 (6) 遊離基説：生体内で物質代謝の際に生じる水素基やメチル基といった反応性に富んだ遊離基が生体に障害を及ぼすという説。
 (7) 架橋結合説：コラーゲンやその他細胞の蛋白分子間に，時間とともに橋かけができ，これができると蛋白質の分子が持つ働きがそこなわれ，細胞の機能低下が起こり老化を招くという説。
 (8) 自己免疫説：体内の蛋白が何らかの原因で異種となったり，あるいは自己蛋白に対し誤って抗体ができ老化をきたすという説。
 (9) 体細胞変異説：体細胞遺伝子に突然変異が起こり，この変異が蓄積され細胞の機能障害を起こし，これが老化をもたらすという説。
 (10) ストレス説：老化とは，個体がその一生に受けたストレスの集積した結果起こるもので，個体の持つ適応エネルギーが消費されることであるという説。
　以上10個の代表的な老化説について説明したが，老化説は研究者の数だけあると言われ，決め手になる学説はまだないという段階である。となると，

生理的エイジングのプロセスは様々な要素が複雑にからまり合いながら起きる現象と考えざるを得ないことになり，したがって，老化を食い止めること（不老）は今のところ不可能であることになる。

(2) 大脳のエイジング

年齢による大脳の変化は，生理的エイジングの中でも，高齢者の行動を理解するにあたっては知っておかなければならない重要な事項の1つである。

宮川他［1990］は，寿命を次のような式で表すサッチャー（Sacher, G.A, 1959）の説を紹介している。

$$\log(寿命)=0.636\log(脳重量)-0.222\log(体重)+1.035$$

この式が示すのは，寿命が大脳の重量と大きく関係していることである。

人間の大脳は図Ⅰ-2-2に示すように新生児期に400グラム前後であったものが，20歳ころに1,300グラム前後になり，60歳を過ぎる頃から少しずつ減少していく。もちろん，個人差も大きくあまり減少しない人もいるが，他方極端に減少する人もあり，その結果脳萎縮性の痴呆につながっていく場合がある。

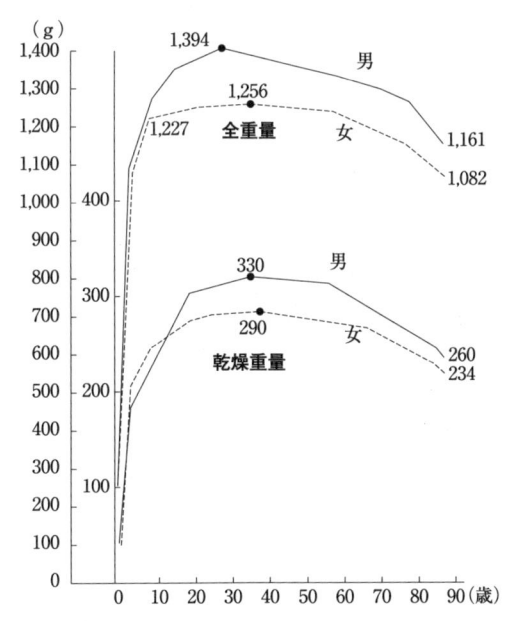

注：欧米人におけるM. Bürgerの研究による（男2,176名，女1,673名）。
出所：宮川他［1990］

図Ⅰ-2-2　脳重量の年齢的変化

(3) 感覚器官のエイジング

われわれは環境からの情報を5つの感覚器官（目・耳・鼻・舌・皮膚）で受けとり（認知），中枢神経である大脳に送り込む。中枢神経では入ってきた情報をしかるべく処理して末梢神経を通して行動としての反応を起こす（図Ⅰ-2-3）。様々な環境に適応した行動をするためには，各種の情報を正しく認知しておく必要がある。ヘロン（Heron W.D. et al., 1961）は感覚遮断の実験で，感覚が遮断されて情報が大脳に送られないと認知機能が低下したり，崩壊したりしてしまうことを見出している。その認知機能を果たす感覚器官のエイジングはどのようになっているだろうか。ここでは，日常生活の中で特に重要な働きをする視覚と聴覚について考える。

視覚

まず，視覚は，情報の85％を受け入れると言われるが，その機能は全体的に若い時より加齢とともに低下していく。これは，角膜・水晶体・毛様体・硝子体など眼球の老化が原因で，特に，明かりが十分でなかったり，はっきりと明示されていない場合などに視力が落ちる傾向がある。また，暗（明）順応速度も遅くなり，夜にトイレなどに起きた時，暗い部屋（寝室）から明るい部屋（トイレ）に急に行くと見えなくてつまずいたりするので，寝室の部屋の電気を薄くでも点けておく方がよい。さらに，視野の範囲も狭

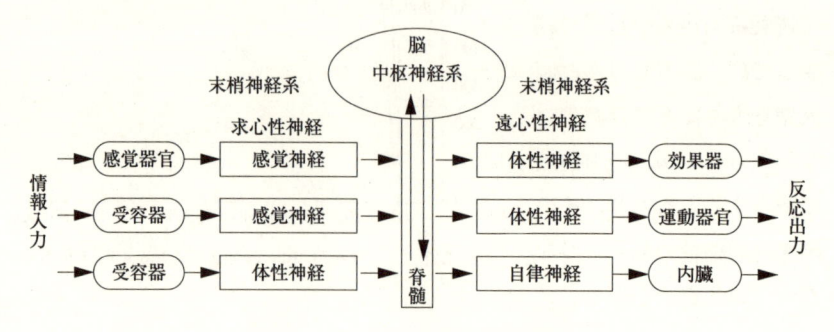

図Ⅰ-2-3 脳・神経系の枠組み

なるため，目に入らないところの範囲が広くなり，車の運転などでは，見落としが多くなるので，特に注意をする必要がある。

このように，年齢とともに視覚障害は大きくなる（表Ⅰ-2-1）。しかし，日常視力は老眼鏡やコンタクトレンズなどの補助具を使うことで矯正されている場合が多い。

聴覚

人の認知量の10％は聴覚によるものとされるが，聴覚も年齢とともに低下していく。

表Ⅰ-2-1　高齢者の裸眼視力

年齢段階（歳）	視力
60〜69	0.63±0.013
70〜79	0.38±0.009
80〜97	0.26±0.009

出所：大江 [1971]

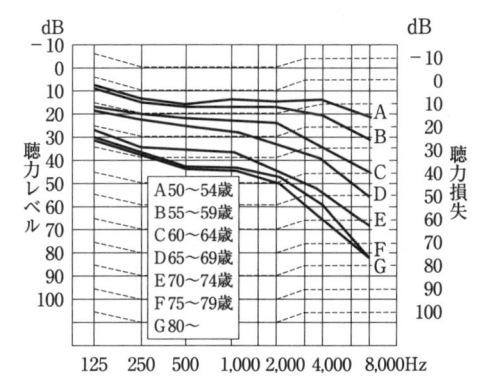

出所：谷口 [1997]（立木 [1969] による）

図Ⅰ-2-4　日本人の聴力の加齢変化

立木 [1969] は，オージオメーター（純音可聴閾値を測定する道具）で10歳から80歳代までの聴力をはかり，図Ⅰ-2-4に示すように，高い音域で年齢の影響があり聴力低下と個人差が大きくなると報告している。

聴力低下は，日常生活の中でコミュニケーションがうまくいかない原因となり，ひいては人間関係を崩壊させていく原因にもなる。補聴器のような補助具があるが，すべての人の難聴に適合するわけでもないので，高齢者に伝わっているかどうかを確認する必要があり，また伝わっていないようであれば伝える手段を工夫する必要がある。

4 心理的エイジング

　心理的な面の年齢による変化を純粋に取り出すことは，実証的なデータに依存する限り大変困難な作業である。なぜなら，前にも述べたように，人は社会的な環境の中に生きており，心理的な活動は，年齢的な側面だけでなくその人の生きている時代，その人に特有なアクシデント，そしてそれらが発達のいつ起こったかなどによってその影響の程度が異なるからである。

　例えば，子どもとの同居意識のような「態度」は，横断研究では年齢とともに高くなるようにみえるが，これはその世代の人の考えであって，今の若者が高齢期を迎えたときにも同居意識が高くなるかどうかは疑問である。「態度」「考え方」など社会的な価値観の影響を強く受けるようなものは，必ずしも年齢が独立変数になってるとは言えず，世代差である場合が多い。そこで，心理的なエイジングとしてこれまでに多くの研究者の努力によって実態が少しずつ明らかにされ，考えが比較的定着している知能，記憶について以下に述べるが，いずれもその背景に感覚器官や大脳のエイジングと強い関連をもっている。

(1) 知　　能

　「知能」と年齢との関係については多くの研究が行われてきた。なぜなら，「知的能力」が，仕事・自立した日常生活の可能性・財産の管理など生活のあらゆる面に影響を及ぼすとされ，その能力の評価を行うことが求められたからである。さらに，「知能テスト」という道具の開発がこの領域の研究を促進した。ウェクスラー成人知能検査（WAIS）を用いた研究結果では，下位項目としての流動性知能は成人の早い時期から低下するが，語彙や理解力などの結晶性知能は20代でプラトーになり，老年期まで維持される。一方サーストンの主要知能テスト（PMA）を用いた研究では，大部分の能力は

60代初期までプラトーが維持されるが,高度なスピードを必要とする能力は50代で減少傾向を示すという結果である（マドックス［1990］）。

　両者の結果の共通点は,外からの刺激に対して素早く反応しなければならないような能力は,生理的エイジングの節で述べた,感覚器官の機能低下と大脳の処理能力の低下の影響を受けるから,その能力は低下する。だが,経験の積み重ねを必要とする能力の変化は少ないということである。しかし,ここで注意を必要とするのは,平均という値の意味である。確かに平均値をみると,人は年齢とともに知的能力が皆低下していくようにみえるが,シェイエ（Schaie［1990］）の縦断研究では,60歳から67歳までの人で知能低下をはっきり示したのは約30％,さらに67歳から74歳までの7年間では約40％の人が低下を示したが,74歳から81歳には約50％の人には変化がなかったという。

　そして,知的機能が変化しない人に共通する特性として,①心臓血管系の病気がない,②社会経済的地位が少なくとも平均以上である,③刺激的で多忙なライフスタイルを送っている,④中年期から柔軟な態度と行動をとれるパーソナリティを持っていることを挙げて,知的能力の多くは生理的要素とともに環境の影響も大きく,年齢という変数では説明しきれないものを含んでいることを明らかにしている。

　さらに,シェイエらは,生理的エイジングが不可逆的であるのに対して,知的な面での減退はトレーニングによって逆転させることができる可逆的なものであることを実験的に証明している。つまり,一見低下しているようにみえる現象も,高齢者の置かれている社会的な不利益（退職などで刺激を受ける機会が低下するなど）の影響を考慮にいれて考える必要があるのである。

(2)　記　　憶

　高齢者教室で「年をとったために記憶力が悪くなったと感じている人」との質問に手をあげてもらったところ,ほぼ全員が手をあげられた。これは,

ある年齢を超えると，年齢と記憶力には負の関係がみられるという考えが「常識」であることを物語っている。

では，本当に記憶力は年齢とともに低下していくものであろうか。記憶についてこれまでなされたいくつかの研究から考えてみたい。

「記憶」は記憶の内容によって「エピソード記憶」と「意味記憶」に分類されている。「エピソード記憶」とは，「先週の月曜日の心理学の時間に古典的条件付けについて習った」というように事実を記憶することで，「意味記憶」とは，「古典的条件付けとはどのようなことか」その意味を覚えることである。また，「記憶」は記憶している時間によって，2～3秒の「感覚記憶」，1分以内の「短期記憶」，数分以上の「長期記憶」に分類される。

さて，「意味記憶」については，年齢によって差があるという結果は出されていない。しかし，「エピソード記憶」における年齢の影響についての結論は，「感覚記憶」や「短期記憶」についての影響はわずかであり日常生活に影響を与えるほどではないが，「長期記憶」については年齢によって影響を受け，若い人より高齢者の成績が低下するというものである（宮川他［1990］）。日常生活の中で，われわれが記憶力が悪くなったと意識する記憶は，「長期記憶」に類することがらがほとんどであり，また，記憶の確認が必要なのは人の顔と名前を一致させたり，買い物に必要なリストを覚えたり，物の名前を思い出したりなどの，「エピソード記憶」を要する場面であることが多いために，「年齢とともに記憶力が低下している」という実感は宮川らの結果に近いものと言える。

パールムッター（Perlmutter（1978）：宮川他［1990］による）は，高卒群（高校を卒業して学校教育から離れている人）と博士号群（博士号をもつ研究者）のそれぞれ若年者と高齢者の単語の「エピソード記憶」についての比較を行っており，いずれの群とも若年者が高齢者よりも記憶力が上であったが，博士号群の高齢者は高卒群の若年者とほとんど差がないという結果を得た（図Ⅰ-2-5）。この結果は，日常的に思索活動を行っている博士号群においても高齢になると記憶の低下があることを示し，日々の訓練を超えた年齢の影

響があることを示唆している。

次に,「記憶」のプロセスについて考えてみよう。外からの情報を,記憶痕跡として「長期記憶」に送り込むためには,記憶しなければならない情報を「符号化」(または記銘) し,記憶として「保持」し,必要なときに「検索」する流れが必要だが,年齢とともにどのプロセスで障害が起こるのだろうか。

「長期記憶」は,記憶すべきことを繰り返すリハーサルによって成立しており,記憶されているかどうかを調べるのが,痕跡を取り出す再認・再生という検索作業である。そこで多くの研究が,高齢者と若年者の再生あるいは再認について調べた結果,再認・再生とも年齢によって低下傾向を示すことを明らかにしている。しかし,再生よりも再認においては劣化することは少ない(図 I-2-6,マドックス[1990];宮川他[1990];山内[1990])。

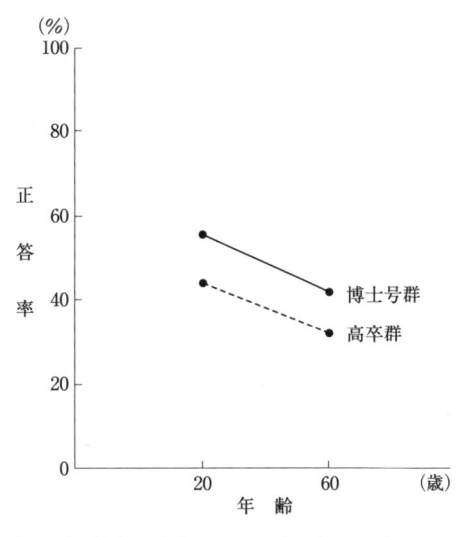

出所:宮川他[1990] (Perlmutter (1978) による)

図 I-2-5　年齢,学歴別の単語再生率

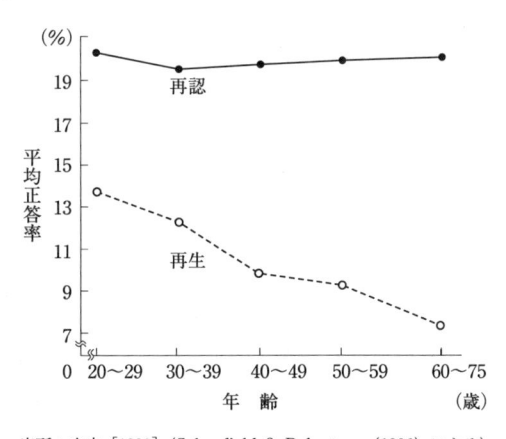

出所:山内[1990] (Schonfield & Robertson (1996) による)

図 I-2-6　年齢の関数としての再生と再認

再生よりも再認の作業が容易であることは,若年者にとっても高齢者にと

っても同じだが，再認については両者の間に大きな差がみられないことは，現代の情報化社会では意味を持つのではないだろうか。というのは，情報化社会は，発信される多数の情報から必要な情報を選ぶ，いわゆる「再認」によってかなりの日常生活が営める社会であるという特徴を持つからである。卑近な例を出せば，この原稿を今ワープロで書いているが，「ヒキン」という漢字を書けなくても（再生），「ヒキン」と打てばいくつかの漢字が出てくるので，その中から選べばいい（再認）。この意味で情報化社会は「再認」が主流になっていく社会ではないかと考えられ，そうなれば，高齢者にとって記憶の劣化の問題はそう深刻にならずにすむかもしれないという期待を抱かせる。

5　おわりに

　以上，エイジングについて，生理的な面と心理的な面を中心に述べたが，いずれにも共通しているのは「個人差が大きい」ということである。人の「暦年齢」を独立変数にした従属変数の1つが「個人差が拡大していく」ことである。

　山田［1979］は，暦年齢と個人差の関係について，20歳で4年，30歳で8年，40歳で12年，50歳で14年，60歳で16年，70歳で18年の幅で大きくなっていくことを生理的，精神的変数を加味しながら算出し，人には「機能年齢」があると提案する。「機能年齢」をどのように算出するのか難しいところであるが，「個人差が大きく」なっていくことは，高齢者のひとりひとりがそれぞれの個性を持っていることを意味し，サービスなどの介入を考えるときは一筋縄ではいかないこと，多様なメニューが必要なことを示唆している。

参考文献

東清和編［1999］『エイジングの心理学』早稲田大学出版部。
藤本大三郎［1984］『老化は何故起こるか』講談社。
マドックス，G・L［1990］『エイジング大事典』エイジング大事典刊行委員会監訳，早稲田大学出版部。
宮川知彰・荒井保男［1990］『老人の心理と教育』早稲田大学出版部。
小田利勝［1995］「高齢化」，井上実・矢島正見編著『生活問題の社会学』学文社。
大江鎌一［1971］「老年者の視力」『眼科』第13巻第4号。
Schaie, K.W. [1990] Intellectual development in adulthood. Birren, J.E. & Schaie, K. W.(eds), *Handbook of the Psychology of Aging* (3rd ed.), Academic Press.
立木孝［1969］『難聴の診断と治療』南江堂。
谷口幸一編著［1997］『成熟と老化の心理学』コレール社。
Welford, A.T. [1980] Sensory, Perception, and Motor Processes in Older Adults. Birren, J.E. (ed), *Handbook of Mental Health and Aging,* Prentice-Hall.
山内光哉［1990］『発達心理学　下』ナカニシヤ出版。
山田博［1979］『人体の強度と老化』日本放送出版協会。

（藤田綾子）

I-3

人口について——超高齢化とは

1 はじめに

　2002年4月にスペインのマドリッドで「第2回世界高齢者会議」が開催され，途上諸国を含めて地球規模で進行中の高齢化について議論がなされた。国連関係機関では1982年の「第1回世界高齢者会議」に先立って60歳以上を高齢者と定義することにしたため，この第2回会議でも60歳以上が高齢人口とされていたようである。しかし，日本を含む先進諸国の大部分では相変わらず65歳以上が高齢人口とされている。

　米国センサス局の世界人口の推計（U.S. Bureau of the Census [2001]）によれば，1950年に約1億3,000万人で世界人口の5.2％だった高齢人口（65歳以上）が2000年には約4億2,000万人で6.9％となった。また，2000年から2030年までの間に先進諸国では高齢人口の増加が相対的に緩やかであるが，シンガポールでは3.72倍，マレーシアでは2.77倍，コロンビアでは2.50倍になり，他のアジア諸国，中南米諸国でも急増することが推計されている。したがって，21世紀が地球規模の高齢化の世紀であることは確かである。特に，第2次大戦直後，途上諸国を含む多くの国々で生じたベビーブームの結果として生まれた人口規模が大きい世代が，この時期に65歳に達し始めるため，地球規模の高齢化が加速すると予想されている。

　地球規模の高齢化の背景には，もちろん日本をはじめとする先進諸国における超高齢化がある。同じく米国センサス局推計によれば2000年に高齢人口割合がもっとも高いのはイタリア（18.1％）で，ギリシャ（17.3％），ス

ウェーデン（17.3％），日本（17.0％），スペイン（16.9％），ベルギー（16.8％）が僅差でそれに次いでいる。また，国連人口部が第2回世界高齢者会議に提出した報告書（United Nations［2002］）によれば，2000年における世界の中位数年齢は26.5歳であるが，日本は41.2歳で世界一の高齢国となっている。2050年には世界人口の中位数年齢が36.2歳，スペインのそれが55.2歳で世界一の高齢国となると推計されているが，日本も53.1歳とそれに近い水準になると推計されている。

2　超高齢化の動向

そこで，わが国における人口の超高齢化の動向を表Ⅰ-3-1によりみてみよう。日本の人口は1950年に8,412万人であったが，2000年には1億2,693万人となった。その間の年平均人口増加率は終戦直後に3％であったが，1950年代の半ばには1％程度に低下した。その水準が1970年代半ばまで続いたが，その後しだいに低下し，近年は0.2％前後に低下している。人口増加率低下の主な要因は後述のとおり出生率低下で，終戦直後のベビーブームの後に急低下し，その後は比較的安定していたが，1970年代半ばから再び低下を続けている。また，表Ⅰ-3-1によれば，1920年から1950年にかけて人口はほぼ1.5倍となったが，その間に人口の年齢構造は比較的安定していたことがわかる。

しかし，戦後になると，全人口に占める15歳未満の「年少人口」の割合が低下し続ける一方，65歳以上の「高齢人口」の割合が上昇し続けた。15～64歳の「生産年齢人口」の割合は1950年に59.6％であったが，1970年には68.9％となり，その後同程度の水準で推移している。従って，高度経済成長は高出生率・高死亡率から低出生率・低死亡率への「人口転換」の結果として生産年齢人口割合が増え続けることによる「人口学的ボーナス」の恩恵にあずかっていたことになる。また，年少人口の割合は1950年の

表 I-3-1 人口の規模と年齢構造係数の動向：1920〜2100年（％）

年　次	総数 （千人）	0〜14歳	15〜64歳	65歳以上		
				小計	65〜74歳	75歳以上
（実測値）						
1920	55,963	36.5	58.3	5.3	3.9	1.3
1930	64,450	36.6	58.7	4.8	3.4	1.4
1940	73,075	36.1	59.2	4.7	3.5	1.2
1950	84,115	35.4	59.6	4.9	3.7	1.3
1960	94,302	30.2	64.1	5.7	4.0	1.7
1965	99,209	25.7	68.0	6.3	4.4	1.9
1970	104,665	24.0	68.9	7.1	4.9	2.1
1975	111,940	24.3	67.7	7.9	5.4	2.5
1980	117,060	23.5	67.3	9.1	6.0	3.1
1985	121,049	21.5	68.2	10.3	6.4	3.9
1990	123,611	18.2	69.5	12.0	7.2	4.8
1995	125,570	15.9	69.4	14.5	8.8	5.7
2000	126,926	14.6	67.9	17.3	10.2	7.1
（推計値）						
2000	126,926	14.6	68.1	17.4	10.3	7.1
2005	127,708	13.9	66.2	19.9	10.9	8.9
2010	127,473	13.4	64.1	22.5	11.7	10.8
2015	126,266	12.8	61.2	26.0	13.5	12.5
2020	124,107	12.2	60.0	27.8	13.6	14.2
2025	121,136	11.6	59.7	28.7	11.9	16.7
2030	117,580	11.3	59.2	29.6	11.7	17.8
2040	109,338	11.0	55.8	33.2	14.9	18.4
2050	100,593	10.8	53.6	35.7	14.2	21.5
2060	91,593	10.7	53.5	35.8	12.7	23.1
2070	82,506	11.3	53.5	35.2	13.2	22.0
2080	74,931	11.9	53.6	34.5	13.1	21.4
2090	68,966	12.4	54.0	33.6	12.5	21.1
2100	64,137	13.1	54.3	32.5	12.3	20.2

注：1. 数値は10月1日現在のもので、沖縄も含む。
　　2. 総数には年齢不詳を含む。
出所：国立社会保障・人口問題研究所 [2002b]，高齢者雇用開発協会 [2001]

35.4％から2000年の14.6％へと低下し続け，わが国で急速な少子化が進んだことも示している。逆に，高齢人口の割合は1950年の4.9％から1985年の10.3％へと上昇したが，その後，上昇速度が速まり，2000年には17.3％へと3倍以上に上昇した。そのうち，75歳以上の「後期高齢人口」の割

I-3 人口について――超高齢化とは　33

表I-3-2　人口の中位数年齢と年齢構造指数の動向：1920～2100年（％）

年次	中位数年齢（歳）	従属人口指数			老年化指数	経済的従属人口指数
		総数	年少	老年		
（実測値）						
1920	22.2	71.6	62.6	9.0	14.4	105.3
1930	21.8	70.5	62.4	8.1	13.0	117.6
1940	22.1	69.0	61.0	8.0	13.1	125.0
1950	22.2	67.7	59.4	8.3	13.9	133.5
1960	25.6	55.9	47.0	8.9	19.0	114.1
1965	27.4	47.1	37.9	9.2	24.4	106.9
1970	29.0	45.1	34.9	10.3	29.4	99.0
1975	30.6	47.6	35.9	11.7	32.6	110.3
1980	32.5	48.4	34.9	13.5	38.7	107.2
1985	35.2	46.7	31.6	15.1	47.9	103.0
1990	37.7	43.5	26.2	17.3	66.2	93.6
1995	39.7	43.9	23.0	20.9	91.2	88.4
2000	41.5	46.9	21.4	25.5	119.1	―
（推計値）						
2000	41.5	46.9	21.4	25.5	119.1	87.5
2005	42.9	51.0	21.0	30.0	143.2	86.2
2010	44.4	56.1	20.9	35.2	168.3	89.4
2015	46.1	63.4	21.0	42.4	202.3	92.4
2020	48.0	66.7	20.3	46.4	228.9	94.0
2025	49.8	67.5	19.5	48.0	246.5	95.4
2030	51.2	69.0	19.0	50.0	262.7	―
2040	52.9	79.3	19.7	59.6	302.3	―
2050	53.4	86.7	20.1	66.5	330.8	―
2060	53.9	87.0	20.0	66.9	333.7	―
2070	53.4	86.9	21.1	65.8	311.8	―
2080	52.5	86.6	22.2	64.4	290.8	―
2090	51.7	85.3	22.9	62.3	271.7	―
2100	50.5	84.0	24.1	59.9	248.0	―

注：1．数値は10月1日現在のもので，沖縄も含む．
　　2．「経済的従属人口指数」欄にある1970年までの数値は就業人口に基づく「扶養率」．
出所・資料：国立社会保障・人口問題研究所［2002a, 2002b］，高齢者雇用開発協会［2001］

合は1.3％から5倍以上の7.1％へと急上昇した．その結果，中位数年齢は1950年の22.2歳から2000年の41.5歳へと2倍近くに上昇した（表I-3-2参照）．

表I-3-1に示された2002年1月の国立社会保障・人口問題研究所の

「将来推計人口」によれば，その後も高齢人口の割合は上昇し続け，特に後期高齢人口の割合が著しく上昇する見込みである。標準的とされる中位推計によれば，総人口は2000年の1億2,693万人から2006年の1億2,774万人へと増加してピークを迎えた後，2050年の1億59万人，2100年の6,414万人へと減少し，1930年頃の水準となる。年少人口と生産年齢人口はしだいに減少するが，高齢人口は2000年の2,204万人から2043年の3,647万人へとほぼ一貫して増加し，その後減少に転じる。また，10歳年上の後期高齢人口は2000年の901万人から2053年の2,186万人へとほぼ一貫して増加し，10年遅れで減少に転ずる。その結果，表Ⅰ-3-2が示すとおり，中位数年齢は2000年の41.5歳から2060年前後の53.9歳まで上昇した後，低下し始め，2100年には50.5歳になると推計されている。

　日本は他の先進諸国も未経験な人口の超高齢化を経験することになる。高齢化の度合の指標である，全人口に占める高齢人口の割合は2000年の17.4％から2025年前後の28.7％へと上昇し，その時点ではおそらく世界最高の水準になると推計されている。高齢人口割合はその後も上昇を続けて2054年頃に36.0％に達した後，低下し始める。後期高齢人口は2000年の7.1％から2025年の16.7％へと2倍以上に激増し，2050年代には3倍の21.5％になると推計されている。

　表Ⅰ-3-2により「年少従属人口指数」（15歳未満の年少人口の15～64歳の生産年齢人口に対する比），「老年従属人口指数」（65歳以上の高齢人口の生産年齢人口に対する比），「従属人口指数」（年少人口と高齢人口の合計の生産年齢人口に対する比）を％表示したものでみると，実は1920年の71.6から1990年の43.5まで全体としての従属人口指数はほぼ一貫して低下しており，前述の人口学的ボーナスの恩恵がより直接的に示されている。これは年少従属人口指数が戦後，急速に低下する一方で，老年従属人口指数が徐々に上昇したことによる。しかし，将来推計人口によれば，今後，年少従属人口指数はほぼ横這いであるのに対して，老年従属人口指数は2054年前後の67.4まで急上昇するため，経済成長にとっては不利な人口学的状況になる。

表Ⅰ-3-2には，高齢人口の年少人口に対する比の％表示である「老年化指数」が，戦前から戦後にかけての14前後から2000年の119.1へと，特に1980年代以降急上昇したことも示されている。老年化指数は今後も急上昇を続け，2060年には333.7に達することが推計されている。子どもより高齢者の方が多い社会が出現しつつあり，さまざまな面で世代間関係に大きな影響を及ぼすことが予想される。

また，15～64歳の男女を生産年齢人口とみて，それ以外の年齢の男女を従属人口とみるのはいくつかの点で非現実的なため，年齢範囲を変えた指標が考えられているが，より現実的な指標の1つは「経済的従属人口指数」と呼ばれる，労働力人口に対する非労働力人口の比であろう。これを1975年以降について計算した結果が，表Ⅰ-3-2の最後の列に％表示で示されている。1970年までは就業人口に対する非就業人口の比の「扶養率」であるが，1975年から1985年までは扶養率の方が若干高いものの比較的近い水準にあり，戦前から1985年まで110前後で比較的安定していた。経済的従属人口指数も1975年にはほぼ同じ水準で，1980年から低下し始めた。1997年の将来推計人口に基づいて2000年には87.5となり，2005年の86.2を底として上昇し，2025年には95.4になると推計されている。それ以降も，従属人口指数と並行して上昇すると思われるが，古い将来推計人口に基づいている上，女性，若年者，高齢者，外国人の労働市場参入・退出の状況や景気動向によって大きく左右されるので，2025年までについてさえ従属人口指数よりも誤差が大きくなるものと思われる。いずれにしても，今後の超高齢化に伴って潜在的な扶養負担が急速に重くなっていく可能性が強い。

前述の国連人口部の資料（United Nations [2002]）によれば，世界人口における65歳以上の高齢人口に対する15～64歳の生産年齢人口の比は1950年には12であったのが，2000年には9となり，2050年には4となると推計されている。また，「老親扶養人口指数」とでも言うべき，50～64歳の人口に対する85歳以上の人口の比の％表示は1950年には1.8であったのが，2000年には4.4となり，2050年には11.1になると推計されており，地球規

模においても高齢者の潜在的な扶養負担が急速に重くなりつつある。

3 超高齢化の人口学的要因・帰結

過去のわが国における人口の超高齢化は急速な出生率・死亡率の低下によってもたらされた。女性の年齢別出生率の合計である,「合計特殊出生率」(TFR) は 1947～49 年の「ベビーブーム」以後, 1957 年まで急低下し, その後 1966 年の「丙午」による一時的急低下は別としてほぼ人口置き換え水準で推移していた。しかし, 1974 年に 2.05 と「人口置き換え水準」を下回ってからほぼ一貫して低下を続けた。史上最低であったことから 1990 年の発表直後に「1.57 ショック」を引き起こした 1989 年の 1.57 を経て, 1999 年には 1.34 と史上最低を更新したが, 2000 年には 1.36 へと若干上昇し, 2001 年には再び 1.33 と史上最低を更新した。婚外出生が少ないわが国では, 合計特殊出生率の低下が「結婚出生率」の低下と「有配偶率」の低下の 2 つの要素によって引き起こされてきた。1990 年代半ばまで前者が比較的安定していたのに対し, 後者は急低下したとされてきた。言い換えれば, 晩婚化・未婚化によって 20 代の女性の結婚が激減したことが近年の出生率低下の主たる要因であり, その結果としての高齢化の主たる要因でもあるともみなされる。2000 年における 25～29 歳と 30～34 歳の女性の未婚者割合はそれぞれ 54.0 ％と 26.6 ％で, いずれも 1975 年における 20.9 ％と 7.7 ％の 2.5 倍以上となっている。

死亡率は終戦直後, 特に低年齢層で急低下し, その後も全般的な低下を続けた。近年では特に中高年齢層での死亡率低下の人口高齢化に対する寄与が大きくなっている。実際, 表 I-3-3 に示された通り, 死亡率の要約指標である男女の「平均寿命」(出生時ないし 0 歳時の平均余命) は 1921～25 年から 1950～52 年にかけて 20 年弱伸び, 次の 25 年間でも 13 年前後伸びた。しかし, 次の 25 年間では 7 年前後の伸びに止まりながら, 男性 77.72 歳, 女性

表I-3-3 各年齢時における平均余命と生存率の動向：1921/25～2050年（年）

年 次	男 性				女 性			
	0歳時	20歳時	65歳時	75歳時	0歳時	20歳時	65歳時	75歳時
(実測値)								
1921	42.06	39.10	9.31	5.31	43.20	40.38	11.10	6.21
～25	(100.0)	(69.3)	(30.5)	(12.8)	(100.0)	(69.4)	(35.0)	(18.7)
1950	59.57	46.43	11.35	6.73	62.97	49.58	13.36	7.76
～52	(100.0)	(89.1)	(55.1)	(29.4)	(100.0)	(90.0)	(62.8)	(40.5)
1975	71.73	53.27	13.72	7.85	76.89	58.04	16.56	9.47
	(100.0)	(97.7)	(76.8)	(51.0)	(100.0)	(98.5)	(86.1)	(67.8)
2000	77.72	58.33	17.54	10.75	84.60	65.08	22.42	14.19
	(100.0)	(99.2)	(84.7)	(66.7)	(100.0)	(99.4)	(92.6)	(83.7)
(推計値)								
2000	77.64	58.24	17.43	10.65	84.62	65.09	22.44	14.21
	(100.0)	(99.2)	(84.6)	(66.6)	(100.0)	(99.4)	(92.6)	(83.7)
2025	79.76	60.18	18.88	11.73	87.52	67.84	24.75	16.14
	(100.0)	(99.4)	(87.2)	(71.8)	(100.0)	(99.6)	(94.4)	(88.0)
2050	80.95	61.29	19.73	12.39	89.22	69.48	26.16	17.35
	(100.0)	(99.5)	(88.4)	(74.4)	(100.0)	(99.7)	(95.3)	(90.0)

注：1.「N歳時」とはN歳になった瞬間のことを指す。
　　2．下段の（　）内の数値は生存率（％）を示す。
出所：厚生労働省大臣官房統計情報部［2002］

84.60歳という世界最高水準に達している。また，1950～52年から1975年にかけて20歳時（20歳になった瞬間）の平均余命は男女とも8年前後も伸びたのに対して，65歳時の平均余命は3年前後しか伸びておらず，低年齢層での死亡率低下の寄与が大きかったことを示している。しかし，次の25年間では前者の伸びが6年前後に縮小したのに対して，後者の伸びが5年前後に拡大し，中高年齢層の死亡率低下の寄与が相対的に大きかったことを示している。また，75歳時の平均余命も同様な傾向を示している。このような中高年齢層における死亡率低下は今後も予想され，将来推計人口でも近年の死亡率動向に基づく仮定が設定されており，それが各年齢における平均余命に反映されている。

　各年齢における平均余命は，その年齢を迎えた瞬間の男女が今後平均的に生きると予想される年数を示しているが，これはその後に生存する者の割合

(生存率）が高まるであろうことも反映している。表Ⅰ-3-3によれば，1921～25年の死亡率の水準では生まれた男女のうちで7割弱しか成人（20歳）を迎えられなかったが，1950～52年の水準では9割，1975年の水準では98％前後，2000年の水準では99％以上が成人を迎えられるようになった。また，戦前は生まれた者のうちで65歳を迎える者が男女とも3分の1前後であったが，2000年には男性で85％，女性で93％と大部分が生存するようになっている。このように生存率が高まって人的資本投資が無駄になることが少なくなった（そのような予想のもとに人的資本投資をするようになった）ことは，労働力人口の質・量の両面で戦後の高度経済成長に寄与したものと思われる。75歳を迎える者の割合も戦前は1割台であったが，戦後に急上昇し，2000年には男性で67％，女性で84％となっている。

このように男女間で生存率が異なることと，結婚年齢が一般的に男性で3～5歳高いことを反映して，高齢男性では配偶者が生存している者が比較的多く，必要な場合の介護を配偶者ができる場合が多いが，高齢女性では配偶者と死別している者が多く，必要な場合の介護を配偶者ができる場合が少なくならざるを得ないため，同居中の子どもや子どもの配偶者がする場合が多くなる。前述の出生率低下は親の側からみると子ども数の減少であるが，子どもの側からみると兄弟姉妹の数の減少と男女別構成の単純化である。それに伴って，長男と男きょうだいがいない長女が子ども世代に占める割合が上昇し，潜在的な同居者や介護者の割合が上昇する。筆者（Kojima [2000]）のミクロ（個票）データの分析によれば，中年の男性世帯主が高齢の親と同居する確率や義理の親と同居する確率は本人・配偶者の兄弟姉妹の数・構成によって大きな影響を受けていることから，介護をする確率も同様に影響を受けているものと思われる。

表Ⅰ-3-4は65歳以上の高齢者（人口）の所属世帯別分布の変化を示している。戦後，子どもなどと同居する高齢者の割合がしだいに低下する一方で，夫婦のみで暮らす高齢者が大幅に増え，一人暮らしの高齢者も増え，施設で暮らす高齢者も若干増えている。一見，潜在的な同居者の割合が上昇す

表I-3-4 高齢者（65歳以上人口）の所属世帯別分布の動向：1960〜2000年（%）

年次	総数 （千人）	施設等 の世帯	一般世帯				
			親族世帯			非親族世帯	単独世帯
			小計	子供夫婦 等と同居	夫婦のみ		
1960	5,398	1.1	93.8	86.8	7.0	0.2	4.3
1965	6,236	—	—	83.8	9.1	0.3	4.6
1970	7,393	2.2	90.3	78.7	11.6	0.2	5.8
1975	8,865	3.0	89.1	74.1	14.9	0.1	6.6
1980	10,647	3.6	87.8	69.8	18.1	0.1	8.3
1985	12,468	4.2	86.1	65.5	20.6	0.1	9.5
1990	14,895	4.3	84.6	60.5	24.1	0.1	10.9
1995	18,261	4.2	83.6	55.9	27.8	0.1	12.1
2000	22,005	4.7	81.4	50.5	30.9	0.2	13.8

注：1．数値は10月1日現在のもので，沖縄も含む．
　　2．この表は高齢者（人口）を単位とした分布を示す．
出所：国立社会保障・人口問題研究所［2002a］

る傾向に反するようであるが，元気な高齢者は自分たちだけで暮らしており，子どもは近居しているのかもしれない．しかし，将来，夫婦のみで暮らす高齢者の片方が死亡したり，介護が必要となったりした場合や，一人暮らしの高齢者が介護を必要とするようになった場合には，近居する子どもや子どもの配偶者が介護者となる場合が少なからずあるのではないかと思われる．公共政策は家族に関する価値観や行動に予想外の大きな影響を及ぼすことがあるため，介護保険制度実施やその運用方法の影響が子ども世代による同居や介護に関してどのような形で表れるか，注目されるところである．また，公共政策の変化が子ども世代の出生に関する価値観や行動にも影響を与えている可能性がある．

4　超高齢化対策としての人口政策

1国における超高齢化対策としては，人口の規模・構造に直接的な影響を

与えようとする人口政策と超高齢化に伴う諸問題に対処するための社会政策や経済政策といった公共政策がありうるが，後者については以下の各章で触れられるので，本章では論じないことにする。多くの読者が人口政策と聞いて思い浮かべるのは出生促進政策であろう。出生促進政策の手段としては家族（児童）手当などの家族給付，保育サービス，育児休業，税制上の家族優遇といった各種施策があるが，結婚促進政策的な施策（たとえば，結婚相談所開設，結婚資金貸付制度）も含まれる。もっとも，フランス雇用連帯省人口移民局の『年次業務報告書』によれば，人口政策は調査研究と情報普及からなるし，各方面からの批判の可能性を考えると，他の先進諸国の中央政府でもそれが精一杯のところであろう。

　これは出生促進政策の手段の多くが家族政策や労働政策といった社会政策上の施策であるからでもある。現在の先進諸国ではこれらの施策が出生促進を主な目的とすることはほとんどなく，児童・家族福祉，男女平等，人的資本投資といった別の目的のために実施されている。それでも，各種施策の出生促進効果に関する研究が近年，より精緻な手法で実施されており，小さいながらも潜在的な効果をもつとする研究も少なくない。たとえば，ブランシェ=クラン（Blanchet & Klein [1997]）によるマイクロシミュレーションに基づく推定によれば，高水準と言われるフランスの家族手当を他の西欧諸国なみに低水準で出生順位による差がないものにすると，合計特殊出生率が0.4（2割強）も下がる。また，第2子からの育児休業手当導入と保育料軽減は（前者は母親の就業に対して抑制効果をもつにしても）出生促進効果をもつが，家族手当課税・減額は出生抑制効果をもつようである。

　わが国におけるミクロデータに基づく研究のうちで，直接的な政策変数を導入したものとして，たとえば，樋口［1994］による「就業行動基本調査」の分析は，育児休業制度が普及している産業に勤務している女性の結婚確率が高い傾向を見いだしたが，配偶関係をコントロールした場合の出産確率については有意な効果を見いだせなかった。滋野・大日［1998］の「消費生活に関するパネル調査」の分析では，樋口の分析結果と異なり，勤務先の育児

休業制度の有無が結婚確率に有意な効果をもたないことが見いだされた。この違いは彼らが推定するように樋口の分析では女性が勤務する特定の企業における制度の有無でなく，それが属する産業の平均値を用いていたためかもしれないが，彼らが用いたデータの制約（標本数，回収率，観察年数）による可能性もある。

滋野・大日［1999］は主として「国民生活基礎調査」を用いて5種類の保育関連変数による2種類の「出生確率」に対する影響を分析しているが，早期保育実施率のみが両方の「出生確率」に対する有意な正の効果を示している。しかし，標本数が比較的多い割には有意水準が高くないし，他の保育関連変数が6歳未満児の有無に対してのみ有意な負の効果をもっているところからみて，著者たちの主張する多重共線性のほか，逆の因果関係（子どもが増えたために保育サービスの供給が不足すること）を反映している可能性も考えられる。駿河・西本［2002］の研究では，「女子雇用管理基本調査」の企業単位の個票を用いて，育児休業制度の明文化が（女子従業員に対して占める）出産者比率に対して有意な正の効果をもつことを見いだすとともに，配偶者が常態として子を養育することができる者である労働者を育児休業制度の対象としている場合，休業期間中の定期昇級制度がある場合，復職後の昇級制度がある場合，復職後の賃金保証がある場合，職業能力の維持・向上のための措置がある場合，始業・終業時間の繰上げ・繰下げ措置がある場合に出産者比率が有意に上昇することを見いだしている。

他方，マクロ（集計）データに基づく研究として，たとえば，加藤［1998］は家族給付を所得補助というよりも価格補助という形式で行う方が望ましいという理論的考察の結果を，人口・経済・社会保障に関するマクロモデルに基づくシミュレーションに組み込んで，家族給付の水準の上昇が人口増加をもたらすことを示している。また，八代／日本経済研究センター［1995］は全国についての時系列データに基づく重回帰分析から，保育所在所率の出生力に対する有意な正の効果を見いだし，保育サービスの充実とともに育児休業制度の普及が出生促進的であるとしているが，時系列分析であることから

逆の因果関係（子供が増えたために保育所が増えること）を反映している可能性も考えられる。実際，永瀬［1998］の研究は全国都市の横断面データに基づく2段階最小自乗法推定により，幼年齢・低年齢保育所入園率と0歳児保育料が出生力に対して効果をもたないことを見いだしている。しかしながら，いずれの研究もさまざまな仮定に基づいて推定が行われているため，結果の解釈には留保を付ける必要があろう。

　わが国で直接的な超高齢化対策を実施するためには，先進諸国や出生促進的な家族政策を採るシンガポールなどにおける施策の潜在的効果を研究するとともに，その結果に基づいてわが国の実状に合った家族政策を策定し，評価する必要があろう。また，わが国ではこれまで年功賃金，扶養家族手当，社宅といった企業による家族もち従業員に対する支援が中央・地方政府の施策と比べて大きな位置を占めてきたし，企業で雇用保障・所得保障がなされてきたことが出生率低下の速度を遅らせてきた可能性が強い。今後は，減量経営に励む企業に期待できなくなった家族支援を政府が代替・補完していかないと一層の出生率低下が進む可能性もあるため，企業における家族支援施策の調査研究も欠かせない。さらに，情報普及活動も一方的な価値観の押しつけではなく，客観的な事実を提示した上で国民の理解を得るようなものでなければならないため，人口・家族分野における世論調査やマスコミュニケーション技法の研究もますます重要となろう。

5　おわりに──地球規模での対策

　日本を含む先進諸国では低出生率が比較的長期にわたって続いたため，超高齢化が進んでいるだけでなく，人口増加率が非常に低い。ドイツをはじめとする一部の先進諸国では出生と死亡の差である自然増加がマイナス（人口減少）に転じており，国際人口移動による社会増加（純移入）のプラスでかろうじて人口減少をくい止めている。そのため，先進諸国ではより直接的な

超高齢化対策ないし即効的な人口政策としての国際人口移動（移入ないし入移民の受入）政策がますます注目を集めるようになっている。

2000年に発表された国連人口部の『補充移民——それは人口減退・高齢化に対する解決策か』と題された報告書（United Nations [2000]）によれば，先進諸国では「補充移民」なしに2050年までの人口減少を回避できないが，その程度は異なる。EUでは1990年代の純移入を維持することによって人口減少を避けられるが，ヨーロッパ全体ではこれまでの2倍の純移入が必要となる。フランス，イギリス，米国では近年の水準をやや下回る程度の純移入で人口規模（1998年中位推計に基づき，国際人口移動がないと仮定した場合に推計される1995年以降で最大の水準）を維持できるが，日本とイタリアはかつてない規模の純移入を必要とする。韓国は移民送出国から受入国へと転換せざるを得なくなる。

また，2050年まで生産年齢人口の規模を維持しようとするとはるかに大規模な純移入を必要とし，韓国，フランス，イギリス，米国においてさえ，人口規模を維持する場合より数倍大きな純移入を必要とする。仮にそのような純移入が実現した場合には，入移民とその子孫が総人口に占める割合が非常に大きなものとなり，日本，ドイツ，イタリアでは2050年に30～39％に達すると推計されている。生産年齢人口の規模を維持するために必要な2000年の人口百万人当たりの純移入数はイタリアとドイツで最大で，それぞれ6,500人と6,000人になり，日本では5,100人でそれに次ぐ。最小の米国でも1,300人となる。なお，老年従属人口指数を維持しようとすると非現実的な規模の純移入がないと不可能である。

国連人口部の推計結果を日本についてより詳しくみてみると，2000年から2050年まで人口規模を維持するためには毎年34万3,000人の純移入，生産年齢人口の規模を維持するためには毎年64万7,000人，老年従属人口指数を維持するためには毎年1,047万人の純移入が必要とされる。その結果，2050年における入移民とその子孫はそれぞれの場合，1,714万人，3,349万人，5億5,350万人となると推計されており（United Nations [2000]），老

年従属人口指数を維持するために移入で人口を補充することが受入国にとってだけでなく、送出国にとっても非現実的であることが明らかである。

　国連人口部の報告書が指摘する通り，日本を含む先進諸国においてほぼ不可避と推計されている人口減少と超高齢化に純移入数増加のみによって対処することは困難であり，生産年齢の年齢上限を上げるという可能性も考えられるし，各種の経済政策や社会政策による対処も考えられる。他方，入移民を統合するためには純移入数をある程度制限する必要があるし，人口学的にみれば国際人口移動政策による純移入数の増大と並んで，前述の出生促進政策による出生数増大も考えられる。筆者（小島［1990］）は先進諸国における2つの人口政策の関係について考察を加えたことがあるが，「出生促進政策によって出生力を置き換え水準に近づける努力に重点を置きながら若干の入移民を受け入れて統合していくような移入政策を採ることが現実的なようである」という結論は，現在の日本を含む先進諸国に当てはまるようにも思われる。

　しかし，米国のフェミニスト経済学者，ナンシー・フォルバー（Folbre［1994］）が主張するように，グローバル化の進行に伴い，今後は特定集団の戦略の枠にとらわれることがないような，地球規模での家族政策ないし人口政策を検討する必要があろう。彼女は性別，年齢（世代）などに基づく不平等を超越した平等主義的家族をモデルとする社会契約の観点から，社会的責任を再編成する必要を訴えている。そして，そのような家族政策の課題として①すべての人々に対する基本的な健康保険・社会保険および雇用機会と，子供にとっての高水準の福祉，②男女間における家庭内労働のコストの平等な分担，③家庭内労働の価値に対する公的補償，④保育と教育に関する平等な機会と貢献（負担），⑤リプロダクティブ・ライツ，⑥家族法改革（結婚・離婚の自由化と家庭外労働担当者の所得に対する家庭内労働担当者の権利の保障），⑦男女が家庭内と家庭外の労働を両立させることを促進するような就業規則（労働時間・育児休業），⑧公的ないし民間の（保険・年金）給付における非婚カップルに対する差別の撤廃，⑨贈与や遺産をはじめとする家族成

員と友人に対する(資産)移転の厳重な制限,⑩(採用・昇進の)機会均等を促進するための非差別的行動,の10点を挙げている。そして,家族政策に関する問題点として人口増加,家父長制の残存,国民国家の限られた役割を挙げ,最後のものについては社会的再生産が地球規模の過程であるにも関わらず家族政策が国民国家によって実施されていることと,先進諸国は途上諸国から健康で高学歴の入移民だけを受け入れることにより利益を得るが途上諸国に対して害悪を及ぼす可能性があることを指摘している。したがって,地球規模の高齢化に対処するためには国民国家ごとの出生・家族政策を考えるだけでなく,地球規模での家族政策ないし人口政策を視野に入れる必要があろう。

参考文献

Blanchet, D., et Klein, A. [1997] Microsimulation et évaluation de la politique familiale: quelques premiers résultats, *Recherches et Prévisions*, 48.
Folbre, N. [1994] *Who Pays for the Kids? Gender and the Structures of Constraint*, Routledge.
樋口美雄 [1994]「育児休業制度の実証分析」,社会保障研究所編『現代家族と社会保障——結婚・出生・育児』東京大学出版会。
加藤久和 [1998]「出生行動の経済学的解釈とその実証分析」,長寿社会開発センター編『高齢社会における社会保障体制の再構築に関する理論研究事業の調査研究報告書II』。
小島宏 [1990]「出生促進政策と国際人口移動政策の関係」『人口問題研究』第46巻第3号。
Kojima, H. [2000] Japan: Hyper-aging and Its Policy Implications. Bengtson, V.L. et al. (eds), *Aging in East and West: Families, States, and the Elderly*, Springer.
国立社会保障・人口問題研究所 [2002a]『人口統計資料集 2001/2002』。
国立社会保障・人口問題研究所 [2002b]『日本の将来推計人口 平成14年1月推計』。
厚生労働省大臣官房統計情報部 [2002]『第19回生命表』。
高齢者雇用開発協会 [2001]『高齢社会統計年鑑2001』。
永瀬伸子 [1998]「女性の就業,結婚と出産の決定要因——全国都市データを用いた実証分析」,長寿社会開発センター編『高齢社会における社会保障体制の再構築に関する理論研究事業の調査研究報告書II』。
滋野由紀子・大日康史 [1998]「育児休業制度と女性の結婚と就業継続への影響」『日本労

働研究雑誌』第 459 号。
滋野由紀子・大日康史［1999］「保育政策が出産の意思決定と就業に与える影響」『季刊社会保障研究』第 35 巻第 2 号。
駿河輝和・西本真弓［2002］「育児支援策が出生行動に与える影響」『季刊社会保障研究』第 37 巻第 4 号。
United Nations [2000] *Replacement Migration: Is It a Solution to Declining and Ageing Populations?*, United Nations.
United Nations [2002] *World Population Ageing 1950-2050*, United Nations.
U.S. Bureau of the Census [2001] *An Aging World: 2001*, U.S. Government Printing Office.
八代尚宏／日本経済研究センター編［1995］『2020 年の日本経済——高齢化・空洞化は克服できるか』日本経済新聞社。

（小島　宏）

I-4

豊かなのか，貧しいのか──高齢者の経済状況

1　はじめに

　本章では，高齢者の経済生活の現状と将来展望について述べる。経済生活を営むには，言うまでもなく，所得や資産額，消費額などが決定的に重要な役割を果たす。しかしながら，人々の感じる豊かさや貧しさは，単純な所得・消費額だけでは判定できない。そこで経済的な豊かさに影響を及ぼすと思われる様々な要因との関連についても考察する。

　たとえば，通常多くの人々は，単独で世帯を営むわけではなく，家族などの複数の人々と世帯を営むことが多い。そのさい，単純に考えれば，複数人で世帯を営む方が，より少ない一人あたり所得で，より高い生活水準を維持できると想像される。しかしながら，それにもかかわらず自ら望んで単身世帯を営む人々もいる。このような多様な動機で営まれる世帯類型の違いについても思いをはせながら，高齢者の，主として経済的な状況を概観することが本章の目的である。

　もちろん，人々の豊かさ感や幸福感は，最終的には，個々人のとらえ方によって決まることは明らかである。本章は，このような最終的な個人の幸福感に立ち入ることを目的とするのではない。社会的に見て注目すべき事柄のみに焦点を当てるにとどまることは言うまでもない。

2　家族関係の変化──三世代世帯の減少と単身世帯の増加

　豊かさ，貧しさを図る尺度としては，なんといっても所得・資産や消費額が基本である。したがって，本来なら本章の分析は，こういった金銭的な尺度の解析から稿を始めるべきであろうが，このさいいきなりぶつかる困難は，それを，個人単位でとるか世帯単位でとるかである。実は後に示すように，この単位のとり方で結果は大きく異なる。そして近年，世帯を営む単位は着実に変化している。そこでまず，世帯類型の変化の過去・現在・未来を概観しておきたい。

　まずすべての年齢層で見た世帯の構成の状況は，図Ⅰ-4-1に示すように，1955年には，いわゆる三世代世帯の占める割合が全世帯数の40％を上回っていたのに対し，それから45年経った2000年には，その比率は約10％にまで低下した。他方で，単独世帯の占める割合は，同じ45年間で，10％から約25％にまで増加した。この要因には，人口の高齢化，都市への流出などが関連しているが，さらには，所得水準の上昇も大きな要因となっている

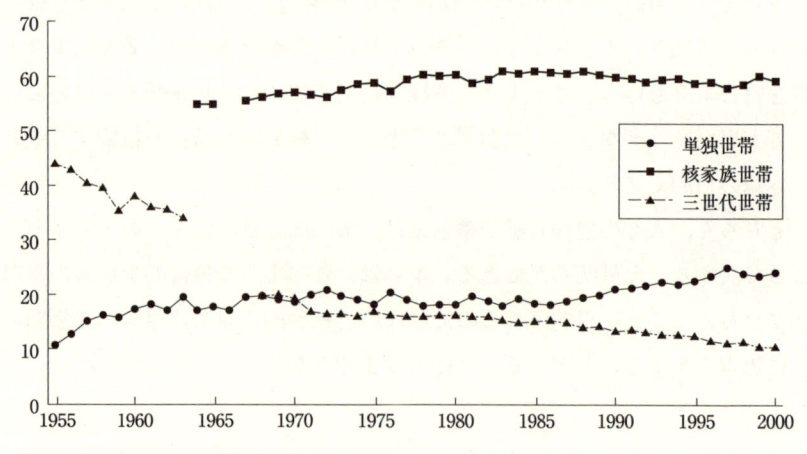

出所：厚生労働省『国民生活基礎調査』（平成12年）

図Ⅰ-4-1　世帯構造別に見た世帯構成割合の年次推移（％）

ことが想像できる。

　歴史的に見た場合，高齢者が夫婦のみの世帯や単独世帯を営まず，主に三世代世帯を営んでいた背景には，自ら進んでそうしたのではなく，所得の低さなどの経済的理由のゆえにやむなく営むという側面もあったことは明らかである。その後の所得水準の上昇によって，世帯構成を変化させてきたと言えるが，事態が複雑なのは，世帯の変化が必ずしも本人たちの自由意志のみに基づくのではないという点である。本人たちの選択の帰結ばかりとは言えない要因として，都市化や就業構造の変化をあげることができる。

　典型的には，高齢者と若年者が仮に，ともに同居したいと思っても，農村部に雇用機会が少なく，若年者が都市部に流出し，このために残された高齢者が単独ないし夫婦のみの世帯を営むことを余儀なくさせられるという例がある。もちろんより正確には，農業所得に比べて都市部における雇用者としての所得との格差が大きいために，移動が生じたと言うべきであるが。

　以上は，戦後50年間を通しての趨勢であるが，ここ最近の高齢者数の急増は，さらに新たな事態を生み出している。図Ⅰ-4-2に示すように，1975年には，高齢者世帯（65歳以上の者のみで構成するか，またはこれに18歳未満の未婚の者が加わった世帯）数は，約100万世帯であったのが，2000年には，

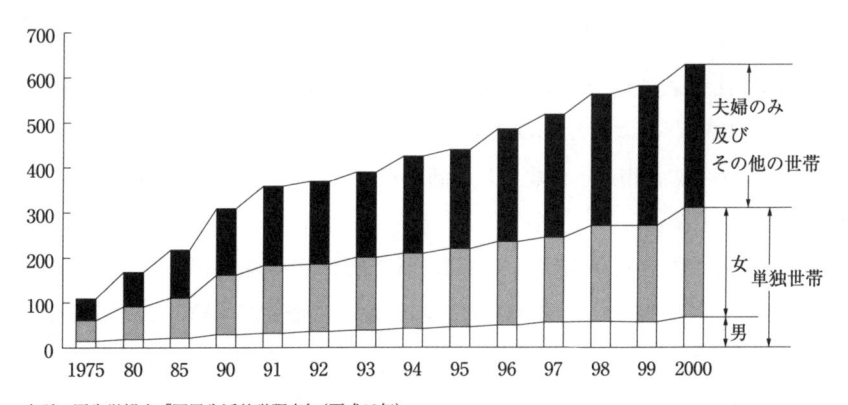

出所：厚生労働省『国民生活基礎調査』（平成12年）

図Ⅰ-4-2　世帯構造別にみた高齢者世帯数の年次推移（単位：万世帯）

約600万世帯となり，さらにそのうちの単独世帯は，同じくこの25年間の間に，約60万世帯から約300万世帯に達した。そしてこの大部分が都市部に集中するようになってきている。言うまでもなく，この激増は高齢者の絶対数の増加によるところが大きい。1975年には1,000万人に達しなかった65歳以上人口が，2000年には2,000万人を超えたからである。しかしながら，高齢者が属する世帯類型の変化という要因も見逃すことはできない。なお後に述べることとの関連で，ここで示した「高齢者世帯」の定義は，すべての高齢者をカバーするものではないことに注意を喚起しておきたい。たとえば世帯主が子供や孫である世帯に同居する高齢者は，この範囲に含まれないのである。

参考のため，2000年の「国勢調査」によると，65歳以上の高齢者数は，2,200万5,152人であるが，このうち，単身世帯を営む高齢者は約300万人，核家族的世帯に属する者が約1,061万人，三世代世帯に属する者が約558万人，その他の世帯に属する者が281万人である。

なお国立社会保障・人口問題研究所による平成14年の人口予測では，日本の総人口は，2007年の1億2,778万人をピークに急速に減少に向かうのに対し，65歳以上人口は，2025年には3,500万人に達するものと見込まれている。しかも，これらの高齢者は，今後もまだ，東京，神奈川，大阪，埼玉，愛知などの大都市を有する都府県に集中すると予測されている。ちなみに，国立社会保障・人口問題研究所の行った「第4回人口移動調査（1996年7月1日実施）」によると，65歳以上人口の人口移動は6.2％にとどまっており，高齢者の都市部への集中は，新たな流入によって起きるのではないことが推測される。

また同じく国立社会保障・人口問題研究所が1998年に行った「世帯数の将来推計」によると，単身の高齢者世帯は，「世帯主が高齢者である世帯」全体を100とするとき，2000年の27.1％から，2020年には30％を超すという予測が示されている。今後，高齢者が，単身世帯や高齢者夫婦のみの世帯を営む比率は，ますます増加の一途をたどることはほぼ確実であろう。

以上いくつかの異なる資料により，世帯構成との関連での高齢者数の見通しを概観した。これらの数値の解釈は若干混乱を招きやすいが，それはやむを得ないことである。世帯主が高齢者である場合と，世帯主が子や孫であって，そこに高齢者が属する場合とで，家庭における高齢者の位置が異なると想像され，これが明らかになっていないことが，統計的分類を行うさいに混乱を招く原因である。おそらく社会学的には，これらの高齢者の意識がどのように異なるのかを知ることは興味深い研究課題である。また税制などを含めた各種の政策の及ぼす影響も，必ずしも明らかにされていない。

　しかしながら，今後の高齢者の社会での占める位置として，ある程度の見通しは立てられたと考える。単独世帯，高齢者のみの世帯が著しく増加することだけは確実なようである。これをふまえて，次節では所得・資産の状況について検討してみよう。

3　高齢者の所得・資産

　高齢者の経済状況を見るには，その世帯の営み方の違いに注目しなければ正確な把握ができない。一口に高齢者と言っても，子や孫と同居している場合には，その所得や消費額を把握すること自体が困難である。三世代世帯に属する人々の数は，国民全体の中では20％程度に減少したとはいえ，高齢者に関しては65歳以上人口全体の4分の1以上は依然としてこれに属している。何らかの形で高齢者以外と生計をともにしている高齢者は，高齢者の半数以上を占めるので，その中から，高齢者の暮らしぶりだけを抽出して議論をすることには多くの困難が伴う。言い方を変えれば，典型的な高齢者の生活を一律に描き出すことが難しいのである。

　とは言え，高齢者のみで生活する家族も激増しているわけであるから，まずこういった世帯の状況を把握することが不可欠である。高齢者世帯の所得分布を若年者のそれと比較すると，次のような厳しい事実を知ることができ

る。すなわち，一般的に言って，人々は年を経るにしたがって貧富の格差が広がるということである。

　平均的に見る限り，高齢者の生活水準は近年かなり向上している。のちに見るように，公的年金制度が成熟してきたからである。日本の公的年金制度は，一定額の給付がされる基礎的給付と報酬に比例する部分とからなるが，基礎給付部分は，最低限の納付期間を納めれば，一律の給付がなされるのに対し，報酬比例部分は，文字通り，保険料の納付額と期間に応じて給付額が異なる。ただし40年間の納付期間を超えると，給付額は頭打ちとなる。公的年金制度のうち，この報酬比例部分の給付が満額となる40年に達する人たちが，ここ数年に急増したため，かなりの高額の給付を受ける高齢者が増加したのである。

　特に興味深いのは，90年代以降に関しては，一般世帯の平均所得が横ばいから低下傾向を示すのに対し，高齢者世帯の平均所得は，1999年に至り，ついに低下したが，それまでは着実に上昇してきたという点である（図Ⅰ-4-3参照）。

　1990年代の日本経済は，バブルの崩壊によって，きわめて低い経済成長率となり，特に90年代後半以降，一般世帯の給与所得などは伸び悩んでいる。しかも失業率も急速に上昇し，一般世帯の暮らし向きは悪化している。しかし，高齢者世帯に関しては，平均で見る限りかなり豊かになっている。また高齢者世帯の平均家計支出額も着実に上昇している。平均消費性向（家計消費支出額÷可処分所得）にはあまり変化がないが，このため支出額も着実に上昇しているわけである。

　以上はあくまでも「平均で見た」姿である。そして「平均」という概念が何を語っているのかに注意を要する。図Ⅰ-4-4は，高齢者世帯の所得分布（相対頻度分布）を示している。どのような所得分布のグラフでもそうであるが，そのピークが左方向に偏っていることが，この図においても確かめられる。高齢者世帯の平均所得は，1999年現在，328.9万円であるが，最頻値（モード；もっとも人数の多い所得階層）は100万円から150万円の間に位置

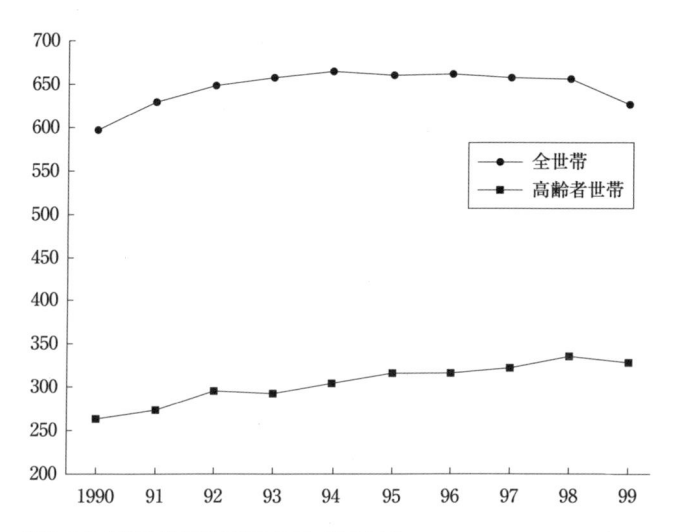

I-4 豊かなのか，貧しいのか──高齢者の経済状況　53

出所：厚生労働省『国民生活基礎調査』（平成12年）

図I-4-3　高齢者世帯と全世帯の平均所得の年次推移
（1世帯あたり，単位：万円）

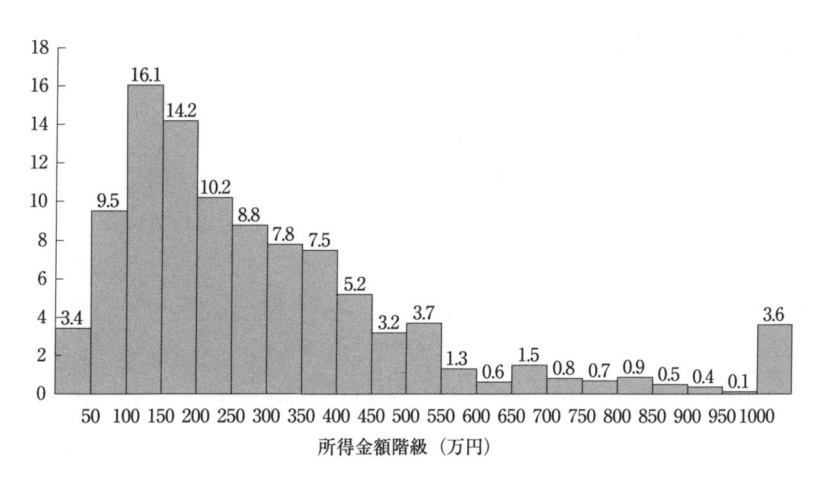

出所：厚生労働省『国民生活基礎調査』（平成12年）

図I-4-4　高齢者世帯の所得金額階級別世帯数の相対度数分布（％，平成11年）

する。すなわち多数の高齢者世帯は，年収150万円以下で生活を営んでいるわけである。

最頻値所得の平均所得に対する比率は，一般世帯に関してはこれほど大きくはない。高齢者世帯では一般世帯に比べて，貧富の格差が拡大しているからである。やや雑に言えば，図からも窺えるように，二極分解しているとも言える（ただし，注意しておきたいのは，この「二極分解」という表現は必ずしも正確な表現ではないという点である。図では所得1,000万円以上を一括して表示しているので，分布の山が2峰となっているように見えるが，1,000万円以上を細分化すると，このような2峰型にはならない）。

高齢者間での貧富の格差は，この図で表されたものより，さらに大きい可能性がある。その理由は，高齢者のすべてが，いわゆる「高齢者世帯」に属しているわけではないからである。いわゆる三世代世帯の中での，高齢者の実質的な所得の取り分を正確に測定することが難しいので，この世帯に属する高齢者の所得がどの程度かを推測することは難しいが，次のような推測も可能であろう。

かつては三世代世帯を営むことは，やむを得ずという側面が強かったが，近年は必ずしもそうは言えないように思われる。たとえばいわゆる「二世代住宅」の売り上げ戸数は急増しているが，こういった住宅の住戸面積はかなり広く，比較的富裕な階層によって購入されていることがうかがえる。ここでの生活形態は，十分な調査を待たなければならないが，少なくとも，かつてのように貧困であるから生活費を安く上げるために同居しているといった姿は浮かび上がってこない。したがって，少なからずの三世代世帯に属する高齢者が比較的裕福な生活を営んでいることが想像されるのである。

一般的に言って，所得や資産の状況を正確に把握することは，プライバシーの保護という観点からの配慮もあってきわめて難しい。しかも高齢者というと，「高齢者世帯」のみに議論が集中して，三世代世帯などに属する高齢者を含めて比較できる調査報告はほとんどない。その数少ない例外として，サンプル数は少ないが，内閣府が1985年度から5年おきに行っている「高

齢者の経済生活に関する意識調査」がある。これは同時に，米国，韓国，ドイツ，スウェーデンを選定し，同じ質問をして国際比較をしている。アンケート調査であるので，所得・資産額などのデータの信頼性は高くない（たとえば貯蓄額に関しては「わからない」という回答が 35％以上を占める）が，世帯の類型ごとの比較には有用な調査資料である。

この調査の 2000 年度（2001 年 1 月）の「貯蓄額」を表 I-4-1 に示す。「収入額」に関しても以下と同様のことが言えることをあらかじめ断っておきたい。この表は，これまで述べてきた高齢者世帯の所得・資産に関する特徴とほぼ似た結果を示している。全般的に見て，貯蓄額の格差はかなり大きく，ほとんど貯蓄を持たない世帯があるかと思えば，3,000 万円以上の貯蓄を有する世帯も少なくない。また子と同居する世帯は比較的裕福であり，単身者の貯蓄は少ない。特にここから浮かび上がるのは，単身の女性の貯蓄額が少ない点である。単身女性は，おそらく夫と死別したものが大部分を占めるであろうが，この中には，第二次大戦による多数の若年男性の死亡に伴って，老後に至るまで配偶者に恵まれず，しかも雇用機会に恵まれずに，厳しい経済生活を余儀なくされたために，有する貯蓄額がきわめて少ない単身女性も含まれるものと思われる。

ところで，単独世帯，夫婦のみの世帯，三世代世帯の所得を比較するためには，世帯人員数が異なるのであるから，単純に三世代世帯の収入が多いからといって，そちらの方が恵まれていると考えるのは不公平な判断である。かといって，世帯人員 1 人あたりで比較するのも適切ではないだろう。

こういった観点から，これらの世帯の所得を一定の尺度で換算するという方法がある。それは「等価所得」という概念である。たとえば，2 人の人が，別々に生計を営むよりも，2 人一緒に生計を営む方が，1 人あたりの食費，光熱費などが安くあがると想像するのが適切であるから，次のような算式で，異なる世帯人員の所得を比較する尺度を作るのである。すなわち，

$$等価所得 = 世帯所得合計 / \sqrt{n} \quad (n：世帯人員数)$$

表 I-4-1　高齢者の属する世帯類型別の貯蓄額（％）

		総数(人)	100万円未満	100万円～200万円未満	200万円～300万円未満	300万円～500万円未満	500万円～700万円未満	700万円～1,000万円未満	1,000万円～2,000万円未満	2,000万円～3,000万円未満	3,000万円～5,000万円未満	5,000万円以上	わからない
平成13年度													
総数	実数（人）	2,077	304	123	123	166	130	136	158	76	38	35	788
	構成比		14.6	5.9	5.9	8.0	6.3	6.5	7.6	3.7	1.8	1.7	37.9
性別	男性	936	13.6	5.7	6.4	8.3	6.8	6.9	10.1	4.1	2.4	2.6	33.1
	女性	1,141	15.5	6.1	5.5	7.7	5.8	6.2	5.5	3.3	1.4	1.0	41.9
年齢	60～64歳	507	13.0	5.3	6.3	9.9	5.5	7.1	7.3	4.7	1.6	2.0	37.3
	65～69歳	535	15.5	5.8	6.2	9.5	6.5	3.9	9.5	3.9	1.9	1.5	35.7
	70～74歳	505	15.4	5.1	5.7	5.5	8.1	7.1	7.1	3.4	2.4	1.8	38.2
	75～79歳	330	12.4	8.2	6.4	7.3	4.5	7.9	7.3	3.0	2.1	2.1	38.8
	80歳以上	200	18.0	6.0	4.0	6.5	5.5	8.5	5.0	2.0	0.5	0.5	43.5
未既婚	未婚	29	17.2	6.9	6.9	—	3.4	—	13.8	—	—	—	51.7
	既婚(配偶者あり)	1,521	11.7	5.3	5.9	8.6	6.6	6.8	8.8	4.1	2.1	2.0	38.0
	既婚(配偶者と離死別)	527	23.0	7.8	5.9	6.6	5.3	6.3	3.8	2.5	1.1	0.8	37.0
同居家族タイプ	単身	206	29.6	6.3	5.3	5.3	4.4	9.2	3.9	3.4	0.5	1.0	31.1
	夫婦二人	733	9.7	6.0	5.2	8.9	6.7	7.4	9.8	3.7	2.0	2.9	37.8
	同居(親が主たる生計)	464	12.7	4.7	6.7	8.6	7.1	6.3	10.3	5.4	3.0	1.3	33.8
	同居(子が主たる生計)	447	19.0	7.2	7.2	7.2	5.6	3.4	3.6	1.1	0.7	0.7	44.5
	同居(その他)	33	12.1	3.0	9.1	3.0	6.1	12.1	12.1	6.1	—	—	36.4
	分けている	183	12.0	4.9	3.8	8.2	6.0	7.7	5.5	5.5	2.7	1.6	42.1
	わからない	11	18.2	18.2	9.1	18.2	9.1	9.1	—	—	—	—	18.2
1ヶ月収入額	5万円未満	67	40.3	4.5	3.0	4.5	4.5	3.0	1.5	—	—	—	38.8
	5～10万円未満	201	29.9	7.0	10.4	4.5	5.0	4.0	3.5	—	—	—	35.8
	10～15万円未満	295	23.7	10.5	7.1	8.5	7.8	5.4	3.1	1.0	0.7	0.3	31.9
	15～20万円未満	266	18.8	7.9	8.6	11.3	5.3	1.9	5.3	1.1	1.1	0.4	38.3
	20～25万円未満	294	11.6	7.5	6.5	10.2	7.1	9.9	7.1	4.8	0.3	0.3	34.7
	25～30万円未満	206	8.3	4.4	6.3	9.7	8.7	7.3	14.1	4.9	3.4	0.5	32.5
	30～40万円未満	263	7.6	3.4	2.7	8.4	7.6	12.2	12.9	6.1	2.7	3.0	33.5
	40～60万円未満	209	3.8	5.7	5.3	5.7	6.2	10.0	13.9	9.1	2.4	4.3	33.5
	60～80万円未満	62	1.6	—	3.2	4.8	8.1	6.5	14.5	8.1	8.1	8.1	37.1
	80万円以上	41	—	2.4	4.9	9.8	2.4	4.9	2.4	9.8	19.5	14.6	29.3
	収入はない	—	—	—	—	—	—	—	—	—	—	—	—
	わからない	173	9.8	0.6	1.2	4.6	1.2	1.2	2.3	1.2	—	1.7	76.3
平成7年度													
総数	実数（人）	2,162	302	147	122	170	129	134	191	87	46	51	783
	構成比		14.0	6.8	5.6	7.9	6.0	6.2	8.8	4.0	2.1	2.4	36.2

注：「同居」，「分けている」，「わからない」については，配偶者以外の同居人のいる世帯を，主な家計の支え手が誰であるかで分類した。
　　同居（親が主たる生計）：家計が一緒で，主に「あなた自身」，「配偶者」の収入で家計を支えている世帯
　　同居（子が主たる生計）：家計が一緒で，主に「独身の子供」，「結婚している子供（その配偶者を含む）」の収入で家計を支えている世帯
　　同居（その他）　　　　：家計が一緒で，上記以外の同居人の収入で家計を支えている世帯
　　分けている　　　　　　：同居人との家計を分けている世帯
出所：内閣府『高齢者の経済生活に関する意識調査』

経済学研究においては，こういった概念を用いていくつかの計測が行われており，たとえば平成14年度の『厚生労働白書』（厚生労働省監修）において，世帯主の年齢別の等価所得の比較を試みている（p.91〜）。しかしながら，この手法は，発展途上国の子供の教育費の測定などを目的として開発されてきた概念であるので，世帯類型の異なる高齢者間の比較に耐えうるような手法としては確立していない。

　容易に想像されるように，この尺度に基づけば，高齢者の所得分布はなおいっそう不平等化することになる。しかしこれは当然のことで，高齢者世帯に単身者が多いからである。なお，言うまでもなくこういった指標は，たとえば嫁と姑との心理的な葛藤といった非経済的要因については全く考慮していない。後に述べるように，所得再分配政策を行うさいに，こういった点の判断が難しいことが大きな妨げとなるのである。

　次に高齢者の保有する金融資産額を，別の角度から見てみよう。近年しばしば指摘されるように，日本の家計の保有する金融資産額は，2000年時点で総額にして約1,400兆円に達するが，これを単純に総世帯数約4,700万世帯で割れば，1世帯あたりの金融資産保有額は3,000万円弱になる。

　別の統計である総務省統計局の「貯蓄動向調査報告」では，世帯主の年齢階級別に見た貯蓄現在高が示されており，これによると，世帯主が65歳以上の世帯の平均貯蓄現在高は，2000年時点で，2,568万円となっている。同じ年齢層の負債現在高は691万円であるので，これを差し引くと，1,877万円となる。この値を，たとえば50〜54歳の年齢階層と比べると，約3倍となる。2つの統計データから推測すると，世帯主が65歳以上の年齢階層の人々が，日本のネットでの金融資産の半分以上を保有しているという計算になる。この結果からも，「豊かな高齢者像」というのが浮かび上がってくるのである。ただし繰り返すが，これは三世代世帯を含めた数値であり，高齢者間での貧富の格差は，他の年齢層より著しいことに注目しておきたい。

　最後に，高齢者の所得の源泉について考察を加える。図I-4-5に示すように，高齢者の所得は，年々，公的年金に依存する度合いが増している。こ

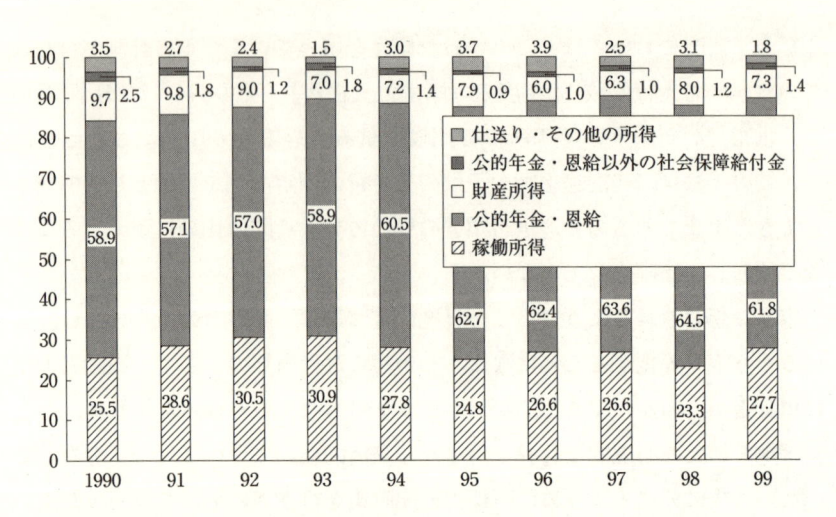

図 I-4-5　高齢者世帯における所得の種類別金額の年次推移（%）

年	稼働所得	公的年金・恩給	財産所得	公的年金・恩給以外の社会保障給付金	仕送り・その他の所得
1990	25.5	58.9	9.7	2.5	3.5
91	28.6	57.1	9.8	1.8	2.7
92	30.5	57.0	9.0	1.2	2.4
93	30.9	58.9	7.0	1.8	1.5
94	27.8	60.5	7.2	1.4	3.0
95	24.8	62.7	7.9	0.9	3.7
96	26.6	62.4	6.0	1.0	3.9
97	26.6	63.6	6.3	1.0	2.5
98	23.3	64.5	8.0	1.2	3.1
99	27.7	61.8	7.3	1.4	1.8

出所：厚生労働省『国民生活基礎調査』（平成12年）

れは主として，公的年金制度が成熟したことによるが，これにともなって，高齢者自身の意識に変化が生まれてきていることも無視できない．すなわち老後の生活を，子供による扶養に期待せず，独立した家計を営み，年金額に依存して生活するように意識を変えてきているのである．この点は，たとえ三世代世帯を営んでいたとしても同じように当てはまる．「同じ財布」を持たないで生活するようになってきているのである．

先に示した，内閣府による国際比較によっても，老後の生活費の源泉を「年金に期待」する度合いが，ドイツ，スウェーデンなみに高まってきていることがわかる．アメリカは，比較的「自己の貯蓄」に依存しようとする度合いが高いが，そのアメリカでさえ，公的年金に期待する度合いは高まっている．このような変化は，経済状況の変化，すなわち一般的な暮らし向きの変化に関わりなく，世界各国で共通して生じており，今後もこの趨勢は元に戻ることはないものと思われる．

4　経済状況に呼応する環境の変化

　経済生活に関する満足感は，所得や消費の単純な絶対水準では決まらない。人々の満足感は，所得額や消費額と密接に絡まる，さまざまな要因に左右される。以下ではこれらの諸要因のうち，きわめて重要と思われるものを取り出して，それらと所得，消費額との関連を見てみよう。

　第1に重要な注目点は，満足感が，絶対額だけでなく，その伸び率に左右されるという点である。戦後50年間の日本は，世界史的に見ても地理的に見ても，類を見ないスピードで経済成長を遂げた時代であった。いつの時代でもそうであるが，人々は，自らが生きてきた時代によって，その意識に制約を受ける。1990年代に入り，40年以上続いた右肩上がりの経済成長の時代が，終わりを告げたと言われても，生活感覚はその慣性から抜け出すことは容易ではない。生活水準がさらに向上することが当たり前であるという感覚を捨てるには，一定の期間を要するのであろう。このことは特に，長い歴史を背負っている高齢者によく当てはまる可能性が高い。

　「ゼロ成長」というのは，平均的に見れば，同じことの繰り返しを行うことができる社会であるが，変化に慣れた人々の満足感は，定常状態を長く経験した人々のそれとは相当異なる。もちろん同時に，激しい変化の時代に生きた人々は，おそらく「変化」そのものに対する適応力も併せ持つとも予想することもできる。かつて貧しい時代を経験した人々は，一定の期間さえ経過すれば，「豊かな時代」に生まれた人々より，適応力はあるかもしれない。

　第2に，「将来の不安」という要素が，満足感に大きな影響を与える。先に示した内閣府の5年おきの調査結果を，1985年から2000年にかけて，5年おきに通年的に比較すると，現実の所得水準と意識の間には次のようなずれがあることが見て取れる。すなわち，この間高齢者の所得水準は，一貫して上昇を続けているが，1990年までは，生活が「苦しい」「やや苦しい」と考える者の比率が次第に減少してきたのに対し，95年から，その比率が上

昇に転じた。しかし平均的には，2000年に至るまでは，実質的な所得が上昇しているのである。

本来ならば，公的年金制度の普及は，老後の経済生活の不安を緩和するように働くはずであるのに，平均的に見てむしろ不安感が高まるという現象が生じたのは，1つには不平等化が進んだこと，いま1つは，公的年金制度の安定的な推移に対する不安が要因となったものと思われる。

なお，今後の研究課題であるが，人々の将来所得に関する不安感を左右する要因として，仮説的ながら，次のような点の検討が課題であることを付記しておきたい。それは郵便貯金，簡易保険などの公的金融機関への預け入れに対しては，それほどの不安感がないのに，同じ公的な保障制度である公的年金に対しては，なぜ不安が高まるのかという問題である。民間金融機関への預金に対しては，いわゆるペイ・オフ制度の導入によって，元金が返らないという不安が高まっているのに対し，郵便局に対する信頼はかなり高いものと見受けられる。

それなのに，なぜ公的年金制度に対しての不安感が高いのであろうか。この原因としては，あくまでも1つの仮説であるが，コミュニケーション手段としての「郵便局」の役割の重要性があげられる。すなわち郵便局は，預金者と日ごとに直接的なコンタクトをとって，安心感を植えつけることが行われるのに対し，厚生年金保険料は，源泉徴収と同じように給与から直接天引きされ，人的なコミュニケーションによる「将来展望」に関する情報の交流はほとんど行われない。同じように，国家に対する信頼感という観点から判断するならば，公的年金制度と郵便貯金制度は大同小異であるのに，一方の信頼が厚く，他方に関しては不安が高まるのは，こういった情報伝達の仕組みも左右しているものと思われる。

5　今後の展望

　以上，主として過去20年間の高齢者の経済生活について，各種の統計資料に依拠しながらその特徴を浮かび上がらせることを試みてきたが，それでは，今後の日本において，高齢者の経済生活をめぐる課題はどのようなものかについて，展望を加えておきたい。

　この議論を進めるにあたって，もっとも重要なことは，次の点である。少なくともここ当分，10年間程度は，日本経済の飛躍的な回復は見込めず，少子社会の到来に関しては，ここ30年程度の間その趨勢が続くことが確実である。したがって，これまでのように「物質的に豊かになり続ける」ことを前提として問題を考えることはほぼ絶望的に近いという前提から，議論を出発しなければならない。

　ただこのさい，重要なことは，だからといって，所得水準がたとえば昭和30年代頃に逆戻りするという過度な悲観的展望から議論を出発させることも，奇妙な立論であるという点である。したがって，ゼロ成長を前提とする，いわゆる「定常型社会」といったものを念頭に置いて，そこでの暮らし方をイメージすることができるかどうかが重要な鍵となる。

　より正確に言えば，次のような発想が必要である。高い経済成長は期待できないとはいえ，数十年後に関しては，どのような経済構造が生じているのかを的確に予測することは，ほとんど誰にもできない。こういったことを前提とすれば，「変化に対して柔軟な経済システム」をいかに構築するかという発想が重要である。経済状況が改善しなければ，それに応じて人々が適応し，逆に経済状況がよくなれば，たとえば高齢者も同じように，その状況に応じて生活水準が高まるシステムを，社会がいかに内蔵しうるかである。

　とはいえ，意外なことに，このような発想を持つことはそれほど簡単なことではない。しかしながら，「社会システム」が外から与えられるのではなく，自らが作り出していくという発想を持つことができれば，将来の不確実

な社会に対する対処法がおのずと生まれてくるのである。

　具体的な例として，公的年金制度を考えてみよう。年金制度について，現在「スウェーデン方式」というものが注目されているが，これは上記の発想を具体化したものである。年金給付額をあらかじめ確定しないで，経済情勢の変化に応じて可変的なものにするという方式である。公的年金制度が世界各国で普遍的なものとなり始めた1970年代には，このような発想は普遍的であった。いわゆる「置換率（replacement ratio）」という概念が多用されていた。若年階層の平均的な所得の何％を年金受給者に保障するかという発想がこの概念の意味するところであり，これを60％とすべきか，あるいは80％程度にまで引き上げるべきかといった議論がなされたのである。

　ところが高度成長期において，公的年金制度を報酬比例方式で維持するという，本来の所得再分配機能を超えた役割が期待されるに及んで，保険料納付額とのバランスという一種の「損得勘定」がベースとなる制度が確立した。このために結果的には過度と思われる給付額が実現したのである。本来年金制度は，老後の所得損失リスクに備えるものであるが，その役割は2種類からなっている。1つは老後において拡大する所得分布の格差を緩和する所得再分配機能であり，いま1つは，個々人のレベルで，若年期の所得と老年期の所得との間に発生する所得のアンバランスを是正するための役割である。この後者については，必ずしも公的部門が担う必要はないのであるが，日本のようなパターナリスティックな社会では，その役割も公的部門が担うことが期待されたのである（近年の公的年金制度の民営化論は，このような観点に立って立論されている）。いまこそ当時の原点に立ち返り，所得再分配機能に重点をおいた制度に改革すべき時期が来ている。

　もっともこのスウェーデン方式に対する批判がないわけではない。あらかじめ確定的な年金額が保障されないのであれば，個々人の貯蓄額の決定など，老後に備えた生活設計ができないではないかという批判がある。しかし，この発想は，アメリカなどで蔓延している，過度な「自立自助」イデオロギーである。

20年後，30年後の姿は，大部分の個人に予測不可能である。それをあたかも可能であるかのような錯覚を与えて，それに個人で備えることを求めること自体が，所詮不可能なことである。人々が，もし個人として，社会とは全くかけ離れたところで生活の満足感を持つというのであれば，所得の絶対額の水準は，重要な満足感の尺度である。しかしながら，過去の推移を見れば，人々の満足感が，たとえば他人の所得水準とは関係なく決まるとは，とても考えられない。

　絶対額で見れば，20年前，30年前に比べて明らかに大部分の人々の生活水準は上昇しているにも関わらず，人々は不安にさいなまれながら生活を続けている。高齢者の所得が上昇しても，若年者の所得が低下すれば，高齢者もまた不安に駆られるのである。

　かつて北野武（ビートたけし）が，「赤信号，みんなでわたれば怖くない」という名言を吐いたことがあるが，老後の暮らしの水準も，周りのみんなが貧しくなれば，自分も貧しくなっても，それほど怖くないのである。みんなが豊かなときに，自分だけ貧しくなることが不安なのであり，そういった発想を持てば，若年者の生活水準が上昇しなければ，年金額は増加せず，逆に若年者のそれが上昇すれば，年金額が増加するというスウェーデン方式は，高齢者にとっても比較的受け入れやすいものであるはずである。

　こういった発想は，経済学の専門用語では若年者と高齢者の「リスク・シェアリング」と言うが，このような発想を，各種の社会システムに導入することこそ，今後の不確実な社会に対する賢明な対処法となる。

　スウェーデンでこのリスク・シェアリングの仕組みが導入でき，日本で困難なのはなぜなのだろうか。この点に関してヒントとなるのは，近年公的介護保険導入にあたって，しばしば強調された「中央集権vs地方分権」の違いである。スウェーデンでは地方分権が進展しているから，社会的意思決定に直接民意が反映しやすいと言われる。このため社会保障制度が行き届いていると言われる。国家に対する信頼が厚いから，高い税・社会保障負担率にも耐えうるというのである。

ただこれには，次のような異論もある。介護保障のように生活に密着した制度に関しては，地方分権による意思決定が適しているが，年金制度の場合は事情が異なるというのである。しかしスウェーデンの人口はわずか約700万人であり，社会保障が行き届いているのには，地方分権もさることながら，国民の間でのコミュニケーションが容易であるから，年金制度に関しても，改革が容易なのだと考えることができる。

　現代の日本では，かつての社会が維持していた「コミュニティ」が崩壊していると言われる。「個の自立」を認めれば認めるほど，個人は利己的になり，相互扶助といった理念が薄れるという指摘もある。しかしながら，欧米社会を見れば明らかなように，「個の自立」と「コミュニティの存立」とは決して相容れないものではない。

　そしてコミュニティが存立するためのもっとも重要な要件は，文字通りその言葉が意味することから明らかなように，人々の間のコミュニケーションを円滑にすることである。年金制度以外に関しては，こういった試みは数多く着手されつつあるが，年金制度に関しても，その意味を理解し，高齢者間での真の相互扶助が何かを検討する必要がある。

参考文献
厚生労働省監修［2002］『厚生労働白書　平成14年版』ぎょうせい。
内閣府編［2002］『高齢社会白書　平成14年版』財務省印刷局。
西村周三［2000］『保険と年金の経済学』名古屋大学出版会。
広井良典［2000］『日本の社会保障』岩波新書。

　　　　　　　　　　　　　　　　　　　　　　　　　　　（西村周三）

第II部

社会・心理・行動

II-1

エイジズムへの挑戦

1 はじめに

　私たちの社会には，時代・文化を超えて人を肌の色で区別する「人種差別」(Racism)，男性か女性かという生物としての性によって区別する「性差別」(Sexism)，年齢が若いか年をとっているかによって区別する「年齢差別」(Ageism) の3つの大きな差別があり，その差別との戦いが近・現代の特徴のひとつでもある。

　「差別」に対する抵抗が最初に行われたのは，「人種差別」である。G.オルポートは『偏見の心理』を1954年に著し，その著書の中で彼は「偏見の本質と低減」について鋭い分析を行い，差別撤廃のための政策勧告も行っている。そして，R.ブラウン（ブラウン [1999]）が，「過去40年間にわたって，アメリカ合衆国の学校における民族関係の改善を目論んだ実践的施策のほとんどが，オルポート理論を基礎にしている，といっても過言ではない」と述べるように，1960年代になって，人種差別撤廃に向けた法律が次々に作られた。その結果，「人種差別」に対して，実態は必ずしも満足のいくものではないが，「（人種に対する）偏見を非とする社会規範」（橋口 [1999]）は形成されたと言ってよいだろう。

　「性差別」については，1949年にボーヴォワールが『第二の性』で女性の目をさまし，さらに，フリーダンが1963年に『新しい女性の創造』を著して女性解放，フェミニズム運動を開始した。これらはわが国にも大きな影響を与え，女性の自立にむけた運動が展開されることになった。そして，1986

年になって日本の労働市場では「性差別」をしてはならないという「男女雇用機会均等法」が成立し，また1999年に改正が加えられ，性差別の低減にむけた歩みが少しずつではあるが動き出したと言えよう。

このように，「性差別」「人種差別」の非合法性は明確になってきているが，「エイジズム（年齢差別）」は少なくともわが国ではまだ「非合法である」とはされていない。

それどころか，これから迎える超高齢社会は，「高齢者が4人に1人になることによって，高齢者の医療・福祉・保健にかかる費用で国の財政は破綻する」「年金の財源が底をついてきたので，支給年齢をあげ，支給額を下げなければならない」「国家に依存する人たちが増大することになるので，国家財政は危うくなる」など，悲観的情報で私たちを「恐怖」に陥れるような雰囲気さえある。その徴候の1つとして，「自分たちが年を取ったときは年金をもらえるかどうかわからないから，国民年金のお金なんか払えない」と支払いを拒否する人が27％もいる（読売新聞2002年5月16日）ということに現われている。さらに，「これからの超高齢社会はどんな様相になっているか」についての大阪府立老人総合センター［2001］が行った調査でも，ベスト3のうち，トップは「高齢者の独居率は5割になっている」で65.5％，第2位は「福祉関連費用の増大で増税になっている」で58.0％，第3位は2つあり，「痴呆性やねたきりの増加で保険財政はパンク寸前」と「日本の経済は今より低成長」で47.9％と，経済的な面での圧迫が懸念されている。

平均寿命の延びを考えると高齢者が増えることは確実だが，超高齢社会には暗い見通ししかないのだろうか。このような暗い見通しの原因は，高齢者を十把ひとからげに高齢者＝弱者＝依存者と差別的に考えているからではないだろうか。果たして，現在の，そしてこれからの高齢者の位置づけをこのような差別的な枠組みの中に閉じこめておいてよいのだろうか——これらが本章における筆者の視点である。

このような危機感を感じているのは日本だけではなく，団塊の世代（ベビーブーマーの世代）が65歳になり2020年代に超高齢社会に突入するアメリ

カでも同じである。「エイジズム」という言葉は，そもそも1968年にアメリカの老年学者バトラー（Butler, R.）が作ったもので，アメリカでも，「高齢者は，すべて病気であり，障害があり，無力で，受身で孤独で不幸である」（安川ら［2002］）という高齢者像が作られていた。しかし，今では，これは神話であり，実態は違うとして，高齢者についての差別観をなくし，積極的な高齢者観を築こうという試みが展開されている。

それは「サクセスフル・エイジング」（バトラー［1998］；東京都老人総合研究所［1998］）「プロダクティブ・エイジング」（バトラー［1998］）「ラディカル・ジェロントロジー」「コンシャス・エイジング」（安川・竹島［2002］）「ニューエイジング」（安立・小川［2001］）などの考えで展開されているが，基本的考え方は，高齢者の存在を「国や社会への依存者＝社会問題」としてネガティブに位置づけるのではなく，「自立して生きる」人として考えるポジティブな考え方への変革である。

しかしながら，前田［2001］は「アメリカやイギリスでのこれらの考え方を我が国に当てはめるのは慎重でなければならない」と言う。その理由として，高齢化率を比較すると，「2000年の時点でも日本の高齢化の方がずっと進んでおり，約5％の差があるが，その差は……さらに広がって……2030年で（日本の高齢化率は）28％に達するが，その時点でアメリカは19.6％にしかすぎない」から，アメリカは楽観的でもいいが，日本は楽観的にはなれないと言う。つまり，アメリカ・イギリスと日本との状況差を指摘しているのである。

このような現実を踏まえた上で，筆者はだからこそ，楽観的にならなければならないのではないかと考える。なぜなら，全人口の中で65歳以上の高齢者の占める割合が高ければ高いほど，その人たちが自立して生きることによって国や社会の負担も少なくなるのではないだろうか。このような視点にたった藤正・古川［2000］は，「セイフティーネットと呼ばれる生存の基礎条件さえしっかりしていれば」という条件つきで「社会の高齢化を恐れることはない」としている。そして「退職年齢は2025年には，ほとんどの企業

で65歳になっている。……年金の給付年齢は65歳以上での支給となる。……1人の扶養者に現在（2000年）1.4人の労働人口から2025年には1.3人の労働人口と，僅かに減るだけである」という経済的な予測を根拠とした楽観的な見方を提案している。高齢者をネガティブに見るひとつの原因は，多くの企業が60歳を定年退職年齢としている現在の考え方が将来も続くという前提にたっていることによるが，ポジティブなとらえ方への移行は，定年という制度の見直しによって可能であることが示唆されている。実際，現実の65歳以上の高齢者の中の75％は仕事をするのに十分な健康と意欲を持っている（高齢社会白書，2002年）。にもかかわらず，現時点での高齢者に対する施策の動向は，社会参加をするにしても自らの生きがいの中に閉じこめようとしているし，「働く」ことにおいてもシルバー人材センターの設置にみられるように「生きがい対策」としての位置づけが主流である。これからの超高齢社会においては，「元気な高齢者を『社会性』と『市民性』をもった社会資源としてカウントできるような可能性を探れば」（大阪府立老人総合センター［2001］），高齢者が増えることは経済的に必ずしも暗い社会を描く必要がないのではなかろうか。そして「社会性」「市民性」をもった高齢者としての位置づけは，高齢者自身の人権にとっても当然のことと考えられる。

　人権的な立場からは，女性の差別撤廃に強い影響力のあった前述のボーヴォワールとフリーダンの両者が，（二人の世代は異なるが）奇しくも彼女らが老いを自覚する60歳代になってから自らの体験をもとに著した『老い』『老いの泉』に鋭い指摘がある。二人は，女性差別と年齢差別の考え方に共通するものがあることを洞察している。つまり，「現代資本主義において女性は，母性を理由に労働権を奪われ，弱き性として保護の対象とされてきたことに異議申し立てをした。これと同じ枠組みで彼女らはエイジズムを批判する」つまり，「高齢者は年齢を理由に労働権を奪われ，弱き者として社会から保護され，同時に排除されているというのである」（安川他［2002］）。

　つまり，高齢者を依存的で保護すべき存在としてはじめからとらえるのではなく，「社会性」「市民性」をもった「自立」という文脈で位置づける「サ

クセスフル」「プロダクティブ」エイジングとして考えるべきという提案は，高齢者の人権を尊重するという点からも重要な指摘である。

わが国でも2001年3月に閣議決定された「高齢社会対策の大綱」でやっと「旧来の画一的な高齢者像の見直し」が宣言され，エイジズムは少しずつではあるが改善が始まったと言えよう。

2 教科書の中のエイジズム

次に，エイジズムがどのようにして生まれてくるのかをみてみよう。

かつて1970年代，パルモアが日本で高齢者の調査を行った際，日本人は高齢者を大事にしていてアメリカは見習わなければならないと述べているが（パルモア・前田［1998］)，わが国の老人福祉法で基本的理念を述べている第2条には，「老人は多年にわたり社会の進展に寄与してきた者として，かつ，豊富な知識と経験を有する者」としており，高齢者は過去に役立った存在であり，今は特別の資源を持つ者である故に「生きがいを持てる健全で安らかな生活を保障される」と位置づけている。つまり，高齢者とは「いたわる」存在であり，現在・未来社会に共生しあえる存在とみなしていないことがわかる。

そして実際，身の回りにも，高齢者を保護するようなサービスが行政，民間を問わず多数ある。商品科学研究所［1997］による東京都近郊での高齢者への「心やさしい応援」に関する調査結果をみると，例えば「公衆浴場の無料開放，敬老特別乗車証，無料の高齢者教室，スポーツ教室，博物館・美術館はほとんど無料，民間カルチャーセンターの割引，JRの割引，航空運賃の割引，税金の優遇，年金，銀行の特別マル優」など多様な優遇措置がある。このような優遇措置が設けられていることで，わが国は高齢者を大事にしていると一概に言えるのであろうか。というのは，これらの優遇措置をよくみると，旅行をしたりスポーツをしたり教養講座に通ったりと，労働とは切り

離されたところに高齢者を置いておこうとするサービスが多いからである。

　ある人が援助を受け取るとか，援助を必要とすると考えることは，その人は「弱い」ということを意味するように一般に受け取られてしまうが，そうであるなら，高齢者への保護・優遇措置は，まさに高齢者を「弱者」として位置づけていることになるだろう。すると，今後，高齢者が増えるということは動かしがたい事実であるから，弱者が増える将来は暗く，活気のない社会になるというイメージを喚起することになる。

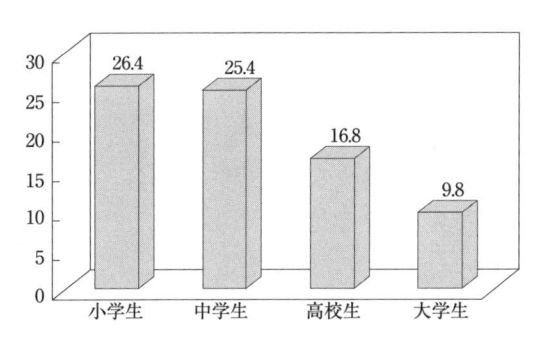

図Ⅱ-1-1　ポジティブバイアススコア（%）

- 小学生 26.4
- 中学生 25.4
- 高校生 16.8
- 大学生 9.8

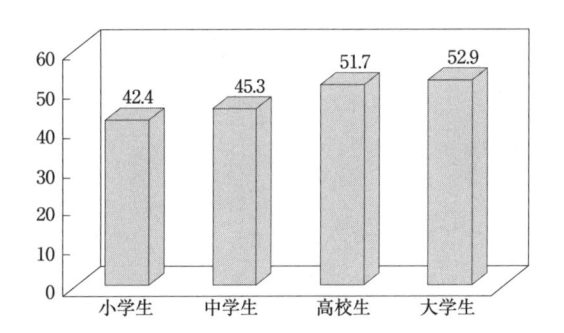

図Ⅱ-1-2　ネガティブバイアススコア（%）

- 小学生 42.4
- 中学生 45.3
- 高校生 51.7
- 大学生 52.9

　では，これからの社会を担う子供たちが高齢者に対してどのようなイメージを持っているのだろうか。そのことに関して調査をした結果が図Ⅱ-1-1，2である（藤田［2001］）。高齢者についての態度をネガティブな面とポジティブな面について測定するために，パルモアらが開発し，堀［1996］が日本版に修正している尺度「F.A.Q.（エイジング・クイズ）」を用いて，小学生・中学生・高校生・大学生に横断的に調査を行ったものである。図Ⅱ-1-1はポジティブバイアススコアの結果，図Ⅱ-1-2はネガティブバイアススコアの結果を示しているが，学年が上がるにしたがってポジティブバイアススコアは下がり，ネガティブバイアススコアは上がっている。

「差別」的態度は,「集団のプロセス」において,集団の中で学習されていくが,高齢者についてのこのネガティブな態度は,いかなるプロセスの中で学習されているのだろうか。

そこで,対象となった子供たちに,「高齢者についてどのような科目で学習しているか」調査をしたところ,全体として「覚えていない」が5割,「習った」が2割5分,「習っていない」が2割5分であった。小学生の4割が「習った」と答え最も多いものの全体的に印象が低い。次に,「習った」と答えた人たちに,何の教科であったかを尋ねると,小学生は「国語」,中学生は「道徳」「社会」,高校生は「道徳」「家庭科」「社会」,大学生は「高校のときの社会」「中学のときの道徳」などであった。

さらに,それぞれの教科書の中で高齢者がどのように登場しているかについて調べてみると,例えば,小学校6年生における「社会」の教科書を3種類みたところ,すべての教科書が高齢化社会の問題を取り上げており,その内容は「高齢者の人口が増えること,高齢者のための社会福祉が必要になること」を教えようとしている。中学校の「公民」の教科書では「高齢化社会の到来,核家族化,少子化,女性の社会参加など家族の変化によって社会福祉制度が重要な課題になったこと」を教えようとしている。さらに,高等学校の「現代社会」では,現代社会を「大衆社会」「情報社会」「高齢社会」として位置づけ,「高齢社会」については,社会保障の充実とそのための負担の増大を指摘しているのみであり,若者が自分自身の問題として考えるようにはなっていない。「道徳」の科目では,「父母・祖父母を敬愛し,家族の一員としての自覚をもって充実した家庭生活を築くように」ということが文部科学省の指導要領で全学年を通して書かれているが,高齢者はあくまでも「助けてあげる」存在であり,「共に助け合う」存在としては位置づけられていない。これらの,現在使われている教科書で学習すればするほど,つまり学年が上がるにしたがって高齢者を弱者としてみる傾向が強くなるということではないだろうか。

平均寿命が80歳前後になり(男性76歳,女性84歳),そして高齢者の人

口割合が2割から2割5分に迫ろうとしている今日,社会をリードすべき教科書の中で高齢者問題を依然として挑戦すべき課題として取り上げていないことは,社会のエイジズムを低減させることに大きな障壁となっている。

3 介護の中のエイジズム──高齢者虐待

ホームヘルパー研修で,「日頃の活動の中で困っているケースについての事例」を募集したところ(藤田[2000]),50名の受講者のうち8名(16.0％)が訪問先の高齢者が虐待されていると思われている事例をあげていた。事例の内容は,「脱腸で排泄が困難である母親に排泄の度に邪魔物扱いと言葉でののしる」「息子の暴力であざが絶えない」「痴呆が進行しているにもかかわらず介護者がいない」「高齢者が『しんどい』というのに『芝居だ』と家族がとりあわない」「介護責任者がはっきりせず,家族全員が逃げている」「息子夫婦が介護をいやがり92歳に96歳を介護させている」などであった。

また,『高齢社会白書』(2002, p.52)で,「虐待経験がある」という人が家族介護者の中で17.9％と2割近い数を占めることが報告されている。

在宅での高齢者介護については,本書のII-5で述べられているが,内外において,最近注目されているのが介護の場面における「高齢者に対する虐待」である。

「高齢者虐待」は『Handbook of the Psychology of Aging』の第5版で高齢者についてのトピックスの1つとして(初めて)とりあげられた。これは,「高齢者虐待」に対する調査・研究が多くなっていることも1つの理由だが,言うまでもなく,現実に虐待があるという実態があることが最大の理由である。

そもそも,他者を「虐待」するという行為は高齢者に対してだけでなく,いかなる人に対しても行ってはならない行為であることは自明のことである。しかし,「こども虐待」「配偶者虐待」「高齢者虐待」は社会問題として突出

してとりあげられる。このことは，この三者に「弱者」というパラダイムが共通してあるということを示唆しているが，一般に，「高齢者虐待」とはいったいどのような行為を言うのであろうか。長寿社会開発センター[1997]，多々良[2001]，ウィルバー（Wilber & Mcneiiy[2001]）を参考にすると，「高齢者虐待」は次のように定義できる。

(1) 身体的虐待：意図的に物理的な力を行使し，身体の傷，痛みまたは欠損を結果としてもたらすこと（たたく，蹴る，薬の飲ませ過ぎ，縛りつける，閉じ込める，抑制など）
(2) 世話の放棄・拒否：ケアを必要としている人に意図的または結果的にケア提供にかかわる約束または義務を履行しないこと（風呂に入れない，排泄物の処理をしない，食事をさせない，ひとりぼっちにさせる，家が不衛生のまま，追い出すなど）
(3) 情緒的・心理的虐待：脅かし，屈辱，威圧などの言葉，または差別用語を使ったりして心理的・情緒的苦痛を意図的に与えること（辱める，恥をかかせる，脅す，嘲笑う，どなる，ののしる）
(4) 金銭的・物質的な搾取：金銭や財産・貴重な物を持ち主の許可なくして使ったり，とりあげたりすること（お金を盗む，通帳を隠す，給料・年金を渡さない，だまして物を買わせる，財産をとりあげる）
(5) 性的虐待：当事者と合意のない性的な関係を結ぶ（レイプ，抱きしめる，キス，ペッティング，セックス，いかがわしい写真やビデオを見せる）

以上のような定義は，「高齢者虐待」だけでなく「こども虐待」「配偶者虐待」にもあてはまるものであろう。

では，「高齢者虐待」の実態はどうなっているのだろうか。高齢者処遇研究会（田中荘司代表[1995]）は，全国の在宅要介護高齢者に関連する診療・相談窓口4,150カ所にアンケート調査を依頼し（回収数1,531カ所），専門職に答えてもらっているが，1年間に虐待に関わったことがある機関は494カ所（32.3％）あり，1,183事例が報告されている。虐待の種類（複数回答）は，「世話の放棄・拒否・怠慢」がもっとも多く59.3％，「身体的暴力」は

51.1％，「心理的・精神的虐待」は39.8％，「経済的虐待」が11.6％，「性的虐待」が0.4％であり，虐待事例の54.2％が専門家の訪問によって発見されたと報告されている。多々良［2001］も「在宅介護支援センター」と「老人デイサービスセンター」2,000機関（回収数768カ所，38.4％）の専門職へ「2年以内に出会った事例」についてのアンケートを実施し，「高齢者虐待」の実態を調査している。その結果，1,008の虐待事例が報告され，「世話の放任」がもっとも多く32.2％，「身体的虐待」が30.8％，「情緒的・心理的虐待」が22.8％，「金銭的・物質的搾取」が13.0％，「性的虐待」は1.2％であった。この他，多々良［2001］がわが国で行われた8つの調査を紹介しているのをみると，高齢者虐待の内容については定義の「(2)世話の放棄・拒否」「(1)身体的虐待」「(3)情緒的・心理的虐待」で8〜9割を占めることが推測される。

　いずれの調査も介護支援センターや保健所などの専門機関の人たちが気づき確認できた，いわば身近な対象者についてであって，高齢者虐待の「氷山の一角」が明らかにされた段階であると言え，水面下に潜んでいる数がどの程度のものかわからないのが現状である。アメリカでの虐待研究に造詣が深い多々良［2001］は，わが国の高齢者虐待の特徴として，「高齢者虐待をしている人が虐待をしているという意識がなく」「虐待を受けている高齢者の多くが虐待をされているという意識がなく」「周囲の人たちが高齢者虐待が行われているという認識に乏しい」「日本には高齢者虐待の対応システムが存在しない」「一般市民の高齢者虐待への関心や知識が低い」として，この問題について社会全体としての関心が今ひとつであることを嘆いているが，「虐待行為」があるにもかかわらず，その行為を「虐待」と認識しないこと自体，エイジズムの根深さを示している（ちなみに，イギリスの電話帳の第1ページには「高齢者虐待」相談窓口の番号が掲載されている）。このことからもわかるように，高齢者全体の中で虐待を受けている人が何％いるか，わが国では未だわからないのが現状である。外国では，例えば，Birren他［2001］によると，ボストンでは0.32％，また，カナダでは全国調査（1992）の結

果0.4％が虐待を受けていると報告されている。イギリスでは約5％，アムステルダムでは5.6％，アメリカでは約13％という恐ろしい数字が紹介されている。

日本における「高齢者虐待」の発生がどの程度かは今後の調査・研究を待たねばならない。しかし，「氷山の一角」しかとらえられていなくても，われわれがその事例から多くのことを学び対策を考えることは可能である。

高齢者が虐待を受ける理由としてはどのようなことが考えられるのであろうか。「高齢者への虐待がなぜ起こるのか」については，「介護ストレス説」「世代間移転説」「加害者の精神的障害説」「双方向説」「社会的交換説」「介護前の人間関係説」「資産・資金がねらわれる」など7つの可能性が考えられている (Wilber 他 [2001])。

(1) 介護ストレス説 (Situational Stress Model)

介護の負担感がストレスになり，ストレス発散のために介護を必要とする高齢者を虐待するケースで，いわば欲求不満による攻撃行動の的になる場合。

(2) 世代間移転説 (Transgenerational Violence)

虐待をすることは家族の中で学習されるという考え方で，子どものとき虐待された人が，親子の依存関係が逆転したときに報復するかのように虐待するケース。

(3) 加害者の精神的障害説 (Psychopathology of the Perpetrator)

虐待する人の性格が暴力的であるとか，精神的障害をかかえていたり，アルコール中毒，麻薬などの中毒また発達障害などの問題をかかえていることで暴力的な虐待をするケース。

(4) 双方向説 (Double-Directional Violence)

介護を受ける人が暴力をふるう人であり，そのために介護者も暴力をふるったりののしりあったりしあうケース。

(5) 社会的交換説 (Social Exchange Theory)

対人関係はそれぞれの利害関係がバランスがとれていると安定するという

考えからすると，エイジズムによって高齢者は経済的，社会的，精神的な依存者として価値がないと考えて虐待するケース。

(6) 介護前の人間関係説（Empirical Evidence）

介護する関係が起きる以前から，夫婦関係・親子関係・嫁姑関係など家族の中での人間関係が良くなかったケース。

(7) 資産・資金がねらわれることによる（Financial Elder Abuse）

高齢者のさびしさや不自由さにつけいって親切にし信用させて，上手な話でお金や貴重品などを巻き上げたり高価な物を買わせたりという詐欺商法に引っかかるケース。家族が高齢者の許可なく年金や預金通帳をとってしまうケースも含まれる。

以上あげた7つをみると，「高齢者への虐待」の多くが高齢者を弱者と考える文脈で引き起こされていることが浮き彫りにされてくる。いわゆる「弱みにつけ込む」という関係の中で起こっていると推察されるが，もしそうであるなら，これらはまさに介護の中で起こっているエイジズムである。

4 エイジズムからプロダクティブ・エイジングへ

1960年代のアメリカで，高齢期の過ごし方として，社会に関わりながら生活するのが精神的に安定するという「活動理論」と，生理的老化とバランスをとるためには社会活動とりわけ労働から解放されて過ごすのがよいという「離脱理論」の間で論争が繰り広げられた。結論は，高齢期を「離脱理論」的に過ごしたい人もいれば，「活動理論」的に過ごしたい人もいるので，いずれの生活でも選べるような，つまり高齢者が主体的に選べる社会システムが必要であるということで決着がついた。

しかし，この論争の第1の誤りは，多様性をもつ高齢者をひとくくりに「活動的」か「離脱的」かという二者択一に無理にあてはめようとしたことにある。高齢者を「高齢」というカテゴリーで1つのパターンに押し込もう

とすることこそが,「エイジズム」であろう。さらに,もう1つの誤りは,高齢者の生き方に「活動的」か「離脱的」かという2つの生き方の枠組みしか用意しなかったことにある。人によってある分野からは離脱するが別の分野には積極的に関わる人もいれば,同じ分野でも他者との競争にアクティブになる人もいれば,後輩の指導に力を入れている人もいる。高齢期における個人差の大きさについてはⅠ-2で述べたが,このことは生き方についても他の世代と同様,あるいはそれ以上に多様な形がありうることを示す。例えば,10歳の子供はほとんどが小学校に通って,決められた科目を学習しているという共通項があるが,90歳の人は,筆者の身近な人を思い浮かべても,一人暮らしで元気にボランティアをして楽しんでいる人,大家族の中で孫育てを担当している人,夫婦二人で静かに暮らしている人,病院に入院して明日をもわからない人,病院を経営して診察に当たっている人,痴呆で施設にはいっている人,音楽家として後進の指導に当たっている人,夫を介護している人など様々な生活があり,共通していることはあまりなく,それぞれの人たちは自分たちの生活に挑戦しながら個性的に生きている。この多様性を受け入れる「社会システム」の構築が実は,1960年代の論争の結論ではなかったかと思われるが,残念ながら「エイジズム」は続いてきた。

　前述のように,この「エイジズム」の対概念としてバトラーは「プロダクティブ・エイジング」を提案している(バトラー[1998])。「プロダクティブ・エイジング」の意味は,高齢者を「社会の依存者」「社会の重荷」とする見方でなく,「生産的な存在」であると見ようということである。彼は,この概念について「私は老いの問題を論じるのに『依存』『介護』『社会的コスト』といった,おきまりの課題から(もちろんこれらの問題の重要性はいささかも減じていないが)そろそろ新しい課題に歩みを進めてはどうかと強く提案した。新しい課題の枠組みとは,すなわち,高齢者のProductivity『生産性』である」と述べる。彼の言う「生産性」とは,単に「物財」を作り出すだけではなく,「社会的関係性」を作り出すことも含み,本質的な意味で社会を豊かにすることを意味している。すなわち,「社会的関係性」という

のは，賃金と結び付いた労働はもちろんであるが，ボランティア活動，地域活動，学習活動，保健行動（自分自身のための予防も含む），相互扶助行動，家事や自宅の菜園などのための無償労働などの活動を含んでおり，高齢者がこれらの活動を行うことのできる，あるいは可能性を持った存在であるとみなすこと，そして，その可能性を切り開く「社会システム」をつくることで高齢社会・高齢者に対してポジティブな見方をしようとするものである。安川他［2001］も「1990年代，従来の『悲惨で』『障害をもつ』ペシミスティックな高齢者像は，エイジング研究のメインストリームではなくなった」という指摘をしており，またバトラー［1998］の「『老い』にまつわるわびしいイメージを払拭して，いきいきと現実を生きる，男女共生社会を実りある『老い』へとイメージを変革したいものだ」という言葉は，われわれが今後向かうべき方向を提示している。

　そうしなければ「この役立たずの集団をどう処理すればいいのだ？　この人に頼りっきりの大勢の連中を助けるのに，おれたちの金をどうやりくりするのだ？」（フリーダン［1963］）という議論だけが果てしなく繰り返されていくことになる。それよりも，高齢者の持っている能力を生産的な社会構造にどのように組み込めるかを考えることこそ必要とされているのである。

　幸い，まだ数は少ないものの高齢者が潜在的能力を切り開いて社会的な関係性を作り出し，生き生きと暮らしている事例（岩波書店編集部［1999］，加藤［1985］）が示されてきている。その実践例として大阪府立老人総合センターが『高齢者の市民社会活動推進に関する調査報告書』の中でボランティア活動に焦点をあてて「高齢市民社会活動者（イノベーター）面接調査」を行っているので，次に紹介してみたい（この面接調査は筆者も参加して行った）。ちなみに，高齢者をボランティアとして受け入れている施設は大阪府下のボランティアを受け入れている社会福祉施設の8割以上にのぼり，これらの施設での高齢者ボランティアへの評価は「大変役に立っている」6割強，「まあ役に立っている」3割弱で，9割近い施設で高齢者ボランティアの活動は高い評価を得ている（大阪府立老人総合センター［2001］）。

(1) H.W. さん　女性　66歳

専業主婦18年，子育てを一段落して大阪府主催消費生活リーダー養成講座・消費生活アドバイザー講座受講，資格試験合格後，46歳で企業に就職，64歳で退職，大阪府シルバーアドバイザー講座（ボランティア・地域活動者のための養成講座，1年間）を受講後，歌体操・手作りおもちゃなどボランティア活動やユニバーサルデザインについての勉強会を開いたり，セミナーを開催して活動している。

(2) T.N. さん　男性　66歳

戦時中に9歳で命からがら満州からひきあげ，広島で原爆に遭い，大洪水で命拾いなど死と隣り合わせの経験を何度もした。40代からボランティアらしきことはしていたが，サラリーマンを定年退職後ボランティアセンターに出入りするようになり，ボランティア活動にのめり込み，ボランティアの百貨店といわれるほど寝る間も惜しんで活動している。

(3) Y.Y. さん　女性　71歳

50歳まで専業主婦，公民館における「女性史を読む会」で高群逸枝の著作を読んで目覚めた。女性問題アドバイザー講座受講，そこで知り合った友人と勉強会をし，その仲間で55歳で調査会社設立，70歳で現役を退きフェミニズムをテーマに男女共生センターでのボランティア，高齢社会をよくする女性の会などの活動を精力的に行っている。

(4) S.Y. さん　男性　69歳

高度成長期の大手企業でサラリーマン生活を過ごし，定年退職後会社の推薦でサラリーマンOBを貴重な社会資源ととらえ，その豊富な経験を生かして積極的な社会活動にかかわってもらおうという全国的な取り組みの大阪支部の立ち上げメンバーになり，その活動を行う中でいまでは，高齢者大学の講師をつとめるまでになり，その他手作り絵本の会や民生委員などの活動も行う。

以上4名の方しか紹介できなかったが，調査は12名について行われており，まとめてみると例外なく，高齢期に向けて講座や資格取得の機会を持っ

て，それらの学習をきっかけとして，新たな能力を身に付けたり，あるいは，新しいアイデンティティを見つけようとした結果手に入れることに成功した人であることがわかる。そして，これらの人が決して例外的に優れた人というわけでなく，普通の人たちであることが注目できる。このことは，人生の前半において，学校に入り仕事や家庭生活の準備をしてきたように，1つのステップから次のステップへの移行を手助けする機会の必要性を示しているとともに，それぞれの人は，ラングランの言う「生きるということは，人間にとって，万人にとって常に挑戦の連続を意味する」ということを実践している人であり，生涯学習の重要性も指摘できる。

　B. フリーダン［1995］は，女性の神話を打ち破り「（女性が）ひとりの人間として目覚めた時，女性は自らを異なった視点でみることができ……何故ひとりの人間として社会へ出て行けないかということを考えることができる」と述べているが，この「女性」という言葉の代わりに「高齢者」という言葉を入れているのが先に紹介したイノベーターの人ではないかと思われる。一方，彼らに来るべき超高齢社会や高齢者に対するイメージを尋ねると，幅は大きいが平均すると一般の老人大学の人たちよりネガティブな回答であった。これは一見矛盾するように見えるかもしれないが，ある高齢者の「世間が高齢者に対してネガティブにひとくくりにしてみるから，高齢者といっても色々の人がいることを知ってもらおうとボランティアに一生懸命になれるのかもしれません」という言葉がその理由を説明していよう。

5　おわりに

　これまで議論してきたように，わが国の高齢者のイメージは，子どもみたいで，病弱で孤独で，暗いなどネガティブな存在として描き出される傾向があり，そのような固定観念としてのエイジズムを作っている原因のひとつに学校の教科書問題がある。さらに，介護の場面で起こる「虐待」もエイジズ

ムの延長上にあり，これからの超高齢社会を迎えるに当たっては，高齢者を能力を持つ「生産的」（プロダクティブ）な存在とみる見方に変化させる必要がある。そのためには，教科書の世界での固定観念の打破とともに，高齢者自身の努力が必要であり，その高齢者自身の社会への関わりの動きが始まりつつあるのである。

参考文献

安立清史・小川全夫編［2001］『ニューエイジング』九州大学出版会。
オルポート，G・W［1961］『偏見の心理』原谷達夫・野村昭訳，培風館。
Baltes, P.B. and Baltes, M.M. (ed)［1990］*Successful Aging,* Cambridge Univ. press.
ボーヴォワール，S［1972］『老い　上・下』朝吹三吉訳，人文書院。
ボーヴォワール，S［1997］『第二の性Ⅰ，Ⅱ』中嶋公子・加藤康子訳，新潮社。
Birren, J.E. and Schaie, K.W.［2001］*Handbook of the Psychology of Aging* (5th ed), Academic Press.
ブラウン，R［1999］『偏見の社会心理』橋口捷久・黒川正流編訳，北大路書房。
バトラー，R・N［1998］『プロダクティブ・エイジング』岡本祐三訳，日本評論社。
フリーダン，B［1963］『新しい女性の創造』三浦冨美子訳，大和書房。
フリーダン，B［1995］『老いの泉』山本博子・寺澤恵美子訳，西村書店。
藤正巌・古川俊之［2000］『ウェルカム・人口減少社会』文芸春秋。
藤田綾子［2000（未発表）］ホームヘルパー処遇困難事例検討。
藤田綾子［2001］『高齢者と適応』ナカニシヤ出版。
橋口捷久［1999］「前がき」，ブラウン，R『偏見の社会心理』北大路書房。
堀薫夫［1996］『老いと死に関する調査研究』大阪教育大学生涯教育計画論研究室。
岩波書店編集部編［1999］『定年後』岩波書店。
加藤仁［1985］『おお，定年』文芸春秋。
内閣府編［2002］『高齢社会白書　平成14年版』財務省印刷局。
前田大作［2001］「ニューエイジングの課題」，安立清史・小川全夫編『ニューエイジング』九州大学出版会。
大阪府立老人総合センター［2001］『高齢者の市民社会活動推進に関する調査報告書』。
パルモア，E・B［1995］『エイジズム——優遇と偏見・差別』奥山正司他訳，法政大学出版局。
パルモア，E・B and 前田大作［1998］『お年寄り』九州大学出版会。
商品科学研究所［1997］『ご存知ですか？シニアの得点』。
田中荘司［1995］『高齢者の福祉施設における人間関係の調整にかかわる研究』高齢者処遇研究会。

多々良紀夫［2001］『高齢者虐待』中央法規。
長寿社会開発センター［1997］『ひとりで抱えこまないで』。
東京都老人総合研究所［1998］『サクセスフル・エイジング』ワールドプランニング。
Wilber, K.H. and Mcneiiy, D.P. [2001] Elder Abuse and Victimization. Birren, J.E. and Schaie, K.W. (eds), *Handbook of the Psychology of Aging* (5th ed.), Academic Press.
安川悦子・竹島伸生編著［2002］『高齢者神話の打破』お茶の水書房。

(藤田綾子)

II-2

高齢者から家族と地域を考えなおす

1 はじめに

　私たちにとって家族や地域との関係は，生涯を通じて常に意識させられるものである。ある時には，煩わしく，やっかいな存在ともなり，別の時には生きがいを得るための代え難い貴重な存在ともなるだろう。それらの関係をどのように調整してコントロールしていくかは，家族や地域とのつながりが希薄になっていると言われる現在でも，自分たちの人生の価値を決定してしまうほど，重要な問題なのである。高齢期においても，いやむしろ死を前にした人生の最後の時期であるからこそ，いままでの人生のなかで家族と地域の存在がもっとも大きな位置をしめることになるのである。

　本章では，おもに社会学の立場から，比較的健康な高齢者を中心にしながら，その家族生活や地域生活のあり方について検討して，近未来に迫った超高齢社会の方向性を探っていくことにしたい。

2 客体から主体としての高齢者へ

(1) 産業化と高齢化のなかの高齢者

　近年わが国では，とりわけ高齢者をとりまく社会的状況が急激な変貌を遂げている。

まず産業化という社会変動は，われわれの暮らしを根本的に変えてきた。高度経済成長期にあたる1960年代以降に生じた産業構造の変化によって，わが国の産業別就業者数の比重は，世界に類をみないほど短期間に，農林水産業から工業，さらに情報産業へと移行した。そのため郡部から都市部へと人口が移動して，都市郊外の一戸建てや団地などに住むサラリーマン家庭が増大するようになる。

　いっぽう高齢者は，農業中心社会では豊富な経験の活用により役割や地位も安定していたが，生産力や即応力を要求される工業社会や情報社会においては，その役割喪失や地位低下の懸念される存在となってきたのである。60年代に会社に勤めて都市に定住した人びとも，定年退職をむかえ始め，みずから築きあげたIT（高度情報技術）社会のなかで，まもなく自分たちの親の経験しなかった新しい時代の高齢期を生きることになるわけである。

　さらに高齢化も，ほぼ同時代的に著しくすすんでいる。わが国でも，国連の定義によって，1970年に高齢化率が7％に達して「高齢化社会」になって以来，世界最速で1994年には14％を越して「高齢社会」に至ったのである。第2次世界大戦後の1947年から49年までに生まれた第1次ベビーブーム世代，いわゆる団塊の世代が高齢期になるころには，「超高齢社会」を迎えることは間違いないであろう。

　世界的にみて産業化のすすんだ社会においては，少子化と共に，ほぼ例外なく高齢化が進行しており，重要な政策課題にあげられてきている。わが国でも1980年代に入ると，将来の年金，財政，医療，保険，雇用などに対して危機的な状況をまねくのではないかといった議論が本格的に行われるようになり，何人の若中年者で1人の高齢者を支えなければならないのかといった，高齢者を社会的重荷と位置づける悲観的な論調が目立っている。一般にも「高齢者問題」という言葉は，わが国の将来の不安材料を語るときの常用語となってしまっている感がある。

　しかしながら最近になって，社会的状況の側から高齢社会を否定的にばかりとらえていても未来への展望は開けないことから，高齢者の側から社会の

あり方が前向きに検討されだしてきている。高度に産業化，都市化ならびに情報化したわが国において，われわれは自らの高齢期を充実したものにするために，これまでのマイナスの高齢者像をプラスに転換していく必要に迫られているわけである。

(2) 家族変動における高齢者

わが国では近年，人口の高齢化と並行しながら，世帯の高齢化も急速である（内閣府編［2002］）。65歳以上の者のいる世帯は，1975年には全世帯の21.7％であったが，2000年には大幅に増加して34.4％をしめている。さらに高齢者世帯の構造自体の変化も顕著である。高齢者のいる世帯のなかで，三世代同居世帯が75年の54.4％から2000年の26.5％へと大幅な減少を示しており，子との同居世帯は，減少し続けている。逆に，夫婦のみで暮らす世帯は13.1％から27.1％に，一人で暮らす世帯は8.6％から19.7％に，それぞれ急増の傾向にある。高齢者による夫婦のみの暮らしや一人暮らしは，もはや特異なケースとは言えなくなっている。とくに一人暮らしに関しては，夫婦のみの暮らしでどちらかが死亡したのちに，そのまま移行するケースも多くなると思われるので，ますます大きな割合になることが予想されることになろう。

高齢者の家族形態が多様化する背景としては，家族周期の変化があげられる。家族周期とは，国勢調査などの結果によって，いわば家族の人生を統計的にあらわしたものであり，結婚から子の独立，定年・引退，夫婦の死までの家族のライフイベントについて，それぞれの平均年齢で示したものである。時代別に比較すると，1920年にくらべて91年では，出産期間が10.2年，子扶養期間が4.3年，それぞれに短縮しているのに対して，三世代同居期間が15.0年，定年後の期間にあたる高齢夫婦期間が11.1年，寡婦期間で3.9年，それぞれに延長している（厚生省［1993］）。つまり，少子化などにより前半の子育て期が短縮され，平均寿命の延びなどによって後半の定年後・子

育て後の期間が長期化している。人生60年と言われていた時代には，末子が成年に達するまでに親が亡くなることは決してまれなことではなかったが，平均寿命の急速な伸長によって人生80年時代をむかえると，高齢の親あるいは高齢夫婦として暮らす期間は大幅に延長されることになる。

わが国の伝統的な家族規範と言われてきた同居慣行は，家族周期の大幅な変化によっても揺らいできている。二世帯住宅といった，親夫婦と子夫婦の間で生活空間を分離するといった同居形態が，さらにはいわゆる「離れていても親しい関係」を維持する別居形態が，長期化する家族生活のなかで模索されている段階にある。高齢期の家族との暮らしが長期化しているにもかかわらず，子や孫などとの暮らし方には定まったものがない状態にある。これが，高齢期の家族生活のあり方を多様化させる要因となっている。現代の高齢者世代にとって自分たちの祖父母や親の世代の暮らし方は，あまり参考にならなくなっており，高齢期において子や孫との生活や関係をどのようにつくりなおせばよいのかという問題に悩むことになるのである。

これまでの家族社会学においては，年老いた親を成人した子が養うという「老親扶養」の視点から，高齢者を客体としてあつかう研究が主流であった。第2次大戦後は，イエ制度の廃止などによって長男による単独相続がなくなり親に対する扶養義務の法律的な規定も緩やかになったことから，高齢者と家族に関する主な課題は，扶養の内容である経済的援助，身辺介護，情緒的援助がどのように行われているかに焦点が集まってきたのである。したがって子家族と別居している高齢者は，扶養されない「孤老」や「棄老」といったかたちで把握されることが多く，もっぱら社会的救済の対象とされていたと言える。

しかし現在では，高齢期の家族生活の多様化のなかで，家族社会学においても高齢者を主体とした観点による研究が必要とされてきている。たとえば，「家族に含まれた高齢者」ではなく，主体としての高齢者の側から家族関係をとらえなおす「個としての高齢者による家族再構築」の視点（安達［1999］）などからのアプローチが，最近になって活発である。つまり，子や

その家族によって援助を受けて扶養されている高齢者の単一的な姿から，相互援助のなかで主体的に家族生活を営む高齢者の多様な姿を解明することが求められてきているのである。

(3) 地域変動における高齢者

　家族生活だけでなく地域生活も，産業化および高齢化のなかで様変わりしてきている。
　農業中心社会であった時代には，村落に住む人びとは生産活動を協力して行う一種の運命共同体であり，家を基本単位とした住民同士の交流は日常生活をおくるうえで必要不可欠なものとされていた。かつての農家は生産と消費をあわせもつ場であったことから，生産活動を協力して助けあう近隣との関係は，必然的に強いものにならざるを得なかったのである。そのなかで高齢者は，子どものしつけ役や相談役などとして，家庭内だけでなく地域内でも一定の役割を期待された存在であったと言える。
　工業化や情報化にともなって地域社会には，大きな変化がみられた。サラリーマン家庭では生産活動が家族や地域から完全に分離してしまい，おもな家族機能は消費を残すだけである。そのため近隣の家族同士でのつきあいは大幅に減少し，あいさつをかわすことすら少なくなっていく。たとえば，なだいなだ『こんちはじいさん』は，急激に農村地帯が住宅地に変化することに対応できず，周りが農家であった時代のように，団地の主婦たちにあいさつを繰り返して不審者と勘違いされる男性高齢者の姿を悲喜劇的に描いた小説である（なだ［1978］）。ここまで極端な状況は少ないにしても，産業化や都市化の進展につれて地域での関係は弛緩しており，高齢者も地域社会のなかでかつての役割を喪失してきていることは確かである。
　他方で高齢化の進行にともない，1980年代より地域のなかで高齢者は2つの側面からとらえなおされることになる。1つは地域がどのように援助していくのかという客体としての高齢者であり，もう1つは地域をどのように

活用していくのかという主体としての高齢者である。いずれも，基本的には高齢者の暮らしやすい地域社会のあり方を実現することを目的としているが，家族のばあいと同様に，最近は主体としての高齢者から地域との関係をとらえる視点が重要視されつつある。

　主体としての高齢者から地域を考える試みとしては，都市社会学からのアプローチがある。とくに金子勇が，生活する主体としての高齢者をとらえる「都市高齢社会」の研究から，高齢者の社会的役割の縮小として高齢化をとらえたうえで，地域のなかでの新しい役割の創造の可能性を追究している。そして，高齢者全体の 85 ％にあたる自立した生活をすごしている人びとに焦点をあてることの重要性を強調して，高齢者による地域の福祉資源の活用を考えていくことを提唱している（金子［1998］）。今後は，地域福祉サービスを受ける対象としてだけでなく，地域社会を構成している住民として高齢者をとらえていくことが必要とされているのである。

　では，家族変動や地域変動を経て，主体としての現代の高齢者は，どのように家族や地域との関係を新たにつくりなおしながら暮らしているのだろうか。高齢化のすすむニュータウンの事例をあげて，具体的に考えてみたい。

3　高齢者の新しい暮らし方──ニュータウンの事例から

(1)　ニュータウンからオールドタウンへ

　1960 年代半ばごろから，産業化による大都市への人口集中のために，全国で相次いで大都市周辺に大規模な住宅地が，いわゆるベッドタウンとして建設された。千里ニュータウンをはじめとする全国の大都市周辺の大規模なニュータウンは，すでに初入居から 20 年間から 30 年間を経ており，急速な高齢化の進行にともなって，いわゆる「オールドタウン化」してきている。若中年期にニュータウンの新住民として核家族（夫婦のみ，夫婦と未婚子な

ど）で初期に居住した人びとは，すでに定年退職後ならびに子育て後の高齢期をむかえている。住民は，地域と家族を同時に新しく形成してきたわけである。つまり入居者とその家族は地域の変遷と共に加齢してきたのであり，他の住民とそろって高齢期を迎えることになる。

　ここでは，名古屋市郊外にある高蔵寺ニュータウンの高齢者の事例をとりあげてみる。高蔵寺は，大阪府の千里ニュータウンとほぼ同時期である1960年に建設が住宅・都市整備公団（旧日本住宅公団）によって始まった，わが国でも初期のニュータウンである。住民の実際の入居は，1968（昭和43）年から始まり，入居開始から30年以上を経ている。1998年の時点では，総面積は約702 ha，人口は5万881人（男性2万5,009人・女性2万5,872人），世帯数は1万8,161世帯である。また高齢化率は，1990年の4.7％から95年の7.1％へと上昇しており，さらに90年代に入ってから急増傾向がみられ，着実にオールドタウン化の道を歩んでいる（住宅・都市整備公団中部支社 [1998]）。

　最近になってニュータウンが注目を集めているが，少年犯罪や引きこもりなどといった，都市郊外における社会病理的な現象として取りあげられる点が目立ち，そこに居住する高齢者の暮らしはほとんど明らかにされていない状況にある。

　そうしたなかで重松清『定年ゴジラ』は，初めてニュータウンの高齢化を正面からあつかった小説である。そこには，定年退職後の4人の男性たちが，開発から30年を経た大都市近郊のニュータウンで，あらためて家族や地域に向かいあうことに戸惑いながら，ニュータウンを自分たちの故郷として住みやすくしようと奮闘する姿を描いている。マイホームのためと働いてきた彼らが，自分たちをゴジラに見立ててニュータウンの古い模型をつぶして新しい人生を決意する場面，定年を区切りに離婚された男性をめぐって起きる事件，二世帯住宅の家族関係に悩む町内会長の姿などが巧みにあらわされている（重松 [1998]）。

　ニュータウンの高齢者たちは，現在モデルなき高齢期を生きているパイオ

ニア的存在であり，超高齢社会をむかえるわれわれがその家族・地域生活から学ぶものは大きいと思われるのである．

(2) 事例にみる高齢夫婦の家族・地域生活

以下では，筆者が実施した，高蔵寺ニュータウンで高齢期をむかえた夫婦への面接調査の結果から3事例を提示して，現代の高齢者の家族や地域での暮らし方を探っていきたい（安達［2001］）．いずれの事例でも，夫は会社を定年退職しており，妻は専業主婦である．なお，年齢は2000年10月の調査時点のものである．

夫婦のみの世帯

Aさん夫婦（夫76歳・妻71歳）は，入居から30年を経過しており，ニュータウンの初期に建設された集合住宅に住んでいる．子どもはなく，当初から夫婦だけの暮らしである．周りからは子どもがいなくて寂しいのではないかとよく言われるが，逆に他の夫婦よりもきずなが強いと自負している．夫の定年退職後は，それまでの家庭内の役割を交代して，おもに夫が家事をして妻のボランティアなどの社会活動を助けている．役割を交代させてからは，むしろお互いの気持ちが理解できるようになり，会話の時間も長くなったのではないかと思っている．

もともと夫は，自らで自治会や老人会を組織したりして地域活動に熱心であった．いまでは妻を通じて地域とのつながりを保つようにして，家事に専念している．入居したころは家族同士の行き来もあり，近隣との交流も活発であったが，現在では家に他人が入るのを嫌う人が多くて，地域が閉鎖的になってきたと感じている．同じ団地には配偶者との死別などで，ひとりで暮らす高齢者（とくに女性）が多いので，なるべく声をかけて話をするように心掛けている．

夫婦と未婚子の同居世帯

　Bさん夫婦（夫68歳・妻67歳）は，集合住宅に10年間，一戸建てに20年間というように，30年間ニュータウンに居住している。娘は2人おり，長女が就職後に別居し，現在は次女と同居している。どちらも，未婚である。妻は，3人の女きょうだいとの交流が盛んで，1年に3回ぐらい一緒に旅行に出かけている。夫が自動車の運転手役を引き受けて旅行に同行しており，それが夫婦関係を良好にするためのコツであると思っている。夫には弟が1人いるが，お互いの妻同士の折り合いが悪いために，ほとんど会うことはない状態である。

　また夫は，社会福祉協議会にかかわって地域のコミュニティづくりの活動をしたり，老人会の世話役をしたり，定年退職前から地域活動に熱心である。最近は，介護予防運動にも参加して，これまで老人会活動に疎遠であった人をイベントなどに連れてきて，なるべく外出をさせるようにうながす活動をしている。老人会のなかでも高齢化がすすんでいて，新しく入る60歳台の会員が減少していたが，その運動のおかげで最近では，老人会への参加者が増加傾向にある。しかし，集合住宅よりも一戸建てに住む高齢者のほうが地域活動には不活発であると感じている。

三世代同居世帯

　Cさん夫婦（夫85歳・妻77歳）は，夫の定年退職後に名古屋から移住して21年間，ニュータウンに住んでいる。現在，自分たち夫婦，長男夫婦，独身の孫娘が同居する三世代家族である。息子夫婦との同居生活がうまくすすむように，いろいろと工夫をしている。たとえば，毎月の生活費を半分ずつにして家計簿で使途不明金が出ないこと，外で何を買っても自分たちの部屋に持ち込む前に子や孫に公開して秘密をもたないこと，長男の妻を主婦として尊重して家事や育児に口をださないことなどを心掛けている。また，入居と同時に土地の名義も息子に変更している。長男夫婦との関係を良好に保つために，家庭内でのそれぞれの役割分担を明確にして，お互いに過剰な期

待をしあわないようにも努めている。

　比較的高齢になってから居住したことにより，1年目は近隣とのつきあいも少なかったが，2年目に老人会を組織して参加してからは，つきあいも増加していった。しかし現在では，60歳代の新しい参加者が少なく，老人会の活動はあまり盛んではないので残念であると述べている。

(3) 高齢者からみた家族・地域生活の課題

　もちろんこの3つの事例を安易に一般化することはできないが，ここから現代の高齢者が主体的に家族・地域生活をすごしていくうえでの課題を考えてみたい。

　家族に関してみると，高齢者の夫婦関係の課題として，夫がいかに自分なりの生活を定年退職後に見つけだすのかという問題が浮かびあがってきている。会社から，家庭や地域にいかに眼を向けて，退職後の生活をつくりなおすかが，夫婦関係にとっても重要な問題なのである。その場合には，夫が会社生活のなかで適応してきた自分の役職，仕事，学歴などからいかに脱却できるかがカギとなっている。

　したがってAさん夫婦のように，家庭内の役割を交代することによって相互の理解を深めることは，性別役割分業に基づいて暮らしてきたサラリーマン家庭には，高齢夫婦の新しいあり方として重要である。Bさん夫婦のように，きょうだいとのつきあいを通じて，夫婦の会話を増やして関係を良くするという方法も参考にすべきものであろう。

　また，同居生活においては，親夫婦と子夫婦との関係が問題となることが多い。Cさん夫婦のように，子夫婦に役割や財産を移譲したり，金銭などの生活上のルールを明確にしておくことは，親夫婦が世代間の関係をスムーズにしていくための工夫として注目に値すると思われる。

　地域に関してみると，事例の高齢者はいずれも地域活動に熱心な人びとであったが，その発言からは，高齢者が家族のなかだけの閉鎖的な生活ではな

くて，老人会などの活動にいかに参加して新たな暮らし方を見つけだせるかが課題であることをあらわしている。

　Bさん（夫）は，老人会への参加について，つぎのように述べている。「介護予防のために，わたしどもは，70歳以上の人を『無理やりお迎えに行きますよ』って連れてくる。いままで老人会に入っていなかった人が出てきて，近所の人が老人会に入っていることを知る。そしてその人と話をする。それで『わたしも入ろうかな』と言ってきて入会する。先日も，共働きの子夫婦と同居していて，留守番役で外に出なかったおばあちゃんがたまたま引っぱり出されて，近所の知り合いが参加しているのを知って，彼女も入ったんです」。

　また，ボランティアで老人会の女性に華道を教えているAさん（妻）が語った「家族のなかでは，『おばあちゃん』って呼ばれていても，外に行けば，『何々さん』で済むもんね。自分よりずっと若い人よりも，同世代で刺激しあうほうがより効果的で，皆さんが若返って活き活きしているように思えます」という発言は，高齢者と地域との関係を考えるうえで，ひじょうに示唆的である。地域との新たなつながりは，家族生活とは異なった意味で，高齢者にとっては重要なものとなっている。

　以上のように，現在のニュータウンに居住する高齢者の家族・地域生活のあり方や課題は，都市部のサラリーマン家庭を中心にした膨大な高齢者予備軍である団塊の世代にとっては，超高齢社会を生きるための新たな指針を示してくれるものなのである。

4　超高齢社会の家族と地域のゆくえ

(1)　家族と地域を再生する高齢者

　かつての長男同居を前提にしたイエ規範，および村落で生産活動を協力し

あうことによって培われた地域共同体意識は，もはや弱体化してきているが，それらに代わって拠り所となるような新しい家族規範や地域規範も依然として不明確なままである。そのために近年，マスメディアの影響もあるが，家族と地域の関係の崩壊の危機が叫ばれてきた。その反面で，自分たちの周りの実際の夫婦・親子や近隣といった身近なところに目を向けて考えることは少なかったと言える。

　しかしながら，家族と地域の高齢化にともなって，私たちはそれらを再度みつめなおさないわけにはいかなくなった。つまり，高齢者あるいは高齢期を前にした人びとは，自分たちにとって暮らしやすい方向へ，家族や地域をどのようにつくりなおしていくのかという問題に直面するわけである。とくにさきのようなニュータウンのばあいには，地域住民の同時的な高齢化によって，住民間に高齢化に対応するという共通の目的意識を強めることが可能になるのである。

　定年退職後や子育て後は，労働の合間に与えられた余暇ではなくて，自らが主体的にすごす自由時間が長期にわたって出現する。人生80年時代のうちで，自由時間としての人生が少なくとも10～20年間以上はあるわけであり，家族や地域に向かいあう期間は，長期化していく一方である。高齢者は，この時間を有効に活用すれば，他の世代に比べて，はるかに家族と地域の再生の担い手として期待できる存在である。

　男性高齢者にとって，若中年期までの競争原理に基づいてすごしていた生活から，家族や地域のための活動を中心にした生活へ転換することは，後半の人生を充実させるために必要不可欠なことになってきたと言えよう。ニュータウンの事例にもあらわれていたが，家事への参加や地域でのボランティア活動は，妻や近隣の人びとのためだけでなく，自分らしい人生や暮らしのためでもある。また，地域活動への参加は，夫婦間のコミュニケーションを活発化させて，家族関係の再生にも役立つものともなっているのである。

　ただし，仕事人間であった男性高齢者には，しばしば会社で働いていたときと同じような意識で社会活動に熱心となるケースが見受けられ，逆にこれ

が周りの人びとから浮き上がって孤立したり対立関係を生み出す原因となっている。あくまで家族や地域での活動は，職階などにしたがって動いていた会社での仕事とは別のものである，と認識しておくことも必要であろう。

　工業・情報社会のなかで生きてきた高齢者は，農業社会のときとは異なった経験，技術，知識などを豊富に所有している。その能力には，まだ充分に家族や地域のなかで活用できるものが数多く含まれている。超高齢社会における家族と地域の再生のカギは，高齢者の能力を生かせるような場がどのようにつくれるのかということ，さらに重要な点として高齢者が自分に何ができるのかを考えて積極的に実行していくことにあると思われる。

(2) 高齢者主体の支援政策の課題

　最後に，高齢者が主体となって家族と地域を再生していくための支援政策のもつ課題について考えてみたい。

　わが国の高齢者政策が基本としていた高齢者像も，最近は大きく変化し出している。すでに厚生労働省は，2000（平成12）年版の『厚生白書』のなかで，21世紀にむけて「長年，知識・経験を培い，豊かな能力と意欲を持つ者」という新しい高齢者像を形成していくことを提唱しているのである。これは，政策の策定の視点も，客体としての受動的な高齢者像から主体としての能動的な高齢者像へ，と転換していることを示すものである。

　高齢者が主体となって家族や地域を再生する際に，もっとも注目すべきことは，IT技術の革新，それによってもたらされたメディア機器の発達と普及であろう。これからの高齢者にとって，各種のメディア機器の活用は，能力を発揮するための大きな原動力になり得るものとなっている。高齢者にとって，家族や地域を含んだ社会の構成メンバーになるためには，他の人びととの精神的なふれあいをどのようにデザインしていくかが問題になるが，それを可能にするものの1つがメディア・ネットワークである（大山・須藤[1997]）。

たとえ一人暮らしであっても，携帯電話やEメールなどによって，遠く離れた子家族やきょうだい，友人との日常的な交流は可能となっている。三世代同居生活のなかで外出できない高齢者にとって，あるいは障害をもったり寝たきりの状態になっている高齢者でも，家族や地域とのつながりを維持することができるわけである。さらには，自宅に居ながらにして，ボランティア活動やNPO（非営利組織）活動などへの参加も可能となるかもしれない。テレビや新聞とは異なった双方向的コミュニケーションは，高齢者にとって社会の一員として生きている実感を与えてくれる。メディアによって現代では，直接に出向いて会わなくても，緩やかなネットワークとしての家族関係と地域関係を形成していけるわけである。つまり，メディア・ネットワークによる家族・地域の再生である。

　このように，高齢者による家族や地域の再生を支援するためには，IT技術や各種のメディアの導入を積極的に支援する政策が求められる。もちろんメディアの活用への支援策には，健康状態や家族形態だけでなく，長期化する高齢期に配慮して前期高齢者と後期高齢者といった年齢，性別などを考慮して，高齢者の多様な状況に目配りをしながら，メディアの使用のための学習プログラムをつくることも必要となる。また，メディアと高齢者の関係は疎遠であるという一般的な偏見を払拭し，実はもっとも密な関係にあることを広く伝えることも不可欠となるであろう。

　より重要な課題としては，支援のための制度や政策を市町村で検討するなかで，地域に住む高齢者自身も参加して共に学習していくこともあげられる。そして，こうした学習のなかで高齢者は，幸福な高齢期が制度や政策のバックアップを得ながら，暮らしやすいように自ら家族と地域をつくりなおすところから生み出されることを自覚することになるのである。つまり高齢者は，客体として子家族や行政などから一方的に与えられる単なる依存者ではなく，主体として責任をもって生活を自らで築きあげていく自立者であるということに気づくわけである。

　わが国が超高齢社会を乗りきっていくには，いかに高齢者が主体となって

家族生活や地域生活をつくりなおすことができるのか，さらには高齢者が参加したうえで，IT技術などに対応した支援制度・政策がどのように策定されて，どのくらい的確に実行されていくのかにかかっていると言っても，過言ではないのである。

参考文献
安達正嗣［1999］『高齢期家族の社会学』世界思想社。
安達正嗣［2001］「大都市部における高齢者の家族・親族コミュニケーションに関する調査研究・序報——愛知県春日井市・高蔵寺ニュータウンにおける高齢夫婦への面接調査を中心に」『名古屋市立大学人文社会学部・研究紀要』第10号。
大山博・須藤春夫編著［1997］『ふれあいのネットワーク——メディアと結び合う高齢者』日本放送出版協会。
金子勇［1998］『高齢社会とあなた』日本放送出版協会。
厚生省監修［1993］『厚生白書　平成4年版』ぎょうせい。
厚生省監修［2000］『厚生白書　平成12年版』ぎょうせい。
重松清［1998］『定年ゴジラ』講談社。
住宅・都市整備公団中部支社［1998］『トピカ：高蔵寺ニュータウン入居30周年記念特集』。
内閣府編［2002］『高齢社会白書　平成14年版』財務省印刷局。
なだいなだ［1978］「こんちはじいさん」『カペー氏はレジスタンスをしたのだ』集英社。

（安達正嗣）

II-3

より積極的に生きる──仕事とその設計

1 就労における高齢者の課題

(1) 加齢の人間工学

　平成14年1月25日の国立社会保障・人口問題研究所の発表によると，65歳以上の高齢化率は2002年18.5％であったものが2025年には28.7％，2050年には35.7％に増大する。2002年より年金支給が毎年1歳ごとに遅く支給されることが決まっている。ほとんどの企業の定年が60歳であることから，退職後何年かは就労しないと生活を維持することが非常に困難であるというのが，高齢化の大きな課題のひとつである。厚生労働省は継続雇用を広げる施策として平成14年度に「年齢指針」（年齢を理由に就労制限をしてはならない）の制度を公布したばかりである。
　歳をとっても高齢者の能力や機能は低下しないと一般的に言われており，高齢者を尊敬し能力が劣った者として忌避しないという思想的立場に立てばその通りであるが，これが科学的に正しいのであれば年金問題に絡めず放任しておけばよいことになる。現実問題となるとそうではなく，高齢者の処遇をどうするかが大きな課題となっている。やはり加齢（aging）を科学的に理解し，その事実の上で高齢者も彼らを取り囲む社会も双方が満足する解を求めることが望まれる。
　加齢の人間工学では以下のことが知られている。
　(1) 生理的機能は比較的に早い時期から低下する。

(2) 筋力の低下は脚・腰・腕・手の順に訪れる。
(3) 動作や巧緻性も年齢とともに低下する。
(4) 認知機能はかなり歳をとってから低下する。
(5) 人工的に身に付けた能力（スキル）は歳をとっても残存する。
(6) 若い時期から継続して学習する機会を持つと，高年齢になっても学習能力は落ちない。
(7) 歳をとるにつれて性格的に固執性が強くなり頑固になり，興味の範囲も狭くなる。

(1)(2)(3) は加齢の特徴を物語っており，たとえ元気な高齢者であっても身体的（体力的）に何らかの機能は落ちている。また (5)(6) はどのような経過をたどって高齢者になったかに関連しており，若年時から学習に意欲を持ち常に自己成長することに関心があった高齢者は，歳をとっても若々しく時代に適応できる人物であるが，他方自己を伸ばすことに意欲を持たなかった高齢者は，かなりの部分で能力や機能が低下し，いわゆる老齢化現象を呈する。

加齢に関してのもうひとつの特徴は，高齢者間の個人差が非常に大きいことである。老齢化した高齢者から元気な高齢者までの個人差は若年者間の個人差をはるかに上回り，高齢者の場合一人ひとりに個別に対応しなければ間違うことになる。

高齢者就労調査での結果では，高齢者のほとんどが退職前と同じ職務に就きたいという。長年従事した職務に心身ともに順応し，それにしか適さない能力と機能しか身につけていない人たちが非常に多いことを物語っており，それと異なる職務に就くことを嫌うのが高齢者なのであり，雇用のミスマッチが生じる原因がここに存在する。

(2) 暦年齢と機能年齢

高齢者を十把一絡げに扱ってならないことは，高齢者の能力や機能に個人差が大きいことに由来するが，したがって高齢者を暦年齢で一纏めに考えて

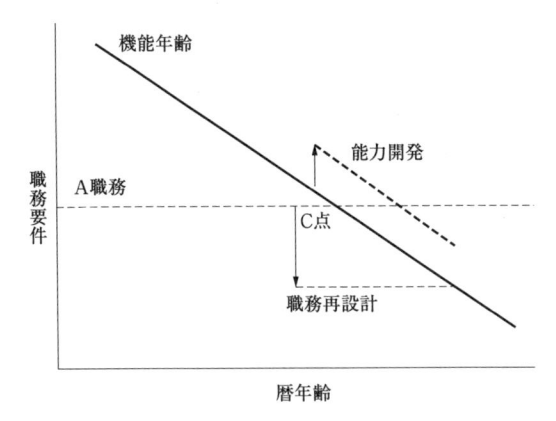

図II-3-1　暦年齢と機能年齢の関係

はならない。60歳だから仕事の能率が落ち，65歳だから足腰が弱く仕事に就けないなどと単純に考えてはならない。ただし，加齢という大きなうねりの作用を受けながら高齢者はそれまでの生涯の生き方によって，身に付けた中身によるスタイルごとに個人差を表現している。

そこで，就労の面から高齢者を捉えるには，暦年齢ではなくて機能年齢（functional age）の概念を導入することが必要になる。図II-3-1に暦年齢と機能年齢との関係が描かれている。

図II-3-1の横軸は暦年齢を，縦軸は当該職務が必要としている能力，つまり職務要件を，それぞれ表している。A職務の遂行に必要とする能力の総体を破線で示しているが，これは何歳の人が従事しようとこの要件が要請される。この職務に従事しているB氏の能力を斜め太線で示し，単純化して年齢とともに低下すると仮定する。これは暦年齢に連動しないので「機能年齢」と呼ぶ。B氏の機能年齢と職務要件との交点（C点）以降は職務要件がC氏の能力を超えるので大きな負担となり，場合によっては能率低下が起こったり職務の負荷がストレスとなって事故が発生するなど企業側にデメリットが生まれる。高齢者に対して経営者が抱いている危惧がこれに相当する。これらの望ましくない事態から脱却する方法に以下のようなやり方がある。

(1) 仕事の速さを遅くして低下した筋力や能力でもやれるようにする。企業側はこれを好ましく思わないだろう。
(2) C点の少し前から能力開発を実施してB氏の能力を職務要件より上に引き上げる。能力が落ちて能率低下が発生する事態に近いので、企業側が能力開発しても大きな期待は持てない、恐らく能力開発にかけるコスト/パフォーマンスはそれほど大きくならないと消極的に考える。また能力開発は高齢者そのものに負担をかけることになる。
(3) B氏が従事しているA職務の職務要件を下げることができれば、B氏はそのまま同じ仕事を遂行することができる。これが職務の改善（職務再設計）であり、B氏にも負担にならず企業側にも能率低下が起こらず、双方にメリットが生じる。

以上のように推論してくると、高齢者にとっても組織側にとっても双方に利益になるのが(3)の仕事の軽減化、つまり職務再設計（Job redesign）ということになる。

職務再設計とは、「仕事の従事者に職務遂行がより容易になるように職務を改善すること」を言う。就労者が身体的に何らかの障害をもっている場合には、その障害が職務遂行の妨げにならないように、残された能力をうまく活用できるように仕事を再設計したり、高齢者の場合能力や機能の変化を分析し、低下した能力などが負担にならないように仕事側を改善し、職務遂行が楽になるようにする。

職務再設計の上位概念に職務設計（Job design）があり、これは「すべての就労者に働く意欲が生じ就労の満足を最大にしながら、労働による経済的効果も最大化すること」と定義されている。セル生産方式はこの概念のひとつの形態である（長町［1996b］）。

2 職務再設計

(1) 職務再設計がめざす方向

　高齢者のための職務再設計とは，高齢者がもつ能力や機能を活用しながら，変化し低下した能力や機能を他の仕組み（機械化や動力やシステム）を利用することによって，負荷を軽減する方向で職務を再設計することである。この実行のためには，一方では高齢者の能力や機能を分析する必要性があり，他方では負荷となる要因を発見しそれを除去する方法を見つけることである。

生理的能力
(1) 視覚機能
　加齢とともに最も早く訪れる機能的変化が生理的能力である。なかでも視覚機能は40歳を過ぎると視力が低下したり乱視がきつくなったりすることがあり，50歳を過ぎるとそれらを自覚することになる。
　視覚機能の変化に対応する職務側の改善には，書類や設計図を読み取るための拡大鏡の設置，回路の判読や傷の発見のための顕微鏡の利用，読みやすくするための局部照明や空間の高照度化などの対策がある。
(2) 聴覚機能
　加齢による聴覚機能の変化は，とくに音の高周波部分の聞き取りに低下が見られる特徴がある。50歳代から2,000 Hz以上の高周波部分の認識に低下が見られ，加齢とともにその傾向が強まる。2,000 Hz以下に関しても加齢とともに聞き取りが困難になる。したがって，高齢者に高周波部分を手がかりにさせることは不適当であり，音を視覚化するなど他の感覚モダリティを活用することが望まれる。
(3) バランス感覚
　バランス感覚（平衡感覚）も加齢とともに低下し，60歳付近から高所作業

時の事故に関係することになる。これは訓練によって改良することが不可能であることから，建設業などの高所作業を不可癖とする業種では，60歳前後からバランス感覚テストを行うことで，バランス感覚が適しているかを確認することが望ましい。

筋力

(1) 筋力の変化

筋力の変化は，脚力から最も早く加齢の作用を受け，腰・背部・腕と順次遅れて加齢化する。手や指の力はかなり遅く低下する。職務再設計としては歩行距離を短くする，腰や背部に力を必要とする作業や重量物運搬等の重筋作業などは極力機械化を実施して負荷を小さくするなどの方法がある。

(2) 作業姿勢

立位姿勢から屈曲姿勢までいろいろな姿勢があるが，関節を曲げることでよくない作業姿勢を形成することになる。どの関節をどの程度曲げるか，つまり関節に関わる筋肉系をどの程度使用するかで作業姿勢が決まり，エネルギー代謝が発生する。エネルギー消費が大きいほど負荷の高い作業姿勢となり，それが図II-3-2にまとめられている（長町式作業姿勢インデックス，長町 [1996a]）。

このインデックスは自動車の最終組み立てで発生しているさまざまな作業姿勢を記録して，その中の主要な10種類を選び，それらを実験室で再現してRMR（エネルギー代謝率）を測定し，負荷の程度を分かりやすい形で分類したものである。

図の最下位の座位・立位からもっとも大きな負荷となる屈曲姿勢までを"つらさ"で10等分したものである。作業姿勢のつらさは

(1) 膝を曲げる
(2) 腰を曲げる
(3) 膝と腰をともに曲げる
(4) 曲げ方を深くする

II-3　より積極的に生きる——仕事とその設計　105

図II-3-2　長町式作業姿勢インデックス
　　　　　（作業姿勢区分ごとの評価，評価点が大きいほど作業姿勢はつらい）

区分	評価点	姿勢	動作内容	具体例
J	10		膝を深く曲げた中腰で上体を前屈	かかとは浮いている（水泳のスタート直前の格好）
I	6		膝を伸ばした中腰で上体を深く前屈	 90度位以上　この姿勢で膝が曲っていても同じ
H			膝を曲げた中腰で上体を前屈	 45〜90度（腰）　0〜45度（膝）
G			膝を伸ばした中腰で上体を深く前屈	 45〜90度　足に障害物があっても同じ
F	5		しゃがんだ姿勢（かかとがついている）	かかとが浮くと膝が前に出る————区分（J）
E			膝を伸ばし上体を軽く前屈	 30〜45度　無理な姿勢に見えたら————区分（G）
D	4		膝を軽く曲げ上体を軽く前屈	 0〜30度　立ち姿勢で軽く膝が曲がる
C	3		立ち姿勢で背伸び（かかとが浮いている）	目より高い物を取る格好
B	1		立ち姿勢	 0〜30度　背筋が伸びている
A			座った姿勢	 膝が床についた姿勢も含む

の順序でエネルギー代謝率が高くなる。したがって，インデックスのナンバーが高くなるほど，エネルギー代謝率が増大しつらい作業姿勢であることを示す。

膝や腰を曲げて作業姿勢が悪くなるのは，作業をする手先（作業点と言う）の位置が低いためであり，作業点をもっとも最適な位置である腹部付近に移動させると，よい作業姿勢に変わる。

知的能力（記憶力・判断力）

知的能力はかなり歳をとってもそれほど低下しない。なかでも判断力は経験を積むことによって深化することがあり，それほど支障にはならない。

ただし，記憶力，とくに感覚記憶のように瞬間的に覚えなければならないような内容は，高齢者には不向きである。また，短期記憶は加齢の作用を受け，たとえば，電話番号のような長い数字は覚えにくく少し時間がたつと忘れる。精密な加工のための詳細なデータを必要とする機械操作でも，短期記憶は加齢の影響を受ける。工作機械を使って切削をはめる際に記憶しなければならない設計上の大事な数字や記号は，機械のそばに小さな白板を置き，それに記入させると忘れて困るような問題は生じない。

注意力

経験を積むことで注意力は深くなりよい作業ができる反面，加齢とともに注意の範囲が狭く短時間となることがある。注意をひきつけるような改善が望ましく，たとえば，階段の1番目に黄色のペンキを塗って誘目性を高くしたり，頭上にモノが突き出ていて危険である個所には標識をぶら下げるなどをするとよい。

(2) 職務再設計の進め方

職務再設計の導入の仕方には，個別型職務再設計とライン型職務再設計と

の2通りがある。前者は高齢者の一人ひとりの特徴を分析し，どんな能力が優れどんな能力が低下しているのかを明確にし，本人が楽に仕事ができるように再設計する。後者は職場全体を高齢者が働きやすくなるように改善する方式であり，後述するダイキン工業や日産自動車などでは「誰でもどこでも就労できる高齢者対策」という活動を行い実績をあげている。後者の方式を成功させるもっとも有効な方法が「参加型人間工学（Participatory Ergonomics：PE）」である。

参加型人間工学とは，
(1) 職場の構成員全員が参加し
(2) 皆で職場の負荷要因を把握し
(3) 人間工学の原理に基づいてその負荷要因を除去する

ことであり，ライン全体を安全で働きやすい職場に変え，かつ経済的効果をもたらす活動である。とくに高齢者が就労できる職場にするためには，
(1) 職場のすべての職務の職務要件を分析し
(2) ラインの流れを含めて，高齢者の能力や機能に支障となる要因を抽出し
(3) それらのネック対策を職場の皆の知恵で解決してゆく

ことが有効である。参加型人間工学を実施するには組織化と予算と権限が必要となるので，次の手順で進める。

(1) 組織化

図II-3-3のように，労働組合を含めて「職務再設計検討委員会」を結成し，その下部にWG（ワーキンググループ）をおく。委員会は経営者からの高齢者のための職務再設計の指令を受け予算執行の権限をもつ。この活動に不安がある場合には経験のあるコンサルタントからの指導を受けるとよい。

委員会は職務再設計に関わる人間工学の知識を学習し，その後試行するためのモデルラインを選別する。そのモデルラインの管理者・監督者・QCサークルメンバーがWGとなる。

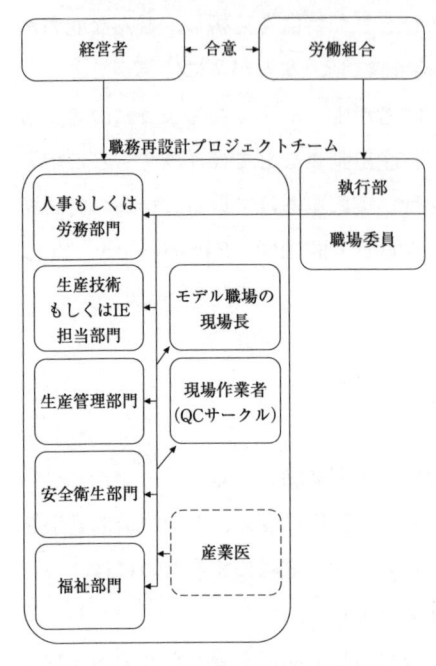

図II-3-3　PE導入のための組織化

(2) 委員会の役割

委員会の役割は，職務再設計のための予算の確保と目標設定および活動計画の設定である。まず高齢者を迎え入れるラインを選定し，そのラインでの高齢者就労のネック調査を実施し，どこに課題があるかを把握する。これに関してWGからのヒアリングが有効である。

(3) WGの活動

WGは改善のための人間工学の知識を委員会メンバーから受け，高齢者就労のネック調査と分析を行い，解決方法の第一次案を提示する。委員会はその案の妥当性を検討し改善の指図を与える。

(4) 生産技術部門の活動

ラインの改善や変更については生産技術部門の役割であり，専門的な立場から委員会およびWGの協力や提案を受けて，コスト/パフォーマンスを考慮しながら職務再設計のためのライン再設計を実施する。

以上のプロセスを幾度か廻しながら，また効果測定をしながら，最終案にたどり着く。

3 高齢者就労のための能力開発

(1) 技能をベースとしたハイテク能力開発

　中高年齢者になると職場経験を積んできたことから，深い技能を身に付けている。しかもローテーションによって異種の技能を学んできた人ほど多様な技能を持っているので，それをベースとして新しい先端的な技術を習得できる。

　クボタとダイキン工業は高齢者のこの特性に着目し，優秀な中高年齢者（40〜50歳）を選び，彼らにロボット技術を学習させた（長町［1986］）。基本的な加工技術を持っている彼らにコンピュータ技術・制御理論を学習させ，産業ロボットを自らの手で製作させる。この技術研修の後に，出身ラインに戻り，そのラインで必要とする自動化ニーズを探らせ自動化のためのロボットや自動機械を製作させる。こうして職場のニーズに適合したロボット作りをした結果，クボタでは沢山の自作ロボットがラインで活動している。しかもコスト的には市販ロボットの半値以下である。このような中高年齢者の技能がクボタを支え，効率の高い生産システムが稼動している。

　ダイキン工業でも同様の試みが実行されたばかりでなく，高齢者が身に付けた深い技能を若年者に継承させる「技能伝承」が実施されている。深い技能と経験を積んだ高齢者は，このような形で「ものづくり」の中核的存在として役立っており，これは日本人の特徴でもある。

(2) 学習の困難性

　このような高齢者ばかりなら高齢化問題は存在しないのであるが，かなり多くの高齢者は加齢のために再学習能力が落ちている。図II-3-1の機能年齢で言えば，職務要件より自己の能力が落ちたり持っている技能が古臭くな

って役に立たず，企業の戦力になりえないのである。

　では，彼らの能力開発はどうすればよいのか。加齢とともに人間の中枢機能は衰え，新しい学習材料を記憶するための神経ネット構成力を低下させている。しかしまったく学習能力に欠けるのではなくて，学習方法によっては新規学習が可能である。

発見的学習

　教師がいて高齢者が生徒になってまったく受動的に講義を受ける形式は，高齢者の学習には不向きである。講義の内容が理解しにくいばかりか記憶もされない。その理由は，低下した大脳で新知識が構造化できないからである。

　発見的学習法では，一人ないし数人で教材を試しながら分析し，教材のベースとなっている原理を発見していく学習法であり，教師は原理を発見しやすくなるようにアドバイスするだけである。自ら手足を動かし順序だてて分析するなど能動的活動をするので，頭で理解した内容が構造化されやすく忘れにくい。学習にかなりの時間を要するが，基本的学習が可能となる。

高齢者が教師

　パソコン教室ではコンピュータ知識をもつ若い女性インストラクターがペラペラと早口でしゃべり，中高年管理職たちが理解できずに困っているシーンを見ることが多い。若い大脳で構造化された知識を高齢者の大脳に移植しようとしても，機能低下した高齢者の大脳はそれを受けつけない。

　ところが，コツコツと勉強した高齢者がインストラクターとしてコンピュータを高齢者に指導すると，生徒である高齢者は容易に学習できる。高齢インストラクターは自分の学習の時に躓いた個所や分かりにくかった原理がどこなのか，分かりにくかった理由がなぜなのか，を熟知している。つまり高齢者の大脳構造がそれに似た大脳特性をもつ高齢者の大脳ネットワークに適合することになる。

教育内容の構造化

　高齢者の能力開発を効果的にする原理は，教材内容を構造化しベースから順に組み立てておくことである。教材を独立した小さな単位となる知識要素の集まりとして組み立て，1つ1つの学習が後戻りしない単位として構成されると，学習は積立方式となって完成していく。
　これを「学習のモジュール方式」と言う。

メッシュ法の活用

　効果的学習のもうひとつの形式は，学習レベルを段階的に追う方式である。目標とする学習レベルを
(1)　基礎レベル
(2)　普通の技能レベル
(3)　高度な技能レベル
(4)　他人を指導できるレベル
の4つのメッシュに分け，学習レベルが進むごとにメッシュを埋めるというやり方で，学習の進度を自分で確認していく。レベルが進むごとに学習が面白くなりモチベーションが高まり，学習が早くなるというメリットがある（長町［1986］）。

高齢者の学習時間

　ハイテク技術を学習する能力をもつ高齢者を除くと，一般の高齢者は目指す学習目標は達成するけれども，若年者の学習時間の約1.5倍から2倍かかるのが普通である。企業にとってはコストになるけれども，このコストを企業側が容認すると，高齢者は立派に技術の学習が可能である。

　前述の職務再設計と高齢者の能力開発とをうまく結合させて実施すると，高齢者といえども若年者以上に生産性の中核に位置付けられるようになり，少子・高齢化時代の重要なマンパワーとなりうる。

4 高齢者就労の実例

(1) 個別型職務再設計の実例

　少子・高齢化時代を迎えて，若年労働者の数が少なくなり高齢者の数が増大する時代になろうとしており，生産性の担い手を若年者に期待できなくなるとすれば，これからは女性と高齢者を生産性の中核に置くための手立てを考えざるを得なくなる。高齢者は個人差が大きいことから，個別に能力や機能の特性をよく分析し理解した上で，彼らが楽しく働けるような職務再設計を施す必要性がある。

　前述したように，該当者である高齢者のどの機能に課題があるかを見極めることが必要である。

視覚機能

　就労を希望する個人の視覚機能が低下している場合には，設計図が読みやすくなるように，あるいは小さい部品が指先で摑みやすくなるように，改善をする必要性がある。拡大鏡の取り付け，局部照明の設置，高照度の天井照明の設置，ハンドリングしやすい治具の開発など，それぞれの高齢者の機能補助に適した改善と工夫が必要である。

　下記の実例は，62歳の高齢者に高精度が要求される穴あけ作業を従事させるための工夫である。ビス穴の正確な位置にドリルで穴あけをするのだが，指先が震えて精度が確保できなくなったので，図II-3-4のように，すり鉢状の形状をした穴を6箇所もった治具を開発し，この高齢者がドリルの刃先をすり鉢状の穴に当てると斜面に沿って刃先が滑り降り，求められる位置に正確に穴あけができるようにした。

　この結果，品質上問題のない作業ができるようになり，その上治具のおかげで生産性が格段に向上するというメリットが生まれ，62歳の指先が震え

図Ⅱ-3-4　すり鉢状の穴を工夫した治具

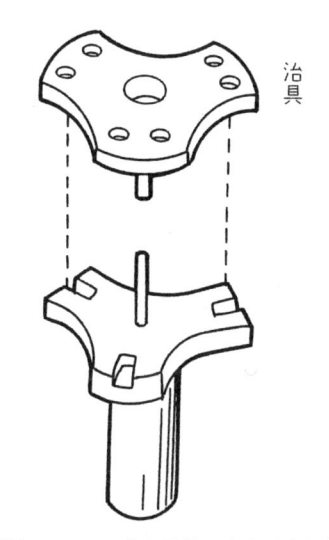

図Ⅱ-3-5　中古ジャッキーを活用した部品箱置台

る高齢者を立派な作業者に仕立て上げることができた（長町［1986］）。

ピッキング動作と作業姿勢

　左手にある部品箱から部品を取りテーブル上の他の部品と組み付ける作業で，いっぱいになっている部品箱からとる時は問題がないが，段々部品が少なくなると部品箱に横向きに腰を曲げないと部品が取れなくなる。腰を曲げるためのエネルギーを使うためにピッキングに時間が余計にかかり始める。これを楽にするために，自動車の中古のジャッキーを利用して図Ⅱ-3-5のように部品箱が傾斜するように改善した。こうすると部品が少なくなるにつれて傾斜を強くすれば，腰をかがめなくてすみ，その上生産性が落ちない（長町［1988］）。

(2) ライン型職務再設計

ダイキン工業では，高齢者対策として「誰でもどこでも就けるラインづくり」を実現するために，職務再設計を導入することになった。

組織化

職務再設計を成功させるには組織化が重要であるとの認識から，図II-3-3のような組織を編成した。高齢化問題は人事・労務部の課題であるところから，労務部が事務局となり，導入のモデルラインとして中型空調機製造ラインを選んだ。ここで取得したノウハウは小型空調機部門にそのまま転換できる。

現場調査

高齢者にとって何が問題かを把握するために，ラインで負荷が高い業務が何かを調査した。WGの意見をまとめると，42％の作業者は負荷の原因が作業姿勢にあると回答した。そこでWGと生産技術課員が共同で調査したところ，図II-3-2の姿勢評価点5・6・10などの負荷の高い作業姿勢が多く含まれていることが分かった。これらを改善してなくしてしまえば，高齢者が就労しやすくなる。

ラインの改善

中型空調機組立ラインの作業工程のなかで，長町式作業姿勢インデックスの評価点で高い数値の工程がいくつかあった。図II-3-6に第4工程のそれを示す（一点鎖線，ここでは姿勢の種類を1〜9に変換している）。中程度の望ましくない姿勢があり，これを負荷の低い姿勢に改善すれば，高齢者が就労できる工程になる。WGと生産技術課員とで話し合い，その原因が判明したので改善した。他の工程についても同様の検討を行いライン改善を実施した。たとえば，床に置いたコンプレッサーをモノレールで吊り上げる際に腰をか

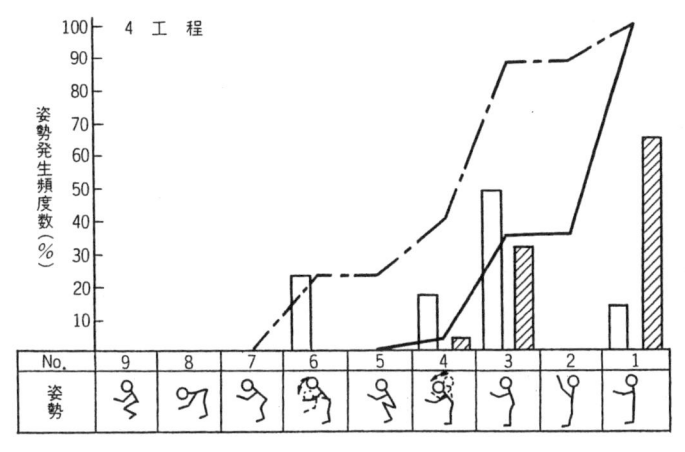

図Ⅱ-3-6　第4工程の作業姿勢分布
　　　　　（☐改善前，▨改善後。また，一点鎖線が改善前，実線が
　　　　　改善後の累積パーセント）

がめるので，あらかじめ高めの台にトラックからコンプレッサーを下ろしそれを吊り上げる方式に変更したり，背丈の高い室外機組立における上部・下部のビス止め作業では，手を伸ばしたり腰をかがめたりの姿勢に変化が大きいので，作業者が立っている足場をリフト化し，ボタン操作で足場が上下に昇降する昇降作業台を開発・導入した。

改善結果のチェック

　その他多くの改善が施工され，全工程がほぼ立位作業姿勢に改善されるほどの効果をもたらした。唯一第5工程がろう付け作業のために負荷の高い姿勢を残しており，これについて設計課と製品構造の問題に関して検討をし，製品の設計変更を実施した。この結果，業界ではじめての小型室外機の新製品を生み出すという思わぬ効果をもたらした。
　作業の経営工学的調査を実施したところ，43％の効率を向上させたことが判明した。高齢者が就労できるための作業負荷軽減の改善活動が，高齢者に楽に就労できるラインへの改善になるばかりか，経済的にも効率を生み出

す変更に結びついたのである（長町 [1983]）。

5　高齢者就労の課題とその解決方法

(1)　就労のミスマッチ

　2002年の65歳以上の高齢化率は18.5％であるが，2050年には35.7％に増大する。15～64歳までの生産年齢人口比と逆転する日が必ず訪れる。少子・高齢化問題は日本の最大の課題になるであろう。2002年より年金支給年齢が1歳ずつ高まることも加えて，高齢者をどのように位置付けるかは，経済的にも政策的にも大きな問題である。
　ところが高齢者を見ると，多くの人が働いたり活動することに希望をもっており，元気な高齢者が多い。また彼らは職場経験を通じて貴重な技能を持っており，彼らを就労の機会から遠ざけることは国家的にも社会的にも大きな損失である。
　60歳以上を対象にした調査では，70％程度の人が70歳まで働きたい希望をもっており，そのなかの約半数はもといた職場ないしそれに類似した職場で働きたいという。その理由は，長年身につけた技能がそのまま有効に利用できるからであるが，失業率が5.3％の現時点では製造業の雇用が激変し，他方サービス業や販売・卸業での雇用が増えている傾向があって，求人側と求職側との間に大きなミスマッチが存在しており，これも高齢者の就労を妨げている要因である。

(2)　高齢者就労の解決策

個人的解決策

　個人として高齢者を考えると，若年時に身に付けた知識・判断力・技能な

どは中高年齢時代でも使えるので，若い時期にできるだけ広く学習するように心がけるのが大切である。次に，若い時期から継続して学習する努力を続けると，大脳は常に活力を持っており高年齢になっても学習できる。

また，基盤となる知識・技能・技術を中心とした幅広い異分野の知識なども身に就ける努力をしておくと，高年齢になったときに何かが役に立つ。その上に興味・関心を広く持つことが肝要である。

組織としての解決策

企業などの組織としては，若い時期から中高年にいたるまで専門的知識を中心として2つ以上の深い知識を持つW型の能力開発を続けるとよい。そして，職務再設計を実施してすべてのラインに高齢者が就労できるように改善を進めることが望まれる。

参考文献
長町三生［1983］『ダイキン工業における職務再設計』㈶高年齢者雇用開発協会。
長町三生［1986］『中高年の能力開発と活性化』日本能率協会。
長町三生［1988］『高年齢者のための職場改善』日本法令協会。
長町三生［1996a］『アドバイザーのための職務再設計』㈶高年齢者雇用開発協会。
長町三生［1996b］『快適工場への挑戦』日本プラントメンテナンス協会。

（長町三生）

II-4

心身の病理と向き合う

1　高齢期のさまざまな喪失と対処行動

(1) 高齢期の喪失

高齢期は喪失の時代とも言われ，それらは次の5つに大別される。
(1) 身体的喪失：慢性疾患や身体障害が増加し，以前の体力や持久力を失い容姿が変化する。
(2) 精神的喪失：健忘症，認識障害，精神状態の低下，自立性の低下，配偶者や家族，自分の死と直面して抑制力が低下する。
(3) 社会的喪失：職業の喪失，社会的地位の喪失，運動能力の低下による活動性の減少。
(4) 経済的喪失：退職による収入の減少，医療費の増加，年金による収入の固定。
(5) 人間関係の変化と喪失：夫婦関係の変化，配偶者・親しい友人や家族との死別。

このように高齢期は身体的な機能を徐々に失い喪失感を持ちやすいが，中でも影響が大きいのはさまざまな喪失に伴って生じる人間関係の変化と喪失と言われている。人間関係の基本的単位としての家族関係は，高齢期には子育てや仕事が終了し，再び家族の形成期と同じく夫婦だけの時代に入り，その家族関係のあり方がその後の長い高齢期に向き合う時の基礎となる。また，配偶者が病気になるとその役割もあわせて負うなど責任が増加し，さらに介

護により負担が増すこともある。家族介護は身体的負担・精神的負担や経済的負担を引き起こすことが多いが，高齢者に介護が必要な状態になったときには，約80％がまず自宅で介護を行い，病院への入院高齢者も約60％が家族で介護を行っている。しかし，それらに対する社会的援助は十分とはいえない。

さらに配偶者を失うことは経済状態の変化，精神的支えの喪失，自己責任の増加，一人暮らしへの対応などを意味する。高齢期の配偶者との死別は悲しみを長引かせ，特に妻に先立たれた男性の死亡や罹患率のリスクは約1.4倍高くなる。その背景としては，男性は基本的な生活技術が乏しいことや，女性が成人期より友人や家族・地域の人間関係を親密にとり，社会的支援ネットワークを形成していることが多いのに対し，男性は職場の人間関係以外は家族，特に配偶者に依存していることが多いために，配偶者を亡くした後の人間関係が急激に狭まるためとされる。

(2) **高齢者の対処行動**

しかし，多くの高齢者は幾多の喪失を経験しながらも，それらに適応し満足感と幸福感を持って生活している。子どもや孫との交流，自由な時間と多様な活動，社会的参加やボランティア活動など新たな人生を始めている。このさまざまな喪失によるストレスに対する対応をストレス対処行動と言う。ストレスとは元々は物理的な疲労を意味していたが，心理学的には生体に刺激が与えられた時に生じる認知的反応や行動を意味し，ストレスを引き起こす刺激をストレッサーと呼ぶ。ラザラス＝フォークマン［1991］はストレスを「人間と環境の間の特定の関係であり，その人に負担をかけたり幸福を脅かすもの」と定義し，その関係がストレスフルかどうかは認知評価に依存するとした。すなわち，ある状況に直面したときにまず，その状況が自分に害や喪失を意味するか，将来的な害や喪失として脅威となるか，あるいは成長や発達に対する挑戦を意味するかなどを評価する（一次評価）。その際，特

状況要因 → 一次評価 → 二次評価 → 対処行動 → 身体的健康・疾患

図II-4-1　ラザラスの心理学的ストレス適応モデル

定の感情が誘発され害や喪失，脅威という評価がなされると「嫌だ」「負担だ」などの否定的感情が生じ，一次評価に基づいてどのような対処行動を取るかという二次評価が行われ，次の対処行動が生起する（図II-4-1）。

　加齢によるストレス対処行動は過去の対処経験，心身の健康状態，援助体制，パーソナリティ，経済状態などが関係する。身体的な痛みや依存心は生活様式や感情的側面から評価や対処行動に影響を与え，経済的困窮は不安感や抑うつを高め対処行動を限定することにもなる。先にも挙げたが社会的孤立は死亡率を高めることが報告されているように，社会的支援は健康を維持する対処行動を促進するのに役立つ。さらにラザラスらは二次評価に基づいてなされる対処行動を「自分の力ではどうすることもできないと見なされるような特定の環境からの強制と自分自身の内部からの強制の双方，あるいは一方を適切に処理し統制していこうとしてなされる絶えず変化していく認知的努力と行動による努力」と定義し，対処行動を個人特性というよりも過程としてとらえている。フォークマンら(Folkman & Lazarus [1980])はこの定義による対処行動チェックリストを作成して測定を行い，問題解決対処と情緒中心対処に大別し，対処方略として問題中心対処，希望的観測，成長，脅威の最小化，社会的援助の探求，自己非難，混成対処の7つをあげている。そして対処行動は30歳代は直接に問題状況に立ち向かい行動計画を立てるなどの問題解決的な方法を多く用いるのに対して，60歳代になると状況を肯定的に評価したり何もなかったように振る舞う情緒中心対処が増加するとして年齢別変遷があるとしている。

　中西［1995］は20歳から50歳代（有職者）の対処行動を比較し，30歳から40歳代にかけて積極的対処が有意に増加し，消極的対処や意識的忘却などの対処行動が減少するとしている。石井［2002］は同一項目で60歳から70歳代の老人大学受講生を調査し，60歳代では意識的忘却（成り行きにまか

表II-4-1 対処行動の各年齢段階による変化（平均値，括弧内は標準偏差）

	20代 (n=127)	30代 (n=238)	40代 (n=169)	50代 (n=38)	60代 (n=91)	70代 (n=44)
消極的対処	2.61(1.01)	2.38(1.03)	2.28(0.93)	2.26(0.98)	1.99(0.75)	2.17(0.84)
意識的忘却	3.65(0.77)	3.43(0.87)	3.41(0.92)	3.38(0.77)	3.28(0.73)	3.34(0.80)
感情分離	2.39(1.25)	2.25(1.03)	2.35(1.04)	2.22(0.94)	2.92(0.83)	2.70(0.85)
相談	3.30(1.16)	3.10(1.14)	2.98(1.08)	2.70(1.11)	2.99(0.75)	3.06(0.78)
行動化	2.21(1.26)	2.06(1.24)	1.99(1.19)	1.89(1.16)	1.47(0.66)	1.28(0.47)
積極的対処	3.29(0.95)	3.28(0.89)	3.52(0.77)	3.61(0.65)	3.17(0.78)	3.33(0.83)
抑制	3.48(0.95)	3.44(0.91)	3.35(0.86)	3.28(0.76)	3.16(0.78)	3.16(0.78)

出所：中西［1995］，石井［2002］

せる，人生にはいろいろのことがあると納得するなど）がもっとも対処行動得点が高く，次いで積極的対処（出来事の解決に一生懸命努力する，仕事や勉強に専念するなど），抑制（何事もなかったかのように振舞う，じっと我慢するなど）であった。得点変化では感情分離（明るく笑って過ごす，別に気にとめないなど）という，問題状況をあえて気にせずに前向きに対処していこうとする姿勢が増加していた。また相談（誰かに頼る，信頼する人のやり方や意見に従うなど）も増加していることは，抑制や感情分離によって気にせずにおこうとしながらも，自分で判断することに心許ない気持ちや不安が存在することを表している。70歳代でも60歳代と同様に意識的忘却が最も高得点を示し，積極的対処も60歳代と同様の得点を維持していることから，自分で問題解決に向けて対処行動をとろうとしている高齢者の姿がうかがえる（表II-4-1）。

しかし全体的に見ると，20～30歳代に高い得点を示す相談・意識的忘却は40～50歳代で低下し，高齢期では再び増加する。その反面，積極的対処は40～50歳代ではそれ以前の年代よりも増加し60歳代以後再び減少を見せていることから，総じて高齢期では積極的な問題解決対処行動から意識的忘却や相談などの情緒的対処行動へ変化し，問題状況に立ち向かい統制しようとする行動から，他者に依存し感情を抑圧することによって波風を立てないようにして関係性を保つ対処行動に変化してゆくようである。

2 高齢期の心身の病理への受け止め

(1) 高齢期の疾患

厚生省人口動態統計（2001）によれば，成人期の死に繋がる疾患は第1位：悪性新生物，第2位：心疾患，第3位：脳血管疾患，第4位：自殺，第5位：不慮の事故であるのに対し，前期高齢期は第1位が成人期同様に悪性新生物，第2位：心疾患，第3位：脳血管疾患，第4位：肺炎，第5位：老衰であるが，後期高齢期は第1位が心疾患，以下悪性新生物，脳血管疾患，肺炎，老衰となっている。このように高齢期は循環器系の疾患および機能低下に伴う疾患が増加する。

さらに，高齢期は老化と老年病を併せ持つため，次のような特徴を持つ（フェリーニ=フェリーニ [2001]）。①質的に異なった疾患をいくつか持つ，②症状が進行するまで無症状であったり典型的な症状が現れず気づきにくい，③意識障害が出現しやすい，④合併症を発症しやすく回復に時間がかかる，⑤疾患が生活機能や生活の質（QOL）を低下させやすい。特に QOL の低下を引き起こす疾患には骨・関節疾患，意識障害・痴呆，感覚器疾患，泌尿器疾患があり，一般に高齢期は心身に疾患が多く現れ，それが死に至る場合も併せ持つ時期といえる。

(2) 高齢期の心身の加齢による変化

高齢者の加齢による身体的および心理的変化を見てみよう。加齢とは時間的経過と共に生体に生じる形態的・機能的変化を言い，老化とはそのうちの特に成熟期以降に生じる生理的変化を指している。そのため老化現象は機能低下の5条件──普遍性（すべての人間に共通して生じること），内在性（年齢や遺伝によって引き起こされるものであること），進行性，不可逆性，有害性

（機能低下が心身の機能喪失に繋がること）を満たすことが必要とされている。また，老化の速度は個人差も大きくさまざまである。これらの老化現象が発達の基本法則である順序性（心身の発達には一定の順序があること），方向性（未分化から分化へなどという一定の方向性を持つこと），連続性，異速性（領域や時期により発達速度が異なること），個人差・性差があることなどとほぼ同様の要素をもつことから，老化現象は発達の延長線上にある正常な変化とみなすことができる。

　高齢期になると白髪や皮膚などの外皮に明らかな外見的変化が生じるが，これ自体は健康に大きな影響はない。目に見える部分だけに心理的に老化を意識させるが，健康への影響はむしろ目に見えない身体内部の機能低下のほうが大きい。

　骨格筋と骨は身体の器官を保護し体形を保つ役割を持つ。骨組織は日々再生されているが，高齢になると筋線維が萎縮し数も減少する。骨量の減少により骨格がもろくなり背丈が縮むなど姿勢を悪化させる。悪い姿勢は多くの器官に悪影響をもたらすと同時に，外観の悪さが自尊心の低下をもたらすこともある。しかし，活発な運動をしている高齢者は運動をほとんどしない高齢者よりも筋肉量の減少や筋力の低下を防ぐことが明らかにされていることからも，意識的に運動することが大切と言える。

　血管は全身にはりめぐらされ，身体の健康維持を行っているが，高齢期になると血管などが硬く狭くなりさまざまな障害を引き起こしたり，怪我や病気の回復力も衰えてくる。特に高齢者は心臓血管系の働きが健康レベルと高い相関関係があるとされるので，規則的な身体運動による健康維持が望まれる。

　加齢による最も大きな変化は分時最大換気量が低下し，その結果，残気量が増大することである。残気量とは吐き出した後に肺に残っている空気量のことで，これは一般の呼吸においても交換されず，換気効率の低下のもとになる。その他，味覚や皮膚感覚なども衰えて，それらは暑さ寒さに対する感受性を低下させ，湯たんぽによる低温やけどなどを引き起こすこともある。

行動面では機能的な行動が取りにくくなり，新しい環境に対する適応力が低下する。精神的な側面では新しい事柄に取り組むことが億劫になり，過去にとらわれやすくなる。例えば都会に定住した子ども世帯と同居した場合に，新しい環境に適応しようとすることがストレスとして感じられることもある。このような加齢による心身の変化を主観的にどのように自覚しているかを「老性自覚」と言う。その自覚のきっかけは日常生活の中ではなかなか認めにくいが，定年退職による社会的役割の変化や，孫の出産や親の死など家族構成の変化，あるいは自分の活動性の低下などによることが多く，その自覚する年齢幅には大きな開きがある。この加齢による心身の変化は機能面のみならず，人格にも影響をもたらす。

　このように一般に高齢者は新しいことに挑戦することを億劫がると言われているが，朝日新聞は高齢者のIT機器に取り組む意欲についての連載を行っている（2002年2月4日「高齢化の町ITの波」）。高齢化率日本一の山口県東和町主催のパソコン教室に参加した高齢者（最高年齢84歳）が，機械操作につまずきローマ字入力にとまどいながらも，遠く離れた孫とのメール交換を楽しみにパソコンに取り組む姿が紹介されている。そして，「孫とメールで話が弾む」「孫が話し相手をしてくれる」などパソコンが世代を越えたコミュニケーションの手段となっている例や，ホームページを立ち上げて町の紹介をするなど，脳の活性化や精神的な励みになっている例を伝えている。県情報政策課では将来はインターネットを使った安全確認もできるようになると話しており，過疎で高齢化が進む町のIT機器への期待は大きい。総理府IT講習推進室によれば2001年1月から9月に全国では16万講座が開催され，266万人余りが受講し，そのうちの3割を60歳以上が占めていた。

　また，インターネット利用者は2000年末には4,708万人にのぼり，年代別に見ると，20歳代の79％が利用しておりずば抜けて多いが，60歳代の15.0％，70歳以上も13.0％が利用し，自宅での利用者も前年よりも増加している。このように心身の変化に積極的に対応しながら，それを補う方法を取り入れていくことが高齢問題を考えるときには必要となってくる。

(3) 精神的健康と精神疾患

多くの高齢者は健康で有意義な生活を楽しんでいるが、高齢期は壮年期と比べると精神障害をもつ比率が3～4倍高いと言われ、高齢化率が進んでいく将来、ますますそれは増加すると言える。特に、高齢期には新規にものを記憶する力や認識力が低下することから、精神的に落ち込み消極的な行動に陥る場合がある。さまざまな喪失を短期間に経験してストレス対処行動がうまく取れなかった場合や、社会的支援が少ない場合には適応困難を引き起こすこともある。仕事からの引退によって有用感を喪失した場合には、思考力や行動面で無気力状態に陥る場合や、食欲減退や活力がなくなり不安症状を訴えることもある。受診率を見ると躁鬱病は中高年で増加しているのに対し、神経症および老年性痴呆は高齢層の増加が認められる（表II-4-2）。

痴呆の出現は65～69歳は1.5％、75～79歳では7.1％であるが、85歳以上になると27％を超え、加齢とともに出現率は増加する。痴呆とは記憶や知的機能に関する進行性の脳障害を表し、アルツハイマー病、脳血管性障害などに起因するものを言う。痴呆が持つ側面は次のようなものがある。

(1) 病識の欠如：痴呆の特徴として自分が病気であるという自覚がない。そのため家族や周囲と様々なトラブルを引き起こす。

(2) コミュニケーション障害：痴呆は記憶障害であり特に短期記憶に障害

表II-4-2 平成8年患者調査の要約

疾患名	入院	外来	
精神分裂病	↓（若年）	↑	増加
老年期痴呆	～	↑（後期高齢層）	微増
躁鬱病	↑（中高年）	↑（中高年）	増加
神経症	↓	↑（高齢層）	増加
その他	～	↑（青壮年のアルコール）	微増
合計	↓～40代	↑	増加

注：「その他」には国際疾病分類の精神および行動の障害にある疾患の上記以外の疾患が含まれる。
出所：厚生統計協会［2001］（厚生省精神保健福祉課調べ）

が大きく，連続的なコミュニケーションが成立しにくくなり，それが介護を行う側に大きな負担となる。
(3) 進行性：現在はまだ病気の進行を止める有効な治療方法はなく，音楽療法や作業療法によって進行を遅らせる試みがなされている。
(4) 身体機能の低下：失禁などの機能低下を伴う。

また，痴呆高齢者の心理的特徴は次のようにまとめられる。
(1) 不安：記憶が欠落することからしばしば家族や周囲と行動や感情に食い違いが生じ，不安感が大きくなる。自分に覚えのないことを家族に言われて錯乱したり，記憶がない不安からその場のつじつま合わせのために無理に作話を行い，さらに状況を悪化させる場合もある。
(2) 感情が変化しやすい：記憶に連続性がないために状況が理解できず，不安や混乱から感情を平静に保ちにくい。状況が理解できないために他人からの指示に対して激しい反発や攻撃的な行動を取る場合もある。
(3) 時間的な錯誤：短期記憶は保てないが幼児期や思春期のことはよく記憶している場合もある。例えば，終始無表情でさまざまなセラピーにも参加意欲を示さなかった患者が，音楽のグループセラピー中に突然指揮棒を取り音楽に合わせてタクトをふり，グループをまとめるような行動を示したことがあったが，その患者は長期間小学校の教師だった例など，本人の中での記憶の連続性に驚かされることがある。

記憶の連続性に着目した痴呆高齢者への働きかけとしては，回想法を用いた取り組みがある。回想は個人の過去から現在までの記憶の連続した過程であり，特に高齢者においては人生をまとめる役割を持つ自然な心理的過程である。回想法は個人内面への効果と対人的外的世界への効果があるとされている。高齢者への効果として野村［1998］は①情動機能の回復，②意欲の向上，③発語回数の増加，④表情などの非言語的表現の豊かさの増加，⑤集中力の増大，⑥問題行動の軽減，⑦社会的交流の促進，⑧支持的・共感的な対人関係の形成，および他者への関心の増大をあげている。特別養護老人ホームに入居中の中等度から重度の痴呆高齢者に回想法を実施し，知能検査の1

つであるミニメンタル尺度(MMSE)，生活健康スケール，高齢者対象多次元観察スケール(MOSES)の4下位項目を調査した。その結果，回想法を実施した実験群は対照群と比べ個人差は大きいが，平均すると得点上昇が大であることが報告されている（表II-4-3）。

表II-4-3 回想法グループ実施前後の各測定における変動の平均値

	実験群	対照群
MMSE	+0.64	+0.31
生活健康スケール	+1.64	−0.09
MOSES		
失見当	−0.36	−0.09
抑うつ	+0.19	−0.09
イライラ	+0.09	−0.19
社会性	+1.09	−0.55

出所：野村［1998］

このように回想法は高齢者の一見とぎれているように見える記憶や保持している行動力を引き出し，さらに対人的な関心をも呼び起こすことができる。また，痴呆高齢者を介護する家族や施設職員にとっても，高齢者の日常では見られない活発な会話や生き生きした表情から高齢者への理解を促進したり，家族が高齢者との過去の結びつきを思い出すことで家族関係を再構成したりすることもある。

3　心身の病理への予防の取り組みと健康増進

(1) 予防行動

高齢期の課題の1つは心身機能の低下を予防することと，病気や身体障害の発症を減らすこと，および発症後の障害の程度を軽減することがある。

第1次予防：例えば高齢者が罹患すると他の病気の引き金になりやすい疾患であるインフルエンザに対して予防接種を行うなど，健康を維持し機能低下を防ぐ方策を講じる。その他，病気や機能維持のための食生活や生活方法についての知識・技術の習得もある。高齢者の心身の機能低下への防止意欲は，さまざまな高齢者健康教室への参加の高さに見ることができる。ある大

学が開講している市民医学講座では，夜間にもかかわらず毎回希望者が多数のため抽選で参加者を決定しているという。参加者の半数以上が高齢者であることからも，健康に関する学習意識が高いことや，高齢者の自立への渇望があると言える。

　第2次予防：医療機関での健康診査などを定期的に受けることで病気の早期発見と早期治療を行う。しかし，現在の健康診査受診率は39％と余り高いとは言えない。

　第3次予防：治療，リハビリなどで病気がさらに悪化しないように対策を行う。

　これらの健康増進活動は，主として医療者によって行われる個人や集団検診など健康維持と改善のための介入が中心であるが，不健康生活を見直し生活習慣を改善することで，疾患の発症を減少させたり進行を遅らせることができる。主な方法としては個人的カウンセリング，教育，地域や国単位の健康改善キャンペーンなどが行われているが，医療者および患者の双方にまだ予防に対する意識は低い。しかし，これらの活動に参画することで，高齢者に自ら健康行動を目指し生活習慣を改め継続する力を与えることができる。そのための具体的方法としては「高齢者の個人的考えを尊重する」「小さな変化を提案する」「できるだけ実現可能な具体的目標を高齢者自身が設定する」などがある。新しい習慣の獲得に対しては専門職を利用し肯定的支援を受けることや，健康行動を社会的広がりを持ったものにすること，継続的な追跡調査によって効果の持続を確認することなども必要となる。そのためには情報として広く知らせることや，プログラムに参加しやすいこと，あるいは対面でないことが参加動機を高めることもあるかもしれない。

　現在は情報がインターネットを通じて瞬時に入手できるようになっていることから，これらのIT機器を用いた健康教育も増加していくだろう。例えば，禁煙行動を推進する手法としてインターネットを媒介として行った報告がある（Takahasi他［2001］）。禁煙に取り組む参加者はe-mailで喫煙の有害性の情報を知らされ，自己レポートやメッセージをメーリングリストを通じ

て送ると，1時間以内に医療スタッフやアドバイザー（このプログラムで禁煙に成功した先輩参加者）からアドバイスを受け取ることができる。参加者はアドバイザーからの援助に勇気づけられ，さらに次のステップに進む。生活習慣の改善はなかなか困難であるが，この禁煙マラソンでは第1回目で参加者の56％が禁煙に取りかかり，5回目にはそれが90％になるなど，医療プログラムとIT機器をあわせた活動への参加は，持続させることが困難な禁煙行動を促進することに有効に作用していた。

(2) 環境の整備

　高齢者の事故死の半数は転倒と歩行中の事故である。転倒は自宅での床やカーペットのふちによるつまずき，段差，階段のふみはずしなど生活の場で発生することが多く，転倒リスクを少なくするように段差の解消とともに照明を適切にする，危険物の除去などの改善が必要と言える。自宅での高齢者介護が困難な理由として住環境，特に段差が指摘される（石井［1997］）が，これを早期に改善することで介護負担や社会的入院を減少させることにもなる。高齢者は注意不足と思われているが，聴力・視力低下，歩行能力などの身体機能低下からも事故にあいやすい。高齢者は距離などに対する動体視力が青年期の約半分に低下するため，近づく車の速度判断を誤り，適切な距離感がとれずに交通事故が発生することが多い。予防としては，安全指導プログラムに参加して自分の身体機能や行動能力についての正しい知識を認識することや，夕方の時間帯が最も事故が発生することから，その時刻の外出を控えることなどが大切である。

　環境整備として一人暮らしへの対応も重要となる。地域活動として電話での毎日の安全確認や，電気ポットが一定の時間以上使用されない場合には確認の連絡をいれるモニター装置を利用した取り組みなど，IT機器を活用した安全確認活動などが今後はさらに広がっていくであろう。

4 看取り，そして死にゆくことに向き合う

(1) 死に向き合う

　高齢期の発達課題として親しい家族の死，特に配偶者の介護や看取り，あるいは自己の死についての対処がある。自宅で家族に看取られた死が大多数を占めていた1950年代には，高齢者の死は家族の中で当たり前のこととして受け入れられたが，1985年に自宅での死と病院での死の割合が逆転し，いろいろな問題が生じてきた。その1つが患者の意向を無視した医療のあり方であり，もう1つが高齢者側の死に対する準備の少なさである。

　厚生省の調査によれば，死が避けられない状態になってからの治療方針の決定者は，高齢者の疾患が悪性新生物，すなわち意識レベルを保てる場合でも医師（29.1％），家族（25.7％），医師と家族（15.3％）が行い，本人のかかわりないところで70％が決定されている。これが脳血管性障害の場合はさらに本人の意向は反映されない（図II-4-2）。このことは，自分自身の最期の治療，すなわち生の選択を他者にゆだねるということである。最近は行き過ぎた医療への批判からQOL（生活の質）を高める介護や看護が推進さ

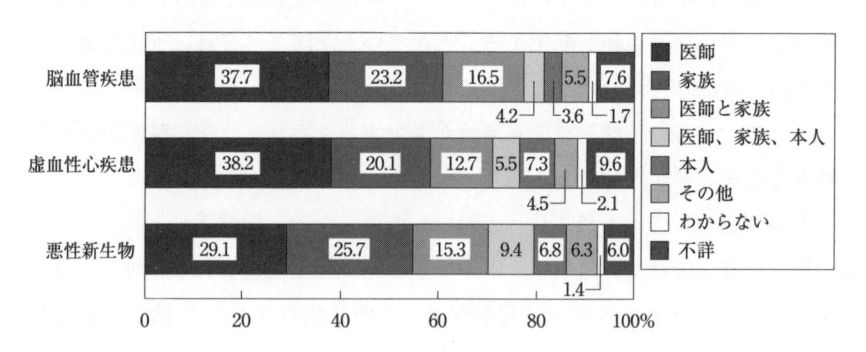

出所：厚生統計協会「平成6年度人口動態社会経済面調査報告」

図II-4-2　亡くなるとわかってからの治療の決定者（％）

れつつあるが、一方の受ける側の高齢者の自己決定の表示が明確になされていないという問題もある。われわれの人生にはさまざまなイベントがあり、それに対して前もって準備し対応していくことが多いが、最もストレスが高い死についてはあらかじめ学び準備することが少ない。その理由の1つに、死は到来時期が明確でないことや、話題にすることを忌み嫌う規範があるためとされる。高齢者を看取った家族への調査からは高齢者の希望を把握していたと答えた家族は10.6％しかなく、高齢者側の意思が十分に伝達できていない。しかし、高齢者が希望を明確に伝えていると、家族はできるだけ本人の意思決定を尊重して最期の時を過ごさせ、看取った後に満足の思いが高いことが報告されている（上原他［2000］）。このように自分と家族の死に向き合うことが高齢期の大きな課題である。

(2) 看取り経験から死に向き合う

　死の準備教育を提唱しているデーケン［1995］はその目標に①死のプロセスおよび死にゆく人のニーズを理解する、②悲嘆教育、③情報収集力の養成、④生涯を通じて自身の死を準備し、かけがえのない生を全うすることの4つを挙げている。日常生活の中で死の準備について考えるきっかけの1つが看取りの体験である。身近な人を看取る経験は人間の命が永遠でないことを突きつけ、自分の生と死を面と向かって見つめる機会になる。

　筆者らは家族（父母32名、配偶者17名など）を看取った高齢者56名に対する半構成文章法により、看取りについての意識や立ち直りに有用な要因を調査した。亡くなった本人が死をどのように受け止めていたかについては「本人が何も言わず本意はわからなかった」と多くが受けとり、看取られた側の心理状態を把握できなかったという思いを多くの家族が持っていた。看取りを行った後の思いとしては「告知すればよかった」などの告知に関する迷いと悔やみが多く示された。また、「つらさ」や「満足感」などの感情も示された。看取り中は「安心を与え励ます」「そばで見守った」一方、「何か

したかったが知識や方法がわからなかった」「制限せず望みをかなえてあげればよかった」などがあげられた。看取り後の立ち直りに有益だったものは，「自分の役割を見出して取り組むこと」「他者からの社会的支援」であった。また，「十分に看取った」という思いが看取り後の満足感につながっていた。この背景には看取られた人と看取った人との間の十分な意思疎通や交流があったことを予想させた。しかし，全体としては看取られる側からの意思の伝達は乏しく，介護した家族も相手の気持ちを推察しながら対応し，その看取りに苦悩を抱えていることが示されていた。看取り後は「生や死への意識が変わった」「死の準備に取りかかった」など，看取りの体験を自分の生と死への対応につなげて正面から向き合っていく資料としていた（上原他［2000］）。

このように看取り体験は悲しみ，むなしさ，自身への生と死の自覚など多岐にわたる感情を看取り者に呼び起こし，死とは恐怖や不安だけではない価値を伴う事柄であることを体験させる経験になる。

(3) 死の準備から自身の死に向き合う

高齢者が自分の死についてどのような準備をしているのかを調査から見ると，いわゆる第三人称の死と言われる有名人の死や尊厳死などは約8割が話をしているが，身近な人の終末期の様子や，第一人称である自分の希望する最期の治療方法や死亡場所について家族に話をしているのは半数であった。高齢者の死の準備行動として最もよくなされているのは預金や保険についての伝達で，最もなされていないのは遺言状の作成や，やり残したことへの取り組みであった。1995年から5年間の変化を見ると配偶者と死について話をし，自分の希望する亡くなり方を伝える割合は1997年を境に増加しているが，その背景としては死についての情報が広く知れ渡ってきたこと，死についての社会的な定義が議論される状況になり死の話題がタブーでなくなってきたこと，本人の希望を重視した医療が進んできたことにより自分の意思

表II-4-4　高齢者が実施している死の準備行動の5年間の変化（％）

	1995	1996	1997	1998	1999
希望する死に方を伝える	6.8	20.0	52.2	62.9	58.1
葬儀の希望を伝える	5.1	17.7	52.9	49.5	48.8
遺言状を書く	8.5	7.5	8.7	10.5	8.1
貯金・保険などを伝える	28.3	44.2	70.4	62.9	66.6
家事などの方法を伝える	25.3	20.9	41.4	41.9	36.2
交友リストを作る	20.5	17.5	22.6	28.6	36.9
身の回りの整理	5.6	13.1	22.3	21.0	20.4
やり残した事の取り組み	1.2	9.1	10.3	14.3	16.5

出所：石井・上原［2000］

を表明しておくことが重要である，という認識が広がってきたことなどがあげられる（表II-4-4，石井・上原［2000］）。

　このように高齢者がどのように最期を迎えたいのかを伝えることはまだ多いと言えないが，なぜ少ないのか，自分の意思を伝えるにはどのような方法が有効なのかを理解するために参加型体験学習による対処行動の促進を試みた。老人大学受講生から参加者を募り，73名を5～6人のグループに分け2日間の主として話し合いとロールプレイによるワークショップを実施した。参加後は「終末期の希望を伝えておく大切さを認識した」「自分の意思を文章にしようと思う」など，自分の終末期に向けて具体的に取り組むことが必要であると感じていた。また，他者の立場で考えたことで「意思は伝えなければわからない」「他者への配慮が大切である」と実感していた。6か月後の追跡調査からも「帰宅後に家族と死の準備について話をした」「自分の意思を文書に作成した」など，ワークショップへの参加が死の準備についての意識と行動の変化をもたらしていた（石井［2000］）。

　これらの一連の流れを高齢期の死に向き合う発達課題への対処行動としてみると，なぜ死の準備が必要か，死の準備行動の実施にはどんな問題があるかという問題提議に対して，まず問題要素を明確にし（一次評価），次いでいろいろな解決方策を探索し（二次評価），自分にできそうな適切な方法を選択し，取り入れて実行にまで到達する問題解決対処行動が行われたと言え

る。しかし，その一方では「家族は言わなくてもわかってくれるはず」という依存対処行動や，「まだ考えたくない」という感情分離対処行動も取られていた。

このように死について考え準備することは，高齢期を充実した時期とする重要な課題である。長い高齢期を楽しみ，さらに人生の最期を自分に納得いく形で準備し，ライフストーリーを締めくくることは発達課題としての自己の統合として捉えられる。このときのキーワードは「自己決定」と「対処行動」である。自分の老いを自覚し，健康なときから終末期までを見通した取り組みを行うことが，高齢期の発達課題を見据えた心身の病理に向き合う心構えと言えよう。

参考文献

デーケン，A［1995］〈業書〉『死の準備教育第1巻　死を教える』メヂカルフレンド社。
フェリーニ，A・F＆フェリーニ，R・L［2001］『高齢期の健康科学』今本喜久子・新穂千賀子監訳，メディカ出版。
Folkman, S., and Lazarus, R.S. [1980] An analysis of coping in a middle-aged community sample. *Journal of Health and Social Behavior,* 21, 219-239.
石井京子［1997］「老人病院入院高齢者の家族の退院意向および退院に影響する要因分析」『発達心理学研究』第8巻第3号。
石井京子［2000］「高齢者と死の準備教育」『現代のエスプリ別冊』至文堂。
石井京子［2002］「高齢者の対処行動」未発表。
石井京子・上原ます子［2000］「高齢者の死の準備状態の分析――5年間の変化から」『老年社会科学』第22巻第2号。
厚生統計協会［1994］「末期患者への医療」『人口動態社会経済面調査報告』。
厚生統計協会［2001］『厚生の指標　国民衛生の動向』第48巻第9号。
中西信男［1995］『ライフ・キャリアの心理学』ナカニシヤ出版。
野村豊子［1998］『回想法とライフレヴュー　その理論と技法』中央法規。
ラザラス，R・S＆フォークマン，S［1991］『ストレスの心理学――認知的評価と対処の研究』本明寛監訳，実務出版。
Takahasi, Y., Higashiyama, A., and Miura, H. [2001] A New Program for Smoking Cessation Using the Internet Outline of the Program to Start Quitting. *The 4th International Conference of Health Behavioral Science,* 54.
上原ます子・石井京子・上野矗［2000］「高齢者が体験した看取りの意味と家族へのケア

の課題」『老年社会科学』第 22 巻第 2 号。

(石井京子)

II-5

超高齢社会と介護

1 はじめに

　介護という社会領域は固定化した事実としてあるのではなく，人口学的要因のみならず政治経済など，社会的諸要因によって誕生し常に再編され変容し続けている領域である。そもそも，現在みられるような意味での「介護」という用語が公的な文書に登場したのは老人福祉法の制定を定めた「老人福祉施策の推進に関する意見」（1962年）であり，『広辞苑』への採録が1983年である。「病人」として老人病院などに送りこまれた高齢者の悲惨な実態が，高齢化の進展に伴い社会的に可視化され，その生活支援が国の政策課題となっていった。朝日新聞のデータベースでみても，介護にまつわる記事は2001年3月には500件を越えるが，15年前の3月には4件にすぎない。過去30年ほどの間に，自宅であれば「年寄りの世話，介抱」と呼ばれ，病院などでは「老人患者の看護」と呼ばれていた領域が，「介護」という領域として社会的に誕生していったと言える。
　そしていま，公的介護保険制度の実施にともない急速に社会運動化しているのは，グループホームや個室型特別養護老人ホームなどでの要介護者本人（痴呆症の高齢者を含む）の意思と生活のリズムを尊重する支援を強調するケアへの流れである。介護の類語に「介助」という用語があるが，「介護」が支援する側の裁量（ケア・プラン）に沿って要支援者の生活総体を支えていく行為という意味合いがどちらかといえば強いのに対し，「介助」という用語は要支援者主導，すなわち，要支援者の意図する行為の実現・実行に対す

る支援者の関与という意味合いを持つ。そして，高齢者の意思を尊重するケアの理念と実践が，今後一般に広く受け入れられていけば，「介護」という用語は「介助」に取って代わられるかもしれない。そうした流れはケア（世話）からケアリング（気遣い）への変化として，すでに英国などで生じている。

しかし，そうした明るい方向への可能性も社会経済的要因によって規定される。すでに平成11年版『厚生白書』は「老年人口を70歳以上」とする見方，さらに「高齢者は経済的には弱者ではない」とする見方を示し，施策の対象となる高齢者の定義そのものの見直しを示唆している。日本経済が劇的に凋落すればその傾向はさらに強まり，現在の高齢者が享受できている水準が将来的には失われ悲惨な状況に陥り，平均寿命も低下していくかもしれない。21世紀前半に進展する日本の超高齢社会を語ろうとするときには，こうした難しさが常につきまとう。

しかし，本章では過去からの変化を踏まえ，現在の経済水準が続くという仮定にたって，「社会と介護」のテーマのもとに，そこで予測される事態について述べていく。とりわけ介護という領域はジェンダー関与的領域である。ジェンダー要因に留意しながらみていくことにしよう。

2　長寿化の進展と介護

2000年実施の「国勢調査」の結果をもとに2002年1月，国立社会保障・人口問題研究所は『日本の全国将来推計人口の概要』を発表した。中位推計でみると65歳以上の高齢人口が総人口に占める割合は，2000年現在の17.4％から2014年には25％台に達し，2033年には30％台，その後2050年に35.7％に達すると予測している。2025年前後のピークは第一次ベビーブーム世代が70歳代後半に達することにより，さらに，2050年前後のピークは近年の出生率低迷の影響を受ける第二次ベビーブーム世代が高齢世代に達す

ることにより生じる（国立社会保障・人口問題研究所『日本の将来推計人口』，2002年）。

　この推計は「将来生命表」をベースとしているが，それによると日本人の平均寿命は2000年に男性77.64年，女性84.62年であるが，2025年，男性79.76年，女性87.52年，2050年には男性80.95年，女性89.22年に達し，男女の平均寿命の差もそれぞれ6.98年，7.75年，8.27年と開いていく。85歳以上の年齢層で男女人口比をみると，女性人口が男性の2.4倍以上の時代が続いていくのである。こうした平均寿命の伸展は，高齢人口のうち後期高齢人口の占める割合の増大を意味し，2022年には後期高齢（75歳以上）人口が前期高齢（65～74歳）人口を上回るものと見込まれている。

　こうした人口学的変化の中，2000年時点での280万人の要介護者数が2025年には520万人に達し，介護問題が深刻化していくことが予測されている（『厚生白書』，平成11年版）。しかし，これから進行する介護問題とは，単に要介護者人口が増大するという点にとどまらず，要介護者の内訳として配偶者や子世代も高齢化し介護基盤が脆弱化していく後期高齢者（なかんずく女性要介護高齢者）が現在の時点と比べて多数含まれ，質的にもより強力な社会的支援を要する介護問題が発生していくことが予測される。

　後期高齢者，なかんずく80歳代以上で加齢によって何らかの見守りや支援を必要とする要介護者数が多くなり，しかも，女性の占める割合が高くなっていくという傾向性は，既に2000年『介護サービス世帯調査』（厚生労働省）の結果などからも読みとれる。表II-5-1に示されるように，手助けや見守りを要する者の割合は80歳以上で59.3％と全体の半数以上を占め，さらにその内訳を性別でみていくと，全体で男性要介護者33.8％に対して女性要介護者66.2％と女性が男性の約2倍に達する。しかもそれを年齢別にみていくと65～69歳時には男性52.6％，女性47.4％と男性の方が多かったのに対し，80～84歳では男性29.2％，女性70.8％，85～89歳で男性25.0％，女性75.0％，90歳以上男性19.7％，女性80.3％と，高齢になるにしたがって女性要介護者の占める割合は高くなっている。

表II-5-1 性・年齢階級別にみた要介護者等の状況(%)

性	総数	40〜64歳	65〜69歳	70〜74歳	75〜79歳	80〜84歳	85〜89歳	90歳以上	(再掲)65歳以上
総数	100.0	4.4	7.0	12.6	16.6	22.0	22.6	14.7	95.6
男	100.0	7.7	10.8	17.6	19.5	19.0	16.7	8.6	92.2
女	100.0	2.7	5.0	10.1	15.2	23.6	25.6	17.8	97.3
総数	100.0	100.0	100.0	100.0	100.0	100.0	100.0	100.0	100.0
男	33.8	59.5	52.6	47.0	39.7	29.2	25.0	19.7	32.6
女	66.2	40.5	47.4	53.0	60.3	70.8	75.0	80.3	67.4

注:「総数」には,年齢不詳を含む。
出所:厚生労働省『介護サービス世帯調査』(2001年)

　また,同調査は「手助けや見守りが必要となった主な原因」も示しているが,男性には「脳血管疾患」が多いのに対して,女性では「高齢による衰弱」「痴呆」「転倒・骨折」「関節疾患(リウマチ等)」など加齢に伴う疾患とみなされるものが多くなっている。こうした事実は,とりもなおさず要介護期間の男女差にもつながっているものと思われる。そうした事実を明確に取り出したのが,1995年度データを使ってなされた厚生省研究班(座長:橋本修二)の「平均要介護期間」についての試算である。すなわちその結果は「完全な健康」状態で生き続けられる年齢を「平均自立期間」(=「活動的平均余命」)とみなし「平均余命」からその数値を減じたものを「平均要介護期間」(=「依存的平均余命」)と仮定して試算しているが,65歳時点でみると男性の場合,平均余命16.48年のうち自立期間14.93年,残り1.55年が平均要介護期間である。それに対して女性では,平均余命20.94年のうち自立期間が18.29年,残り2.65年が平均要介護期間となり,男女差は1.10年である。そうした男女差は75歳時,85歳時の時点においても同様にみられ,女性の平均要介護期間の方が男性のそれより長いという(図II-5-1)。こうみてくると長寿であることの代償として,女性の方が健康で過ごす「寿命の質」という点で男性より重いハンディを負い,最晩年期において長期の介護生活を余儀なくされるリスクが高い性だと言えるだろう。
　こうみてくると,21世紀前半の超高齢社会の介護問題とは,男女を問わず膨大な数に達する要介護者の人間らしい暮らしをどのように社会的に保障

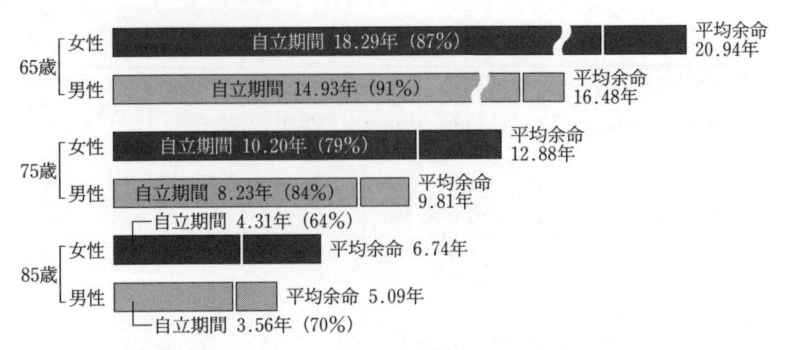

65歳
- 女性 自立期間 18.29年（87%） 平均余命 20.94年
- 男性 自立期間 14.93年（91%） 平均余命 16.48年

75歳
- 女性 自立期間 10.20年（79%） 平均余命 12.88年
- 男性 自立期間 8.23年（84%） 平均余命 9.81年

85歳
- 女性 自立期間 4.31年（64%） 平均余命 6.74年
- 男性 自立期間 3.56年（70%） 平均余命 5.09年

注：1．自立期間とは，要介護とならない平均期間を意味する。
　　2．％の数値は自立期間の割合（平均余命のうち要介護とならない期間の割合）を示す。
資料：「保健医療福祉に関する地域指標の総合的開発と応用に関する研究」（平成9年度厚生科学研究費補助金報告書）

図II-5-1　平均自立期間

するかという「高齢者問題全般」という高所に立った視点のみならず，人口的にも男性の2倍ほど多く，しかも要介護期間も男性よりも長くなりがちな女性要介護者の生活問題としてもみていくことが重要だと思われる。男性高齢者と女性高齢者とでは要介護状態になったとき利用できる社会的資源，すなわち家族資源，経済的資源などで大きく異なっている。たとえ，加齢に伴ってさまざまな生活上の障害が生じることがあったとしても，その生活を支える社会的条件が整っていれば危機は「危機」とならず，問題は「問題化」しない。個人が持つ家族的資源，経済的資源，さらに個人の能力不足を補い支援していく公的制度的資源，そうした条件は今後どのような方向に変化していくのだろうか。デンマーク，スウェーデンなど，高齢者個人を支える福祉制度が徹底して整えられた社会においてさえ，インフォーマルセクターである家族が担っている部分は大きいと言われる。そこで，まず家族の変化と介護の関わりからみていこう。

3　家族の変化と介護

　1980年代初頭まで，日本政府は欧米の「個人」主義的な家族のあり方に対し「イエ」制度の伝統を持つ日本家族のユニークさを強調し，高齢者介護に関してその第一の責任義務者は子世代家族であるという見解を政策的に保持し続けた。その結果，本格的に社会的支援体制が整備され始めたのは1989年「高齢者保健福祉推進十か年戦略」（ゴールドプラン）からにすぎない。そして現在，そうした流れのなか「介護の社会化」をうたって制度化された公的介護保険においても，日常生活の衣食住の基底部分を担う家族員が存在するという前提で要介護認定のスケールは構成され，家族が高齢者介護の局面において担わされている責任は依然として大きい。

　しかし，高齢者が子世代の手による介護を受けられる家族的条件は年々脆弱化し，今後，個人主義的志向が上の世代より強い団塊の世代以降の人たちが高齢化するにつれ，さらにその傾向が強まるだろうことが予測されている。図II-5-2をみてみよう。子どもとの同居率は過去から将来にわたって，どの年齢層においても年々低下していっている。それは加齢により要介護状態になる確率が高い85歳以上層においても例外ではない。1975年には8割を占めていた子どもとの同居率が，2010年には約5割に達し，その後も低下し続けるだろうことが予測されている。その方向への変化は今後高齢者夫婦世帯，一人暮らし世帯が増大し続けることを意味し，事実，同推計は2000年において一人暮らし世帯296万5,000世帯，高齢者夫婦世帯377万9,000世帯であるものが，2020年にはそれぞれ536万5,000世帯，584万5,000世帯と大幅に増大していくことを予測している（国立社会保障・人口問題研究所『日本の世帯数の将来推計』，1998年）。

　こうした高齢者夫婦世帯，一人暮らし世帯という介護基盤が脆弱な世帯が増えていく背景には，日本社会が過去25年ほどの短期間のうちに多産・多死型社会から少産・少死型社会への人口学的転換を成し遂げてきたという事

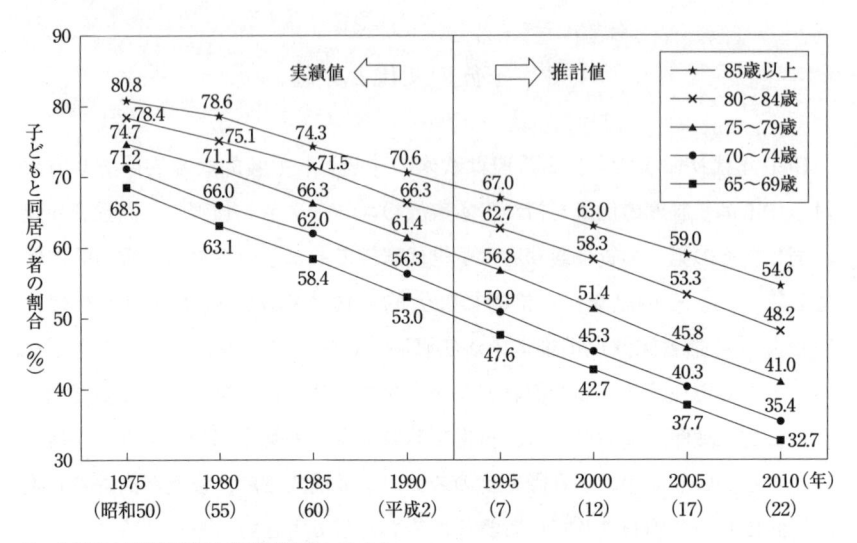

図II-5-2　高齢者の年齢階層別，子どもと同居の者の割合の推移（1975～2010年）

注：実績値は総務庁統計局『国勢調査』に基づく。
資料：厚生省人口問題研究所『高齢者の世帯状態の将来推計：1975-2010』

実が関わっている。そして，これから進行するのは現在までの多産・多死世代の老親世代を多産・少死の子世代が担う時代から，多産・少死の老親世代を少産・少死の子世代が担っていく時代である。この3つの世代はそれぞれが拠り所とする家族観という点でも大きく異なっている。したがって，家族形態上の変化のみならず介護をめぐる家族関係の上でも，今後大きな変化が生じることが予測される。

　介護をめぐる家族関係はこれまでどのように変化してきたか。それをみることによって今後の方向性を探ることができるだろう。この種の全国規模の調査としてはもっとも初期になされた1968年『居宅寝たきり老人実態調査』（全国社会福祉協議会）と最新の2000年実施の公的介護保険利用者を対象とした『介護サービス世帯調査』（厚生労働省）を比較してみよう。1968年における介護の担い手は配偶者25.1％，息子の妻49.8％，息子2.7％，娘14.5％，孫2.5％である。それが2000年調査では配偶者31.4％，息子の

妻 28.2％，息子 9.2％，娘 19.3％，娘の夫 0.3％となっている（要支援者を除いた要介護者のみの数値）。1968 年調査においては「孫」が含まれていたものが，2000 年調査では「孫」に代わって「娘の夫」が担い手の選択肢に含まれている事実も時代の変化を示していて興味深いのであるが，過去 30 年ほどの間に息子の妻が担う割合が減少し，その代わりに高齢者夫婦における配偶者間介護，さらに子世代では実子が担う割合が増えてきている。子世代との世帯分離が進めば進むほど，高齢者夫婦世帯であれば夫婦のうちどちらか健在な間は配偶者間で担い，それが不可能なケースや一人暮らし世帯の場合，居住地の遠近や経済的水準さらに親密さの度合いといった要因に規定されて，子世代成員のうちから性別を問わず介護責任者が選択されるという変化が生じている。

　さらに，介護を誰が担うかという側面のみならず，いくつかの点で大きな変化が 1980 年代以降生じてきている事実が指摘されている。大本圭野は「異世代同居世帯における老人介護は老夫婦単独で行われる傾向が強い」「老人家計は子世帯と独立・分離し恒常所得の枠で生活規模が規定される。同様に介護においても子世帯と独立して配偶者間で行われる」と指摘する（大本［1988］）。また，山田昌弘も次のように述べる。老親と成人子関係において「同居」「扶養」「介護」が分化し，「同居型自宅介護が主で，介護者は配偶者か娘か嫁かというジェンダーロールが踏襲される一方で，費用は親世代が用意して子どもの負担にならない，つまり経済的扶養と介護とは別問題という新しい枠組がベビーブーマー世代を中心に出来つつある」と（宮本他［1997］）。「イエ」の「跡取り」の「嫁の義務」として息子の妻が担うべきという意識は残存しているものの，流れの方向からみると介護費用は高齢者本人の自己負担，そして日常の世話は「気兼ねがいらない」「気持ちの通じあいがある」と考えられている夫婦間介護，そして子世代が担う場合には息子の妻より娘が担うという傾向が強まる。すなわち，「イエ」制度に根ざしたものから「夫婦家族」制度への変化が過去数十年のうちに進行してきている。

　ジェンダーの視点からみると，こうした変化は次のように整理することが

できるだろう。子世代との世代分離が進行するなか，高齢者夫婦間では年齢的には妻より年長で，かつ，寿命の点では妻より短い傾向にある夫が妻による介護を受けることが多く，過去と比較すると高齢の妻の介護負担が重くなっている。そして，夫を看取り終えた後の高齢女性の世話を，息子の妻に代わって娘が担う。息子及び夫が男性介護者として担い手となる割合は若干増えているものの，娘の夫が担い手となることは殆どない。「介護は女性の役割」というジェンダー観は依然として根強い（ジェンダーに着目してこの間に生じた変化を整理・分析したものは春日［2001］に収めている）。

　このような流れは少子世代が老親介護を担う時代に移行するにつれ，どのような方向に向かうだろうか。夫婦間介護は今後も増大し続けるであろう。大きな変化は子世代が介護を担う局面で生じる。息子の妻が「嫁の義務として」夫の親の介護を専ら担うことは現在以上に減少し，男性が自分自身で息子としての責任を果たすことが求められるようになる。しかし，介護責任を分かち持つ兄弟姉妹が少なくなるなかで，現在の中高年世代と比べて少子世代の女性にとって夫方妻方双方の親に対する責任を担わざるをえないという状況が深まっていく。なぜなら，1925～1949年生まれまでの女性では「男きょうだいあり」という人の割合が約8割を占めていた。しかし，1960年以降生まれになるとその割合は6割を切ってしまう。男きょうだいに自分の親の介護を託そうにも，少子世代の女性たちにはその兄弟がいないという人が多いわけである。現在の介護の主たる担い手層である中高年世代は明治・大正生まれの親世代に養育され「イエ」意識を分かち持つ部分があり，かつ，兄弟姉妹数が多いという条件によって，「イエ」の「跡取り」とみなされた者（たいていは長男）が老親への扶養義務を果たし，それ以外の兄弟姉妹は都市に他出して「夫婦家族」を形成するという形で，民法上は制度が廃止された後も生活慣行上「イエ」制度を残存させることが可能だった。しかし，少子世代になるとこの条件は失われていく。落合恵美子は少子世代が社会の担い手となる21世紀前半には「イエ」制度は終焉し，夫方の系譜を重視した親族関係のあり方から「個人との関係の近さ・遠さを重視する」双系的な

方向に変化していくことを予測している（落合［1997］）。

　さらにここまで述べてきたのは，少子世代の男女が結婚し，離婚もしないで人生を送るという前提に立った上での変化の方向性であった。しかし，ゆたかな社会で育った少子世代は自己実現志向が強く，未婚時代の生活水準と家族形成後のギャップが大きいこともあって，シングルのまま親元に止まる人が増え，「パラサイトシングル」という流行語まで生んでいる。この中から生涯結婚せずシングルのまま一生を終えるという人が多出してくるだろう。そうなると，現在，過疎地で進行している，シングルのまま親と同居し続けた息子が老親の介護を担う事態が，大都会にも波及していくかもしれない。さらに，現在離婚率は年々上昇する一途であるが，離婚の増大も介護関係を複雑にしていくだろう。再婚した親が倒れたとき，その面倒を子どもたちのうち誰がみるか。継子がみていくのか，それとも実子がみていくのか。現在では再婚歴のある一部の人が抱える介護関係の難しさが，多くの人の状況として生起していくかもしれない。

　いずれにしても，今後進行するのは過去のような「親に対する責任義務者は跡取りである長男」といった形で制度的に規定された介護義務者が担う関係でなく，関係当事者の相互交渉のなかで取り決められていく方向に向かうだろう。アンソニー・ギデンズは個人の自己決定が尊重される後期資本主義社会では，家族の成員関係のありかたにおいて，「親族関係を生物学的絆や婚姻による絆がもたらす一連の権利義務関係とみなす見方」から，「互いに取り決めた自己投入」をとおして，自分の親族との結びつきを秩序付け，「互いに取り決めた自己投入」によって個々の状況での親族に対する「しかるべき行い」を「算段していく関係」が重視されるようになっている，と述べている（ギデンズ［1995］）。今後，日本でもそうした方向で介護をめぐる家族関係は変化していくのではないだろうか。

4　介護の社会化と要介護高齢者の生活

　これまでみてきたように，過去数十年の間に生じてきた高齢者介護をめぐる状況は，要介護者の世話を家族のみで担うことが困難な方向への変化であった。この間，家族に求められる介護水準は医療・衛生・栄養を含んだ全般的な生活水準の向上により高度化し，介護期間は長期化していった。そして，そうした家族介護の限界性を踏まえて2001年「介護の社会化」をうたって公的介護保険制度が開始された。それは過重労働化した介護を家族成員に代わって社会が担う方向への転換であった。そのことによって，どのような方向への変化が家族及び要介護高齢者に引き起こされていくのだろうか。さらに，公的介護保険制度が「介護の社会化」をうたいながら実は「介護の民営化」であるとされていることは，高齢者の生活をどのように規定していくのだろうか。

　まず，家族が担っていた役割を家族外社会に外部化することによって，どのような変化が引き起こされていくか。それについて公的介護保険制度開始にあたってサービス業者などにより頻繁に使用された，次のようなフレーズがある。「家族は愛情を，日常の世話は介護のプロの私たちが」といったフレーズである。しかし，日常の世話が外部化されることは，家族の「愛情」の質そのものを変化させていく。介護を在宅で家族員として担っている場合，介護者は要介護者との相互作用場面で「家族員としての気配り」をしていく必要があった。それが介護サービス業者に委ねられるようになった場合，家族員としての「愛情」発揮は，いかに良質でレベルの高い介護サービス（業者，内容，水準，料金など）を得るかという情報収集努力，業者との交渉努力などにシフトしていく。施設に委ねる場合にはそうしたこと以外に頻繁に面会に行くことなども含まれてくだろう。

　しかし，そうしたこと以外に生じる大きな変化は，介護の責任義務者についての観念においてであろう。既にそれに類した変化は年金制度が成熟して

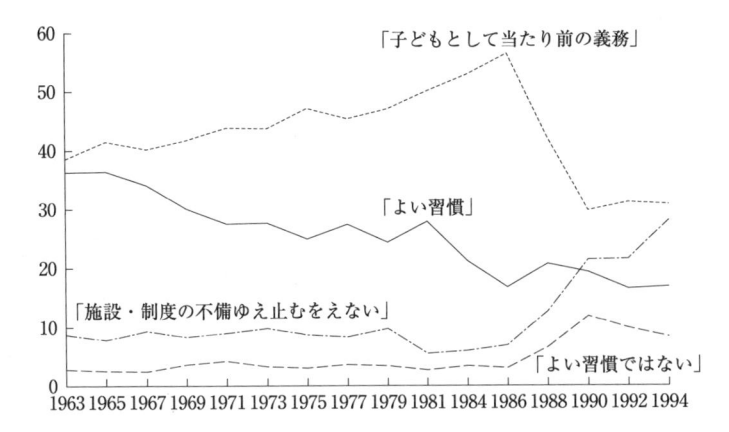

注:「その他，無回答，わからない」は除く。対象者は50歳未満の有配偶女子。
資料:毎日新聞人口問題調査会『新しい家族像を求めて:第22回全国家族計画世論調査』
(1994年)

図II-5-3　老親扶養についての考え方(%)

いった1980年代半ばにも生じている。図II-5-3をみてみよう。これによると高齢者の世話をするのは「子として当たり前」「よい習慣だ」と答える人の割合は80年代半ばに激減し，代わって「施設・制度の不備ゆえ止むをえない」「よい習慣ではない」という人の割合が増えている。高齢者個々人の生活を支える年金制度を初めとする社会保障制度の整備と人々の家族意識の変化が連動して，先に引用したような大本圭野や山田昌弘が指摘する「経済的扶養と介護は別」という介護をめぐる家族関係上の変化を生みだす要因となっていったのだと思われる。

　そして，このとき生じたような変化が，家族介護を外部化した公的介護保険制度の定着と共に顕在化していくだろう。すなわち，家族員が担う場合も，これまでのような「家族が無償で担うもの」といった考え方は消えていき，「同じ労働をヘルパーさんがしたらいくら」といった類の金銭勘定を生み，それが介護者と要介護者関係，それを取り巻く他の家族成員との関係，親族関係などを変容させていくことが予想される。既に，そうした事実を介護支援センター長に対する「公的介護保険の開始で家族関係はどう変わっていく

148　第II部　社会・心理・行動

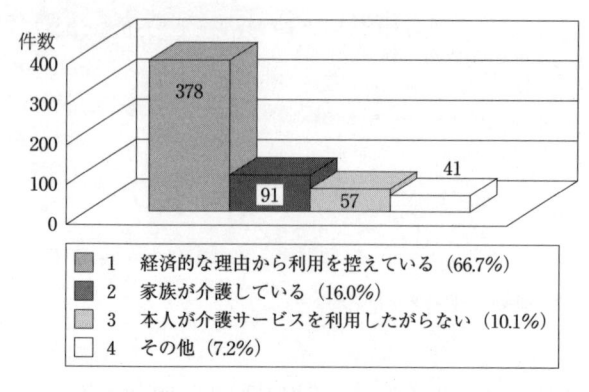

```
件数
400
        378
300
200
100             91    57        41
  0
    □ 1 経済的な理由から利用を控えている（66.7％）
    ■ 2 家族が介護している（16.0％）
    □ 3 本人が介護サービスを利用したがらない（10.1％）
    □ 4 その他（7.2％）
```

出所：広島市『居宅サービス計画作成等についての調査結果』(2001年)

図II-5-4　必要であるにも関わらず，サービスの利用を控えている理由（件数）

と思いますか」という聞き取り調査のなかで，筆者自身耳にしている。「長男の嫁が（面倒を）みている場合に，実の息子や娘たちが親孝行したかったら『これでヘルパーさんを雇って頂戴』とお金を自分で出してやればいいんですよ」という言葉である。ここにははっきりと介護と金銭勘定を結びつける考えが現れている。今後進行していくのは，1980年代に生じた「費用は高齢者本人が自己負担する」という考えが徹底していき，高齢者本人の経済水準の高低がその人の受けることができる介護水準を大きく規定していく状況だろう。

　そうした変化は遠い将来ではなく現実に生じ始めている。図II-5-4は2001年，広島市が居宅介護支援業者（186事業所対象，うち176事業所回答）を対象にして行ったサービス利用者の実態についての調査結果の一部である。「必要であるにも関わらず，サービスの利用を控えている理由」のうち，もっとも多いのは「経済的な理由で差し控えている」という項目であり，その割合は66.7％を占める。その人の経済水準によってサービス利用の可否が大きく規定されている。

　このように自己負担能力が要介護高齢者の介護水準を規定していく社会に

なったとき，不利な立場に立たされるのはどのような人たちであろうか。男女を問わず低所得者層であることは明らかである。富裕な層に比べて家族関係も稀薄なことが多い低所得者層では，近親者からの経済的援助も得られにくい。そして，性別でみると，このような苦境に陥りやすいのは女性高齢者の方である。男性は妻による家族介護を受ける可能性が高く，さらに，市場化された介護サービスを購入する場合でも，女性高齢者に比べて経済的条件に恵まれている。『国民生活基礎調査』（1999年）によれば70歳以上の高齢者一人あたり平均所得は男性単独世帯で304.5万円，女性単独世帯167.1万円である。これまで家族の庇護のもとにあった高齢者が個人として外部の市場原理の支配する社会に投げ込まれたとき，不利益を被るのは性別役割分担によって無償で家事・育児・介護労働を担ってきた女性たちである。配偶者間介護を受けることができる確率の低さ，介護サービスを購入する経済的基盤の脆弱さ，この2つの点でハンディを男性より多く背負っている女性高齢者が要介護高齢者のなかでも多数を占める形で，今後の介護問題は深化していく。今後こうした女性たちのなかから，自前で介護サービスを購入することができず生活保護世帯に陥り福祉の対象とされる人たちが続出していくだろう。

　現在既に生起しつつあるこうした問題は，団塊の世代が介護を受ける頃にはどのように変化していくだろうか。さらに，問題は深刻化していくにちがいない。なぜなら，高齢化が進み高齢者人口が増えれば増えるほど，高齢者を「弱者」として保護の対象とする見方は後退し，高齢者自身の自己負担が要求される社会になっていく。そうした社会になったとき，高度経済成長期のなか「男は仕事，女は家庭」という性別役割観に基づいて専業主婦となった女性たちが他の世代より多い現在の中高年世代こそ，そのことによって不利益を被る可能性がありえるからである。確かに，現状では専業主婦優遇の年金制度のもとで一定程度の保護がなされている。しかし，高齢化の進展とともに個人単位の年金制度に切り替えられ，現在の高齢女性が受けているほどの保護さえ失われかねない不確定部分が孕まれている。アメリカやイギリ

ス社会において，1980年代以降，女性が福祉の担い手としてさらにはその対象となる傾向が増大し続け，その現象が「女性化する福祉社会」として社会問題化されている。今後，高齢者介護の局面において日本でもこの問題が顕在化していくに違いない。

5　おわりに

ここまでは第1次ベビーブーマーである団塊の世代までが介護問題を抱える近未来を中心に述べてきた。それは決して明るい予測ではなかった。しかし，第2次ベビーブーマー世代が高齢期に達する21世紀半ば頃には，日本の介護問題は上の世代の問題よりもっと深刻でもっと悲惨なものとなっていきかねない。なぜなら，先にも述べたように少子世代では生涯シングルのまま過ごす人，さらに結婚しても離婚するだろう人が人口の何割かを占めるようになるだろう。「自己実現」追求的生き方の帰結として，家族基盤という点では，親の世代より底の浅い基盤に立たざるを得ないのがこの世代である。さらに，この世代が親の世代と決定的に異なるのは，親世代が終身雇用システムのもと年金制度もある程度保証された部分を持つのに対して，これからの時代，そのシステムも維持されずこれまでとは異なった雇用システムにシフトしていく可能性が高い。既にそうした変化は若年層において男女を問わず派遣労働者，フリーターという形の働き方をする人が増えていることからもうかがわれる。

そうしたなかどのような状況が起こるか。とりあえずの近未来には「福祉社会の女性化」という形で女性の貧困問題が社会的に可視化されていくだろうが，少子世代になると女性のみならず前半生の人生において家族形成をしなかったシングル男性の介護問題，さらに不安定雇用で財の蓄積ができなかった男性の介護費用負担の問題という形で，団塊の世代以上に問題は深刻さの度合いを深めていくであろう。なぜなら，未婚者が増えるなかでシングル

率が高いのは低所得者層の男性，高所得者層の女性という構図がみられるからである。

　そのような社会にしないためにはどうすればいいのか。性別によって不利益を被らない男女平等社会を構築する必要と共に，介護という社会領域を市場原理に任せず，低所得者層であっても税金によって人間らしい最期を保障する社会の構築である。そして，そうした社会が構築されるためには介護問題を現在既に高齢に達している人たちにとっての問題，介護を担う女性の問題という風に他人事として考えず，老若男女が世代を越え自分の問題として考え行動することが重要である。

参考文献
大本圭野［1988］「寝たきり老人の在宅介護と家計構造」『季刊社会保障研究』第 24 巻第 2 号。
落合恵美子［1997］『21 世紀家族へ』有斐閣。
春日キスヨ［2001］『介護問題の社会学』岩波書店。
ギデンズ，A［1995］『親密性の変容』松尾精文・松川昭子訳，而立書房。
宮本美智子・岩上真珠・山田昌弘［1997］『未婚化社会の親子関係』有斐閣。

　　　　　　　　　　　　　　　　　　　　　　　　　（春日キスヨ）

第III部

政策・制度・組織

Ⅲ-1

行政施策──地方自治体による超高齢社会への対応

1　はじめに

　高齢化への対応として,これまでにも増して,公共的な施策が欠かせなくなった。それに応じて,現場でのサービスを担当する市町村,つまり基礎自治体による行政的な関与も,いっそう大きくなっている。

　高齢者の増大は,一様に高齢者が多くなることではない。さまざまな高齢者がそれぞれ多くなることである。身体の衰えの少ない,いつまでも若々しいと形容されるような健常者から,痴呆になって日常生活さえ維持できないような人たちまでがおり,またその中間には病弱な人や寝たきりの人たちがいる。さらに経済的な視点からも,余裕のある人たちから,年金さえ受給できない人たち,極貧に近い人たちまで千差万別である。

　公共の,とくに行政の立場からは,それぞれをできる限り均等に平準化すること,つまり,さまざまな高齢者をそれぞれ公正に公平に,その人たちの生活を維持し支えることが,超高齢社会のなかでは施策の中心に位置づけられる。高齢者に向けられる行政施策は,生き甲斐や就労対策など多岐に及んでいるが,その一部は疑いなくこの平準化のためのものである。今後いっそう階層的な分化が深まれば,このことの施策的な意義はいっそう大きくなる。介護保険の導入も,基本的にはこのような考え方に支えられなければならない。

　しかし他方では,少ない行政資源という限界がある。これはいつの時代,いつの社会であるかを問わない。公的に提供するための資源には限りがある

のが当然である。しかし超高齢社会では，これがいっそう深刻な与件となる。高齢者が多く，それを支える労働力の少ないことは否が応でも，限りある資源をさらに限りのあるものにしてしまうのである。さらに今，いわゆるバブルの後始末として財政が逼迫し，高齢者のために持ち越されるべき資源さえ底を尽きかけている。事態は深刻であると言ってよい。

2　行政の対応

　施策の限界は当然承知すべきこととして，ではその枠組みのなかで行政はどのような施策を展開するべきであるのか。少ない資源，そしてさらに少なくなるとされる資源をどのように有効活用するべきか。これは，中央政府というよりも地方政府，それも都道府県よりも個々の市町村，つまり基礎自治体が対応すべき施策の課題である。地方分権化が進行すればするほど，サービス現場である高齢者の多い地域をどのように経営するかという問題と連動してくる。基礎自治体の施策の質，そして能力が問われることになるのは疑いないであろう。

　1989年の「高齢者保健福祉推進十か年戦略」いわゆるゴールドプランによって，本格的な，そして一貫した施策として，行政が高齢化にどのように対処すべきかの方向づけが試みられることになった。さらにその翌年の1990年には老人福祉法が改正されて，基礎自治体の役割が積極的に位置づけられるようになった。同時に，それぞれの基礎自治体では，老人保健福祉計画の策定が義務づけられ，とくに在宅福祉サービスについては，その拡充を積極的に推進して行かざるを得なくなった。さらにその後，「21世紀福祉ビジョン」によって新ゴールドプランが決定され，実施されることになった。

　これらの経過は，基礎自治体が否応なく高齢化に向けて対策の最前線に立つようになったことを意味している。1989年の福祉関係3審議会合同企画分科会の意見具申には，明確に市町村の役割が記載されている。高齢者に対

する基礎自治体によるサービスが，将来の社会の存続に大きな意味を持つことになったのである。したがって行政が，高齢化への対策，少なくともその施策立案については決定的に重要な働きをするようになったと考えなければならない。山本［2002］によれば，以上の経過の中で，「市町村中心の福祉分権の時代が到来した」（p. 24），そして市町村が「高齢者保健福祉事業の第一義的責任を担うことになった」（p. 25）のである。地方分権も地方行革も，それに関わるほとんどの議論が，高齢化された社会における施策と表裏一体でなければならない。介護保険も，地方分権の文脈の中にある。それだけに施策の整合性が，今後いっそう精緻に問われることになる。そして整合的であるためには，高齢化に内包される行政的な問題がどのようであるか，あり得るかを，それぞれの市町村は熟知しなければならなくなったのである。

以下では，その論点を3つにまとめ，整理を試みる。その議論の背後にある前提は，基礎自治体が，今後の超高齢社会にいっそう深い，しかも幅広い関与をしなければならないという状況と，他方での，その資源の枯渇もまた厳しく認識しなければならないという事情である。

3　論点1：コストを考える

1つ目の論点は，語弊はあろうが，高齢者は社会に負荷するコストを大きくするということである。そのことを前提にさまざまな施策が展開されなければならない。行政において近年，あらゆる施策に該当することであるが，コストが重視されるようになった。それを必要以上に多くしない，たとえ過剰になってもできるだけ抑える，コストを少なくできなければ他に転化することもあり得る，という論法で，さまざまに工夫がなされるべきであるという。これは，ニュー・パブリック・マネジメント（大住［1999］［2002］など）として喧伝されている。しかし，それでも行政としては公平や公正という価値を捨てることはできない。

高齢者に対する施策も同じである。高齢者によって負荷されるコストを少なくすることは間違いなく必要である。慢性疾患の予防，定期検診などの保健活動は，その重要な一翼を担っている。病気になっても，それをリハビリテーションなどで通常の状態に復帰させること，身の回りのことぐらいは自分でできるようにすれば，コストは少なくなる。効果は厳密には測定されていないが，高齢者専用の無料パスなどは，少しでも外出を促すことで健康の維持を図ろうというのである。ゲートボールなどの屋外活動の推奨も同様である。これらの活動の企画や開催などに，行政が直接関わることもあれば，間接的に支援することもある。

さらに高齢者を労働力として活用するための方途を考えることもある。高齢者の就業促進も，広い意味でコストを避けることに大きく寄与している。継続雇用や再雇用などの施策によって，高齢者でも雇用の機会を提供されればまだ働けることが多く，それだけで健康が維持され，しかも労働力として位置づけられれば，全体社会にとって意義のあることである。ただし，適職とは何か，能力と適性のマッチングなどについては，まだ知見の不足は否めない（田尾他 [2001]）。行政の施策との関連も今後の課題である。

しかし，もし寝たきりになれば，その介護をどうするのか，コストの最適化はどのようにすれば可能であろうか。介護保険が導入され，そのコストが保険によって賄えるようになったが，これは自己負担分があるように，その人自身も高齢者としての生活に支障を来した場合，応分の負担のあることを意味している。最低限の生活は，この制度によってすべての高齢者に保障されている。行政はこの半分を負担することになるが，この仕組みを維持することがその大きな役割である。措置によるサービスに比べると，実質的なマネジメントはむしろ大きくなったと言ってよいであろう。

コスト低減に関して言えば，逆説的であるが，むしろ市町村の役割は大きくなっている。というのは，その多くが基礎自治体の直営方式から民間サービスに移行したからである。つまり，シルバー産業の勃興と相俟って，高齢者は企業的なサービスを提供されるようになった。高齢者による応分負担で，

よりいっそうの豊かさを享受できるようなこともある。しかしこのことは視点を変えれば，高齢者の生活様式の極端な分化，階層分化を招来する，つまり，豊かな高齢者と，そうではない，むしろ極貧の高齢者という階層分化が進展することの予兆と見なすこともできなくはない。それを阻止できる，あるいはモデルを提示することで平準化を行えるのは，行政でなければならない。介護のシステム全体を監視するのは，行政の，基礎自治体の役割である。これは，基礎自治体の政策官庁化という議論と重なっている。

追加的に言えば，地方分権といい地方行革といい，さまざまな日常的サービス管理は，基礎自治体の仕事になりつつある。この方向は福祉関連8法の改定以来，あるいはそれ以前からの流れとも言えるが，基礎自治体は直営事業を減らしながらも，システムの維持強化に果たす役割はいっそう大きくなり，高齢者サービスの中軸的な役割を担おうとしている。なおのこと施策の展開において，基礎自治体にモデル構築の役割が期待されるのである。

しかし他方で，生き甲斐や就労施策などは民間でもでき，委託や民営化によって対処できる，その方が効率的という考え方もある。また，私的なセクターに委ねる方が，高齢者の活性化を促すという意見もある。高齢者によるコストを低減したいというのであれば，大胆に施策の転換を考えるべきところもある。自助・共助・公助などが言われるようになったのも，行政のコスト削減という意図と重なり合うものである。そのシステム設計が，行政の役割であり，さらにまた政策官庁化の方向と重なるのである。

4　論点2：システムを考える

2つ目の論点は，行政は超高齢社会に耐えるシステムを備えなければならないということである。サービスはシステムによって提供される。高齢者に対しても同様である。そのシステムが機能的であるかどうかは避けられない論点である。有効なシステムを構築しなければならず，それは基礎自治体の

施策展開の中心とも言うべきところである。

そのシステムは大きく分けて，以下のような4つの分野をサブシステムとして考えることができる。なお，この区分は内閣府の平成13年版『高齢社会白書』[2001]によっている。

(1) 就業・所得

高齢者を労働力として位置づけるかどうかについては異論がなくはないが，年金支給年齢の引き上げなどが施策として議論されるようになり，しかも労働力人口が急速に減少するという事情を鑑みれば，高齢者の就労を積極的に推進せざるを得なくなる。実際，年金支給の方法の変更で，高齢者の就労意欲は大きくなるという指摘もある。しかし，他方では，加齢に応じた職業，ないしは作業は多くはないとの指摘もある。適性とのマッチングで，解決されないことは多い（田尾他[2001]）。シルバー人材センターなども，一時しのぎの雇用対策でしかないという考えもある。広範でしかも抜本的な就労対策が要るようである。

(2) 健康・福祉

高齢者は，エイジングとも言われるが，心身の衰えが加齢によって顕著になり，自立的な生活が困難になる。極端な場合，痴呆などが進行する。それを阻止するために，あるいは緩やかに進行させるために，医療や福祉などの施策が動員される。しかし，すでに述べたが，高齢化は一様ではないために，個人的な差違に配慮した施策的な工夫が望まれる。寝たきりにならないために，一人暮らしを支援する，健康な生活の維持，スポーツや趣味，さらに働き甲斐のような，高齢者一人一人がそれぞれ，健康や福祉の必要について立場を相違する。それらを統一した施策がなければならない。また，介護サービスが現今，基礎自治体の高齢化問題に関わる大きな課題となっているが，施設・在宅のサービスについて，医療と福祉の障壁を除去することも，自治体の施策としてなおいっそう重要である。

(3) 学習・社会参加

高齢者は，その社会的な能力の衰退のため，家族や近隣の社会的なネット

ワークから隔離されやすくなる。その結果として生き甲斐を失う。それを快復し、さらに社会の一員として社会的に有意義な活動に参加できるようにするためには、生涯学習やボランティア活動などの機会を増やすような施策が望まれる。老人クラブなど地域に密着した活動を支援することも含まれる。

(4) 生活環境

高齢者が住みやすいまちづくりが中心的な課題になるであろう。バリアフリーの駅や歩行路などに変更すること、さらに自立を促すような住居、介護しやすい住居など細かな配慮が必要になる。

しかし、以上(1)〜(4)のそれぞれの領域は、縦割り行政の弊害によって、個別の領域として扱われ、機能的に統合された施策が推進されているとは言い難い。地域保健福祉計画の策定以来、地方自治体では多くの場合、民生関係の部局が高齢者への施策を担当するか、高齢者対策室あるいは特別のプロジェクト・チームのようなアドホックな部門を設置している。施策の多くは、そこで検討されている。それでも、就業や所得に関する経済的なことがらは別の部門が担当したり、おもに弱者としての高齢者への対応施策が練られるので、健康な高齢者の、とくに就業などの問題は、守備範囲でないとされることもある。それだけではなく、福祉関連のサービスは社会福祉協議会との役割分担なども明確ではなかったりすることもある。

それぞれの自治体は基本構想や基本計画によって、大筋の将来に向けての展望を描き、またそれをそれぞれの施策に活かすように努力を重ねているが、限界も指摘される。もっとも肝心の問題点は施策に体系性がみられないことである。しかも当面は、施策が体系的に完璧に整備されることはないであろう。というのは、それぞれが大きな課題を内包しているからである。縦割り行政に大きな原因があるとしてもその解消だけで解決できるようなことではない。担当部局を統合することだけで体系的になるというわけではない。高齢者問題はそれぞれが高度の専門的な知識を必要とするプロフェッショナルの動員を前提にして成り立つ世界である。しかも、たとえば高齢者に何が適職であるのかさえ、知見の集積が十分ではない。いたずらに統合を図れば、

目先の利害だけを追い求めて，底の浅いサービスしか提供できないことになる。

　それよりも超高齢社会についての考え方の合意形成に，行政は，とくに基礎自治体は関わるべきである。高齢者は社会的に無能であるという雰囲気が醸成されると，姥捨て山の気分ができやすい。それを払拭するだけではなく，さらに高齢者を社会的に活用するような施策の工夫が要るということである。

　前述のように近年，高年齢者対策課，あるいは対策室のようなプロジェクト・チームを設ける自治体がほとんどになったが，それでも高齢者への施策は基礎自治体の最大の課題になりつつある。とくに近年は，介護保険を軌道に乗せることが行政におけるもっとも重要な政策的な課題であったが，今後は行政としてはそれを軸にしながらも単なる介護の問題を超えて，高齢者の多い地域社会をいかに維持するかという問題に包括的に関わらざるを得なくなる。個々の施策ではなく，それぞれがどのように有機的に連結するかを地方自治体として工夫することである。しかし依然として，基礎自治体としては，いわゆる縦割り行政の弊害で，個々の施策として考えられる傾向にある。障碍が多くても，統合へのシステム的なサービス提供の工夫は断念すべきではない。

　なぜ統合が欠かせないのか。いうまでもなくコストの節減の問題がある。また，寝たきりにしない，寝かせきりにしない，さらにはいつまでも健康を持続させるというのは，さまざまな施策を連結させることで初めて可能となる。健康であることをできるだけ持続させるためには，予備的，さらに言えば予防的な施策対応が迫られることになる。そのためには，いくつもの部署，いくつもの施策を機能的に結びつけることである。高齢者対策がプロジェクト的になるのは自然の成り行きであるが，その成り行きをどのように有効なシステムとするかは個々の基礎自治体の大きな課題であろう。

5　論点3：新しい資源を考える

　第3の論点としては，行政は新しい資源を発掘する，あるいはそれを支援するような施策を推進しなければならないということである。

　公私の役割分担に関する議論が，近年盛んである。行政が提供できるサービスは多くはない。かつての福祉国家論に代表される大きな政府の，いわゆるバラまき行政は批判され，その限界を指摘されている。いや，それどころではなく，すでにサービス資源が切迫し枯渇の一歩手前にある。超高齢社会は，労働力人口が少なくなって，租税収入が少なくなる。悲観的になれば，企業のグローバルな競争力も衰えて，法人税なども減少に向かうかもしれない。

　そのような状況の中で，行政のサービス提供の関与を限定的に再構築しようというのである。極端に言えば，公共的であるとだれもが承知し，しかも日々の必需なサービスのみを残して，残余は（それはさまざまで一概にまとめることはできないが）少しでも行政以外に委託したり民間の企業に委ねてしまう（民間委託や民営化など）という変化がすでに深く進行しつつある。

　高齢者に関するサービスは，それぞれその高齢者の私益に供するようなものが多く，公益であると理論的に整理できなければ，行政が提供すべきサービスとしては，重要な地位を得られることはないかもしれない。実際，いわゆる NPO やボランティア活動に対する補助や支援に切り換えて，行政が直接関わらない方向に切り換えられつつある。加えて言えば，行政だけでまかなえるサービスは少なくなりつつある。多くのものはネットワーク的に調達せざるを得ない。野上［1995］などは，高齢者福祉政策のための基礎自治体内外のネットワークの構築の必要性を説いている。ということは，すでに述べたが，公助だけではなく共助や自助の仕掛けを，高齢者へのサービスには組み込む必要がある。市民参加やパートナーシップによるシステムの再構築，さらには新しい資源の発掘である。これは公共と行政の新しい関係の定義と

も重なっている。行政は日々の公共サービスのごく一部にしか関わることがない。

　おそらく行政が高齢者のためにサービス・メニューを完璧に提示することはまずあり得ないことであろう。まず余裕がない。ニュー・パブリック・マネジメントなどで，直接的サービス分野は今後大きく制約を受ける。公私分担の議論を敷衍すれば，行政の役割としては，現場現業的な業務は順序が下位にランクされることであろう。民間委託や民営化，さらにはまったくの私企業の参入によって，低コストで提供が可能になるからである。したがって，基礎自治体の全体的なデザイン構築への関与はあっても，直接的に関わる仕事ではなくなる。またさらに，それ以前に，行政，この場合とくに地方自治体は，財政的に行き詰まり，それどころではなくなるという構図を描くことになる。まず地方自治体を経営体として健全にしなければならない。そしてそれと並行しながら近未来の社会に備えなければならないのである。

　いわゆるNPOやボランティア活動を支援するというのは，新しい資源の発掘に対応する施策である。市民参加とは，ボランティア活動やNPOなどの活動を経て，行政における意思決定への市民の参加を意味するが，他方で市民が応分の負担を負うことを意味している。行政の不足するであろう資源を自らが補うために，市民参加はあると考えなければならない。その延長線上にパートナーシップがあるということであるが，市民と行政が対等に向かい合うということは実際には難しいことで，さまざまな実例が示唆していることは，市民と行政が危機感を共有しあうことではじめて協働が成り立つということである（田尾［1999］）。高齢者が多くなって地域社会の存続が危ぶまれるような事態に至れば，行政は真剣にパートナーシップを考えざるを得ないであろうし，市民もそれに応じることになるであろう。

　危機が深刻になる，あるいはそれを予知せざるを得なくなるほど，公助には限界が見えるようになり，自助や共助に依存する度合いが大きくなる。再度繰り返すが，自助・共助・公助のバランスが重要になる。またこれも再度の議論になるが，セルフヘルプを考えざるを得ない。それを行政がどのよう

に支援するかである。高齢者が多くなる社会は,彼らが病弱や一人暮らしなど高コストの人たちであるほど,社会の安定のために彼らを取り込まざるを得なくなる。彼らを中心に,公共の領域はいっそう拡大すると考えられる。しかし他方,行政が提供できる資源には限界がある。このギャップを埋めることが施策的に重要になる。

そのためには,当事者負担が相応の考えにならざるを得ない。つまり,サービスの提供者とその受給者が重なることであり,高齢者が相互に助け合うシステムである。そして行政が,これを支援できる枠組みを構築することである。その環境を醸成することも欠かせないが,さまざまな場所の提供など物理的な支援,また資金的な支援もその役割の一部になるであろう。公助とのバランスを政策的に位置づけることは,行政にしかできないことである。

6 行政の果たすべきこととは

さまざまな施策を,全体的な視座から総体として鳥瞰するのは,行政の基本的な仕事である。行政による支え,支援がなければ,超高齢社会は成り立たない。コスト節減といい,自助・共助・公助といい,さらに公私の役割分担といい,行政が超高齢社会の議論から撤退することはあり得ない。現場のサービスではその役割を縮小させても,肝心ともいうべきところでは,むしろその存在を大きくすることになる。ではどのような論点からそれが議論されるのか。

武川［2001］によれば,それは福祉国家と福祉社会の協働ということになる。とくに「健康・福祉サービスの場合,通常の私的財と同じような市場を期待することは困難だから」「公共部門の支えなしに社会サービスの市場が自立的に存在することはあり得ない」(ともに p.13)。さらに「その拡大が期待されている民間非営利部門の場合,それが一定の規模に達するためには,公共部門による条件整備が必要である」(p.13)。

行政は超高齢社会に向けて，多様なニーズ，多様な施策を，いわば交通整理する役割を担うことになる。武川の指摘に従えば，公共部門には3つの役割が期待される（武川［2001］pp. 21-23）。この場合，公共というのは行政の役割と重なっている。1つはコーディネーターである。つまり，調整的な役割を担うことになる。超高齢社会は社会の成熟と並行しており，その社会ではあらゆる社会的なパワーが影響力を競うことになる。それを秩序化することが公共部門，さらに行政の役割である。

　次はイネイブラーである。つまり，利用者に力を与えること（エンパワーメント）である。超高齢社会の構成員は，パワーの保持者だけではない。むしろ弱者を多く抱えることになる。とくに高齢者は，障害をもつほどその立場に貶められやすくなる。そのような社会集団に対して，パワーを賦与する働きである。民間業者がその領域で活動を深めるほど，それへの対抗的な役割が期待されるということもある。

　最後にプロバイダーの役割である。つまり，サービスを提供する役割である。民間委託，民営化やいわゆる第三セクターの設置などで，行政が直接的に提供者の役割を果たすことは少なくなったとされるが，それにも関わらず，市場原理のまったく機能しないところでのサービス提供や，よりよいモデルを提供する役割などは残されなければならない。

　以上，公共の3つの役割の延長上に，今後の社会で大きくなることが危惧される格差を是正して，超高齢社会の安定に努めなければならない。たとえば，いわゆる「足による投票」と言われるものがある。サービスの受け手が送り手を選別することである。選別するだけの力量を市民が得るかどうかについては異論も多いが，いくつかの行政サービスの領域では，その質について近隣の地方自治体の間で，いわゆる自治体間競争が繰り広げられるという予想がある。すでに介護保険については，徴収される額について，微妙ながら差ができ始め，さらに，余裕のある自治体で，上乗せ横出しのサービスが追加されるようになった。サービスのより上質の自治体に移り住むようなことになるかもしれない。その場合，より経済的に恵まれた上層の人たちが去

り，その地域は行政がいっそう負担に悩むようなところになるということもなくはない。

　超高齢社会は，大げさではなく，これまでには考えられなかった，貧富の差を生じさせる可能性がある。老化そのものが非常に個人差の大きい生理現象である。老い込むのが早い人，いつまでも働ける人の個人差がまずある。それに加えて，元気でないどころか，早くから痴呆が出る，そして日常生活さえままならない，しかも家族がいない，貧困な老人がいるようなこともある。それは決して少ない数ではない。高齢者人口が増えるとともに絶対数は多くなる。年金でゆとりのある老後の生活ができる人，その蓄えがなくて日々の生活に困窮する人などの，その格差は拡大する一方であろう。

　個人的な格差をどのように，どこまで縮めることができるのか，また財政的な問題を含めて，高齢者に対するサービスの地域間格差をいかにして少なくすることができるのかは，今後の問題である。地方自治体の行財政改革や地方分権との関係で，さらにいっそう深化した議論が求められることになるであろう。現時点では高齢者対応の行政施策は，基礎自治体の間で基本的にそれほどのばらつきがあるわけではない。老人という生理的に衰微しつつある人たちへの公的な対応は，メニューとしてはすでに出そろっていると言ってよい。介護保険のような，批判はあろうが，とにもかくにも参照すべき枠組みは提示された。いわば知恵としては出尽くしたのである。財政的な問題は深刻であろうが，今後はシステムとして整備し，組み合わせて，それを行政として十分後押しできるかどうか，ということが焦点である。その成り行き次第では，基礎自治体の正当性が問われるようなこともあり得ないことではない。

参考文献
京極高宣・武川正吾編［2001］『高齢社会の福祉サービス』東京大学出版会。
内閣府編［2001］『高齢社会白書　平成13年版』財務省印刷局。
野上文夫［1995］『高齢者福祉政策と実践の展開』中央法規出版。
田尾雅夫［1999］「市民と行政のパートナーシップ」，水口憲人・北原鉄也・真渕勝編『変

化をどう説明するか』木鐸社。
田尾雅夫・高木浩人・石田正浩・益田圭［2001］『高齢者就労の社会心理学』ナカニシヤ出版。
大住荘四郎［1999］『ニュー・パブリック・マネジメント――理念・ビジョン・戦略』日本評論社。
大住荘四郎［2002］『パブリック・マネジメント――戦略行政への理論と実践』日本評論社。
山本恵子［2002］『行財政からみた高齢者福祉』法律文化社。

（田尾雅夫）

III-2

保険・年金・医療・介護制度

1　はじめに――制度理解の必要性

　日本の社会保障制度は，ここ数十年，「あまりにも」と言ってよいほどのたびたびの変化にさらされてきた。この度重なる制度の変更で，人々はこれに対する信頼を失ってしまった。もちろん，この制度変更の背後には，数多くの「予期せぬ」事態があったことは否定できない。少子化の進展は，多くの国民のみならず，政府にさえ予期することが難しかったであろう。数多くの政策の失敗があったとはいえ，経済成長率の急速な低下も，予測が難しかったと言える。

　この過去を振り返ると，そろそろ人々も，政府と自分自身である個人とのどちらが予測能力を持つのかを，自問すべき時が来ているかも知れない。順調な経済成長の下で，極端に言えば，どんな経済政策をやってもうまくいった時代があったために，国民は，政府に過大な期待を抱くようになってしまったようである。そこで，後に述べるように，「民間の活力」を活かす社会への移行を促す意見も少なくなく，その見解が当を得ているようにも見える。

　しかしながら同時に，人々は，個人が政府に比べて圧倒的に弱い存在であることもよく知っている。そして幸いなことに，政府は，原理的には自分たちで選べるのだ，という淡い期待も持っている。選挙を通して「賢明な政策」を行う政府を選びたいという願望を持ち続けている。もちろん人々は政府にあまり過大な期待を抱くべきではない。民主主義が次のような欠陥を持つことは，情報化の進展に伴って，ますます明白になっている。すなわち，

時の政治権力が，選挙での得票目当てに目先の利益を過大に追求するという宿命である。たとえば，社会保障制度が，「ばらまき行政」に偏したと言っては言い過ぎだろうか。そしていまでも，社会保障政策は，必ずしも先を見通す能力を十分持つとは思えない人々によって，国民を不安に陥れる方向へ向かうかにも見える。

だからといって，民主主義に代わる政体を求めることはできないであろう。この政治制度の良さは，それを失った時に初めてわかるものであり，これを否定する見解に与すべきではない。だとすれば，国民が賢明になるしかない。情報化の進展，特にマスメディアの発展は，ときには国民を混乱に陥れる可能性を持つとともに，賢明さを高める可能性も秘めている。以下では，その可能性に賭けて，年金，医療，介護などを中心とする社会保障制度の仕組みを，可能な限り「専門用語（テクニカル・ターム）」を用いないで解説することを試みたい。幅広い国民が賢明になるためには，本来，社会保障制度が，どのような目的で設計されているのかを理解することが第一歩だからである。

この制度は，言うまでもなく，高齢者のみが関心を抱くべきものではないが，より密接な関わりのある人々は，高齢者である。しかしながら，単に高齢者にとっての利害という観点からのみ考慮すべき問題ではなく，次の世代との関わりでも考えなければならない制度である。そこで以下では，若年者と高年齢者とのバランスをいかに図るかという観点も重視しながら議論を進めることにする。

2 社会保障の給付と負担について

議論を進めるに先立ち，基礎知識として，国民にとっての社会保障給付と負担の現状とその解釈，および今後の見通しを見ておこう。国民の税や社会保障に対する負担状況を知るための指標として，「国民負担率」という概念がしばしば用いられる。これは，租税と社会保障のための国民全体での負担

第Ⅲ部　政策・制度・組織

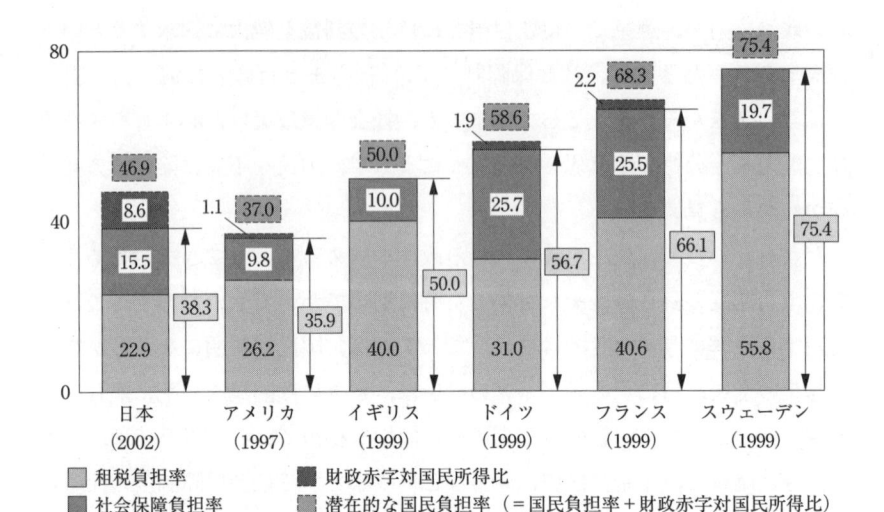

図Ⅲ-2-1　国民負担率の国際比較（％）

	日本(2002)	アメリカ(1997)	イギリス(1999)	ドイツ(1999)	フランス(1999)	スウェーデン(1999)
租税負担率	22.9	26.2	40.0	31.0	40.6	55.8
社会保障負担率	15.5	9.8	10.0	25.7	25.5	19.7
国民負担率	38.3	35.9	50.0	56.7	66.1	75.4
財政赤字対国民所得比	8.6	1.1	—	1.9	2.2	—
潜在的な国民負担率	46.9	37.0	50.0	58.6	68.3	75.4

注：1．日本は年度ベース見込み。諸外国は暦年ベース実績。
　　2．財政赤字の対国民所得比は，日本，アメリカについては一般政府から社会保障基金を除いたベース，その他の国は一般政府ベースである。なお，潜在的国民負担である国及び地方の財政赤字は，平成14年度（予算ベース）対国民所得比で約8.6％となっている。
出所：財務省調べ（財務省ホームページに掲載）

額を国民所得で割ったものである。

　この指標に関しては，国民所得との対比ではなく，GDPとの対比を見るべきであるという見解もある。実際，対GDP比のほうがより適切であるが，ここではその違いを詳しく述べることは割愛する。ただし，社会保障規模と日本経済全体との関連を見るための以下の議論のためには，それほど大きな誤差ではないので，政府の示す数値にしたがって，対国民所得比で見ることにする。図Ⅲ-2-1に示すように，2002年度予算で見ると，日本のこの値は38.3％となっている。ただし，後に示すように，日本の社会保障のための給付は税からもかなり投入されているので，ここでの税負担と社会保障負担の構成は正確ではない。

　また，社会保障の負担などは，かなりの赤字財政によって支えられており，

これは後の世代の負担となって跳ね返ってくるから，財務省は，「潜在的な国民負担率」という概念を用いて，この数値も合わせて図に示している。しかしながらいずれにせよ，アメリカを別とすれば，負担率は主要先進諸国に比べてかなり低い水準にとどまっている。

　図III-2-2は，このうちの社会保障負担の構成と，その値の今後の見通しである。この図と図III-2-1を見比べればわかるように，2002年度で，社会保障のための負担は，税から投入される分を含めて，22.5％となっている。そして厚生労働省の見通しによれば，2025年度には，この値は32.5％になるとされている。ほぼ10％上昇するわけである。その他の租税負担率に変化がないとすれば，図III-2-2の注で想定されている社会保障以外の支出の租税負担率約20％と合わせて，約52.5％となることになる。単純に言えば，これは平均的な国民の所得をたとえば1,000万円であるとすれば，そのうち525万円が，租税や社会保障のための負担として徴収されることを意味する。

　そこで政府などは，国民の勤労意欲などが低下することをおそれて，何とかこれを50％以下に抑制したいと考えている。ただ注意したいのは，図III-2-1に示したように，スウェーデン，フランス，ドイツなど多くの国々が，すでに50％を上回っている点である。そしてこれらの国々の国民の勤労意欲は，他の国々と比べてさほど低下しているとは思えない。この数値の持つ意味は，おそらく政府の財政政策に対する信頼度が影響するものと思われる。国民が，自分たち自身でこの決定に参加できるという信頼感があれば，国民負担率が高くてもそれほど深刻ではないのである。

　しかも，この厚生労働省の予測値は，注意深く読みとる必要がある。図III-2-2の脚注に，算定根拠が示されているが，老人医療費が，今後もこのような伸び率で伸びていくかどうかに関して疑問がある。医療費を構成する中身の半分が人件費であるので，経済成長率が鈍化ないしマイナスに転ずれば，この値はかなり低くなる可能性がある。

　他方，国民がより密接に社会保障のあり方に関与できない政治システムの

172　第Ⅲ部　政策・制度・組織

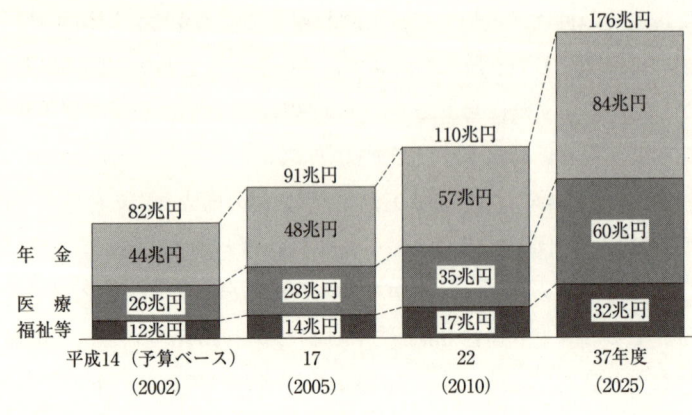

	平成14（予算ベース） (2002)	17 (2005)	22 (2010)	37年度 (2025)
年金	44兆円	48兆円	57兆円	84兆円
医療	26兆円	28兆円	35兆円	60兆円
福祉等	12兆円	14兆円	17兆円	32兆円
合計	82兆円	91兆円	110兆円	176兆円

（対NI比）

社会保障に係る負担	22.5%	23%	25%	32.5%
保険料負担	16%	15.5%	17%	22%
公費負担	6.5%	7.5%	8%	10.5%

注：仮に社会保障以外の支出に係る公費負担の対国民所得比が近年の水準（2割程度）で変化しないものとすれば，本推計においては，2025年度の国民負担率（国及び地方の財政赤字を含めない場合）は約52.5％程度となる。
出所：厚生労働省推計（平成14年5月）

〔推計の前提〕

(1) 経済前提	2007年度までについて， 　　名目賃金上昇率：年率　1.0% 　　物価上昇率：年率　0.0% 　　運用利回り：年率　2.5% 　　名目国民所得の伸び率：年率　1.0%　　に修正。
(2) 人口推計	国立社会保障・人口問題研究所『日本の将来推計人口』（平成14年1月推計）の中位推計による。
(3) 年金	平成11年財政再計算に上記の経済前提及び平成14年1月将来推計人口の影響を織り込んだ推計（現行制度）。
(4) 医療	平成14年度予算を足下とし，最近の1人当たり医療費の伸び（一般医療費2.1%，老人医療費3.2%　平成7～11年度実績平均）を前提に，人口変動（人口高齢化及び人口増減）及び今般の医療制度改革の影響を考慮して医療費を伸ばして推計。
(5) 福祉等	a．介護 平成14年度予算及び最近の認定者の状況を足下とし，サービス利用状況，最近の経済状況，賃金上昇率及び人口変動（人口高齢化及び人口増減）の影響を考慮して推計。 b．介護以外 人口や経済の伸び率を勘案して推計。

図Ⅲ-2-2　社会保障（現行制度）の給付と負担の見通し

もとでは，やはり国民負担率の持つ意味が重大である。特に少子・高齢化の進展するいま，下手をすると「世代間の対立」が激化するおそれがある。また，この負担率は，短期的には，経済成長率の動向に左右されるので，経済の動向との関連を注視することも重要である。後に説明するように，公的年金制度が賦課方式に近い仕組みを採用しているので，短期的には，経済成長率の低下は，負担率を高める方向に作用する。しばしば「経済成長」などなくてもいいのではないかという見解が示されるが，こと社会保障負担に関する限り，経済成長率の推移は，かなり重要な意味を持っていると言えよう。

3　社会保険制度と税による社会保障

　日本には，老後に備えての社会保障制度として，年金・医療・介護の各社会保険制度がある。このうち，医療保障制度は，もちろん高齢者のためのみの制度ではないが，後に見るように，もっとも多くの費用が高齢者に費やされるという意味で，「老後に備えて」という言い方は決して誇張ではない。

　さて，主要先進諸国の社会保障制度を概観すると，社会保険制度を中心とする制度と，税を中心とする制度とがあり，若干の特徴の違いがある。年金制度に関しては，社会保険制度が一般的であるが，医療・介護に関しては，北欧諸国，イギリスなどのように税を主たる財源とする国と，大部分の大陸ヨーロッパや日本のように社会保険料を主な財源とする国がある。

　税財源と社会保険財源の違いと言っても，どちらも国民が負担するのだから同じことのように思えるが，国民の意識の上ではその意味はかなり異なると考えた方がよい。社会保険制度の場合は，社会保険料を主たる財源とするわけであり，納める側からすれば，税の場合に比べてその使途が明確になっている点が異なる。税の場合は，あらかじめ社会保障のためと指定してそれが徴収されるわけではなく，他の使途にも向けられるので，具体的に誰がどの程度納めているかわかりにくいという問題点がある。他方で，社会保険料

の場合には，あらかじめ使途が明確であるがゆえに，人々は「負担と給付の関係」がわかりやすく，その結果として「損得勘定」をより考えがちになる。

　たとえば，公的年金制度は，大部分の国々で社会保険制度として運営されているが，この制度では，「多くを納めたものが多くの年金を受け取る」仕組みとなる。おそらく大部分の人々にとっては，これは当たり前と理解されているが，公的保障が社会保障制度なのであるから，同時に所得再分配機能も果たすことが望まれる。すなわち必ずしも多くを納めなくても，最低限の給付が受けられるような配慮が期待されている。

　しかし，この2つの仕組みの区分けが曖昧であるために，人々の公的年金制度に対する期待に，しばしばずれが生じる。「老後は国が最低限の生活を保障してくれるはずであるから」と期待して自分自身による備えを怠り，保険料を払わないものもいる。逆に，再分配という考え方に与しない人々は，公的年金の保険料を納めても，国はそれをほかの人々に流用するかも知れないと考えて，支払う意欲を失う。

　単純に考えれば，それなら所得再分配分は税金で調達し，社会保険料分は，純粋に本人の積み立てとして用いることにすればよいではないかという疑問が生じるかも知れないが，後に述べるように，話はそれほど簡単ではない。この点は後述するが，ポイントは将来の経済動向が誰にもわからないという点である。このことから問題が複雑になる。

　このように「多くを納めた人が多くを受け取る」という仕組みは，しばしば「応益原理」と言い，所得再分配機能を強調する場合には，「応能原理」にしたがうと言う。より厳密には，同じ税を財源とする場合でも，それが主に所得税か消費税かで，その応能の度合いは異なる。しかし年金制度の場合，保険料の方が応能の度合いが薄く，応益の度合いが濃いことは明らかである。

　ここまで述べれば，「応益負担というのであれば，何も政府が関わらなくてもよいのではないか。民間に委ねればよいのではないか」という疑問も生じよう。この疑問は根拠のない疑問とは言えない。しかしながら，同じ「応益負担」でも，もう1つの争点となっている要因により，公的な運営と民間

による運営は若干異なる。それは「積立方式」か「賦課方式」か，という選択の問題である。これは，社会全体として老後の備えを，あらかじめ積み立てておくか，それとも次の世代に負担を任せるかという問題である。個人の問題としてこの問題を考える際には，明らかに積立方式の方がよいように見えるが，社会全体の問題となると，必ずしも話は単純ではない。しかもこれは，年金だけでなく，医療・介護に関しても同じように考えるべき問題である。

以上述べた2つの争点，すなわち①応益原理か応能原理か，②積立方式か賦課方式か，という論点が，国民にとって明確でないことが，人々の，日本の社会保障制度に対する考え方に不安感を抱かせている可能性が高く，ひいては過大ともいえる貯蓄率，その結果としての不況の永続化をもたらしている可能性がある。以下では，この点に特に留意しながら，各保険制度の概要を見ていこう。

4　公的年金制度と自助努力──「リスク」の理解

人々は老後に備えて貯蓄をする。その動機はさまざまであるが，日本の社会には，資本主義社会の生成期に支配的となった寓話であるイソップ物語の「蟻とキリギリス」の話が，いまだに支配的な倫理観となっていると考えられる。しかしながら，もし，せっかく蓄えたものが，必ずしも安全に確保されないと言われれば，人々は何を信用していいのかわからなくなる。

しかしよく考えてみれば，たとえば30歳の若い人を想定して，その人が，70歳になる40年後という老後をどの程度的確に予測できるのだろうか。とても不可能であると考えるのが常識的であろう。では，こういう問題はいっさい考えないでおくのが賢明なのだろうか。あるいは，極端に不安感を持って，可能な限り「多い目に」蓄えておくのがいいのだろうか。

これはどちらも極端な発想である。将来が見通せないとしても，どのよう

な要因で将来が予測できないのかをもう少し解析しておくことが望ましい。これが,「リスクに備える」という発想である。そのさい有益なのは,まず次の2つのケースに分けて準備をすることである。第1は,日本全体が貧しくなるというケースであり,第2は,ほかの老人は豊かなのに,自分だけ貧しくなるというケースである。第1のケースはさらに3つに分けて,若い人々は豊かだが,高齢者全般だけが貧しいというケース（1-1）,高齢者だけは豊かだが,若い人々は貧しいという（1-2）,高齢者全般と若い人々が同じように豊かか貧しいかというケース（1-3）を想定してみよう。

まず第1のケースについては,（1-1）も（1-2）もあまり望ましくないから,何とか（1-3）になるような工夫が望ましい。もちろん,周りに影響されないという自信を確固として持てる人々は別であるが,「豊かさ」の認識は,よほどのことがない限り,周りの人たちの暮らし向きに影響されるから,こういった発想は有効である。

これは,年金について考える際だけでなく,医療や介護について考えるときも有益である。ただ,年金と違って,医療・介護の場合は少し様子が違う。医療技術が進歩して,大勢の人々が100歳まで生きられることになったときに,自分だけ80歳で死ななければならないとしたら口惜しいであろう。今や昔なら,ほぼ80歳まで生きられたら「天寿」を全うしたと思えるが,あるいは将来には,80歳まで生きるのは当たり前になるかも知れない。介護についても同様である。昔は,「老後はひっそりと暮らせば,それほどお金はかからない」と思っていたのに,寿命が延びたために,周りの人たちに余分の費用をかけてもらわなければならないのは,口惜しいと思う人も多い。こういったことが将来さらに拍車がかからないという保証はない。（1-3）が望ましいが,場合によっては（1-1）は避けたいと願う必要がある（多くの人々から介護を受ける状態を,「豊か」であると考えるのは,妙な表現に見えるかも知れないが,そういうときにこそ,「豊かさ」を実感できる社会にしたいものである）。

さて,いま第2のケースについては,後に考えるとして,このような第1

のケースでの不安をなくすにはどうしたらよいか。実は，現在改革が目指されている公的年金制度は，基本としてはほぼこのような方向を目指している。この問題は，「積立方式」か「賦課方式」か，という年金制度設計に関連している。「積立方式」というのは，将来の年金給付に必要な原資を，保険料であらかじめ積み立てておく方式であり，「賦課方式」はその時々の年金給付に必要な費用を，現役世代が納付する保険料でまかなう方式である。日本の年金制度は，これまで一定額の積立金を保有してきたが，次第にその額が，高齢者数の増加に比べて相対的に低下し，賦課方式に移行しつつある。

しかも，少子化が急速に進展し，支える世代が減少してきたために，将来の年金給付額を確保できるかどうかが危ぶまれている。こういった事態を打開するために，現在考慮されているのが，「給付建て」から「拠出建て」に次第に移行するという案である。給付建てというのは，給付額を予め確定しておいて，その額を維持するのに必要な保険料を計算し，保険料率を引き上げていくもので，これが従来取られていた方法である。拠出建てというのは，予め保険料率を一定に定めておき，これに応じて給付額を決定していく。

拠出建てに移行すれば，経済成長率の鈍化が続いた場合，以前に約束していた給付額の確保ができないが，若年勤労者の平均給与の一定割合を確保することはできる。このような移行には，もちろん異議を唱える人々もいる。これまで約束してきた給付額に変更を加えるからである。しかしながら，給付建てはそもそも右肩上がりの成長を前提とした制度であり，もし損得勘定で計算すれば，きわめて高い利子率（収益率）を提供してきたこの制度から，一刻も早く決別することが，今の制度に求められている。

このように見ていくと，日本全体が貧しくなるというリスクに対する備えは，ある程度，制度改革の方向性が示されている。高齢者と現役勤労者とのバランスを保つという発想を国民全員が持つことは，きわめて重要であり，過大な期待もできないが，極端に不安視する必要がないことがわかるであろう。問題は第2のケース，すなわち，老後に，他の人は比較的豊かに暮らしているのに，自分だけ貧しいということが起きないか，またそれに備えるに

はどうしたらよいかという問題である。

　最終的にはこの問題は，ある程度自助努力が重要であることは言うまでもないが，国民がより重大な関心を寄せるべき点は，たとえば，①自営業者，②女性，③何らかの事情で年金保険料を支払うことができなかった人々などが，どのように扱われるのかという問題である。そこで以下では，このような問題提起を踏まえて，2005年に予定されている，公的年金制度改革の見通しについてコメントを加えることにしよう。

　公的年金制度は，人口推計の改変のたびに，財政見通しの再計算が行われ，制度改革がなされてきた。次の財政再計算は2004年に行われる予定となっており，これに基づく改革に向けて，厚生労働省では，社会保障審議会年金部会などで検討を行っている。そこでの論点は，次のようなものである。

(1)　保険料と給付のバランスの問題
(2)　基礎年金部分について社会保険方式を維持するか，税方式とするか
(3)　どのような財政方式を採用すべきか，積立方式とするか，現行のまま推移すると近い将来実現することになる賦課方式を採用すべきか
(4)　被用者・自営業者の異なるグループで運営されている現行方式を改める必要があるか
(5)　公的年金などの控除を廃止すべきか
(6)　就労形態を含む個人のライフスタイルの多様化に対応して，特に女性の年金受給権との関連で制度を改めるべきか
(7)　在職老齢年金と高齢者雇用との関係の問題
(8)　少子化への配慮として，育児期間中の保険料の免除などの次世代育成支援を行うべきか
(9)　サラリーマンの妻であるいわゆる第3号被保険者に関する負担と給付をいかにすべきか
(10)　公的年金と企業年金などの私的年金との役割分担はいかにあるべきか
(11)　未納者，滞納者の多い国民年金保険料の収納対策はいかにあるべきか
(12)　医療・介護保障などの他の社会保障との関連をどのように考えるべき

か

　以上の論点は，ここ数年で議論が高まり，改革が行われることがほぼ確実であるが，本稿執筆時点では，具体的な改革案が提出されていないので，各論についてのコメントは差し控え，いくつかの重要な点についてだけ，今後の見通しを述べよう．

　まず，賦課方式か積立方式かに関しては，いわゆる所得に比例する2階建て部分を民営化して，積立方式にすべきであるという経済学者などの少数意見もあるが，現実的には，おそらく賦課方式に移行するという選択肢しかありえまい．

　問題は，基礎年金部分の財源の調達方式と，このための保険料の位置づけである．この部分は，所得再分配という本来の社会保障の役割を担う部分であり，このため広く国民全般で負担すべきであるという見方から，現行の3分の1という国庫負担（税負担）が，2分の1に引き上げられる可能性が高い．ただ，それでも基本的には，よほど困窮しない限り，保険料を納付したものだけが給付を受ける権利を有するという立場から，未払い者には受給権がないとする現行の方式が維持される可能性が高い．

　この点については，相当数の専門家の異論もある．むしろこの部分については，かなり多くの国々が採用しつつある「無拠出年金制度」，すなわち，保険料を支払わないものも，等しく最低限の年金給付を受けられる制度に改めるべきである，という見解である．おそらく次回の改正では実現しないものと思われるが，今後未納者が増加の一途をたどるなどの現象が見られれば，真剣に検討しなければならない課題である．

　この問題は，先に述べた応益原理と応能原理の選択という問題と関連している．保険料の拠出をしないものにも年金給付を行うべきであるという見解は，応能原理を重視するのに対し，たとえ所得再分配を行うとしても，やはり保険料をまったく支払わないものは，給付を受ける権利がないとする考え方は，応益原理に立つ見解である．この差異は，単に有識者で意見が分かれているというより，国民全般で見方が分かれていると見なすべきであろう．

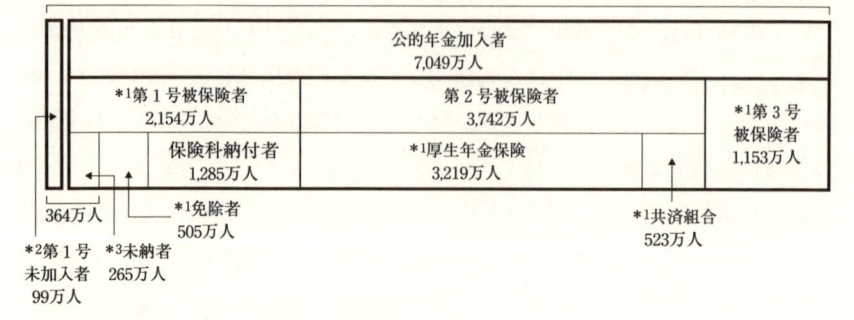

```
                         7,148万人
┌──┬─────────────────────────────────────────────────────┐
│  │              公的年金加入者                          │
│  │                 7,049万人                           │
│  ├───────────────┬────────────────────────┬────────────┤
│  │ *1第1号被保険者│    第2号被保険者        │ *1第3号    │
│  │   2,154万人   │      3,742万人         │ 被保険者   │
│  ├───────┬───────┼────────────────┬───────┤ 1,153万人  │
│  │保険料 │       │ *1厚生年金保険  │       │            │
│  │納付者 │       │   3,219万人    │       │            │
│  │1,285万人│     │                │       │            │
└──┴───────┴───────┴────────────────┴───────┴────────────┘
```

364万人　　*1免除者　　　　　　　　　　　　*1共済組合
　　　　　　505万人　　　　　　　　　　　　　523万人
*2第1号　*3未納者
未加入者　265万人
99万人

公的年金加入対象者（7,148万人）に対する割合	
・第1号未加入者	1.4%
・未納者	3.7%
・未加入＋未納	5.1%

注：第1号被保険者とは自営業者など，第2号被保険者とはサラリーマンなど，第3号被保険者とはサラリーマンの妻などを指す。
＊1：平成13年3月末現在。なお，第1号被保険者には，任意加入被保険者（29万人）を含めて計上しており，免除者は，法定免除者，申請免除者，学生の特例納付者の計である。
＊2：平成10年10月15日現在（平成10年公的年金加入状況等調査より）。
＊3：平成11年3月末（平成11年国民年金被保険者実態調査より。未納者とは，調査対象とした第1号被保険者1,652万人のうち過去2年間1月も保険料を納付しなかった者）。

図III-2-3　公的年金加入者の状況

　この問題の決着をつけるためには，現に保険料を支払っていない人々が，「支払う能力」があるのに支払わないのか，それとも，本当に支払う能力がないのかを子細に検討する必要がある。政府の調査では，若年者ほど納付率が低いことが明らかになっているが，それ以上の詳しい調査はない。その意味で今後の検討課題である。

　ところで，現在の公的年金制度の加入者の状況は，図III-2-3のようになっている。制度変革の議論の中心は，自営業者などのいわゆる「第1号被保険者」である全体の約30％，2,154万人と，専業主婦を中心とする「第3号被保険者」である約15％，1,153万人の人々の取り扱いである。このうち，次回の改正でかなり大きな変更が加えられる可能性が高いのは，女性に関する年金制度である。図III-2-4に示すように，モデル年金を比較すると，共働き，夫の片働き（専業主婦），女性単身者のいずれをとっても，女性の

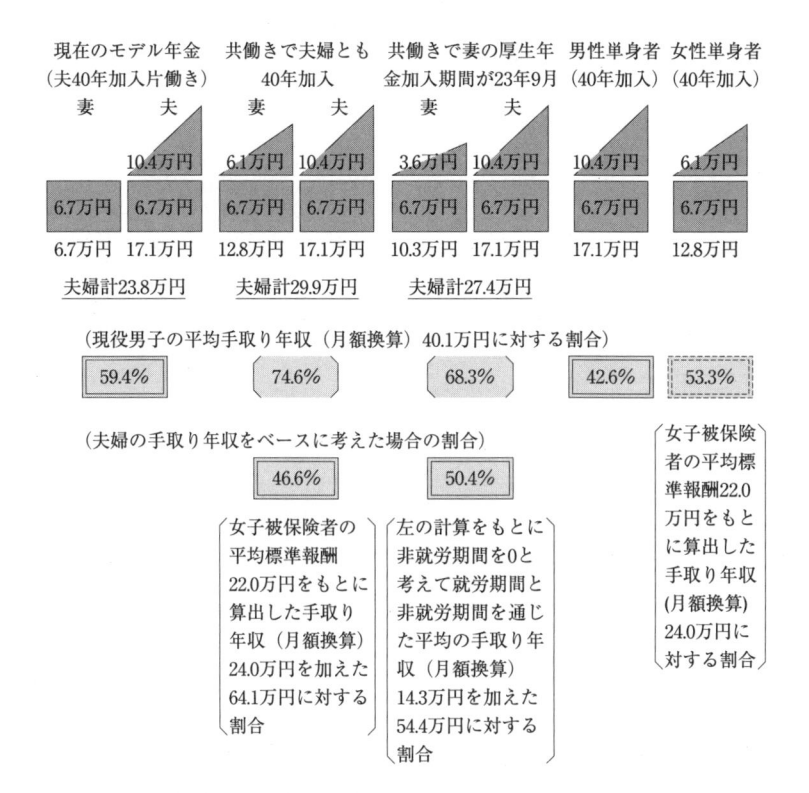

	現在のモデル年金 (夫40年加入片働き)		共働きで夫婦とも 40年加入		共働きで妻の厚生年 金加入期間が23年9月		男性単身者 (40年加入)	女性単身者 (40年加入)
	妻	夫	妻	夫	妻	夫		
(上乗せ)		10.4万円	6.1万円	10.4万円	3.6万円	10.4万円	10.4万円	6.1万円
(基礎)	6.7万円	6.7万円	6.7万円	6.7万円	6.7万円	6.7万円	6.7万円	6.7万円
計	6.7万円	17.1万円	12.8万円	17.1万円	10.3万円	17.1万円	17.1万円	12.8万円
夫婦計	23.8万円		29.9万円		27.4万円			

(現役男子の平均手取り年収(月額換算)40.1万円に対する割合)

| 59.4% | 74.6% | 68.3% | 42.6% | 53.3% |

(夫婦の手取り年収をベースに考えた場合の割合)

| | 46.6% | 50.4% | | |

女子被保険者の平均標準報酬22.0万円をもとに算出した手取り年収(月額換算)24.0万円を加えた64.1万円に対する割合

左の計算をもとに非就労期間を0と考えて就労期間と非就労期間を通じた平均の手取り年収(月額換算)14.3万円を加えた54.4万円に対する割合

女子被保険者の平均標準報酬22.0万円をもとに算出した手取り年収(月額換算)24.0万円に対する割合

注:共働きの妻の年金額は平成11年度女子被保険者の平均標準報酬22.0万円を用いて計算。

図Ⅲ-2-4　様々な世帯類型でみた場合の現行制度の年金水準

受給する年金額がかなり低いことがわかる。じっさい,高齢者の経済生活を見ると,Ⅰ-4で明らかにしたように,夫を失ったあと,寿命の長い女性が単身で過ごすことが一般的であるにもかかわらず,単身になってからの年金所得の低下が著しいことが問題となっている。

　モデル年金というのは,同じ勤労者であり続けたりする一種の優等生的経歴を持つ人々の年金受給額であるが,それでもなおかつ,女性の単身者の受給額が低いことがわかる。また,夫婦世帯では,報酬額が同じ場合,片働き世帯と共働き世帯では,老齢年金では給付と負担の関係が同じであるが,図Ⅲ-2-5に示すように,遺族年金に関しては同一とならない。図に示すよう

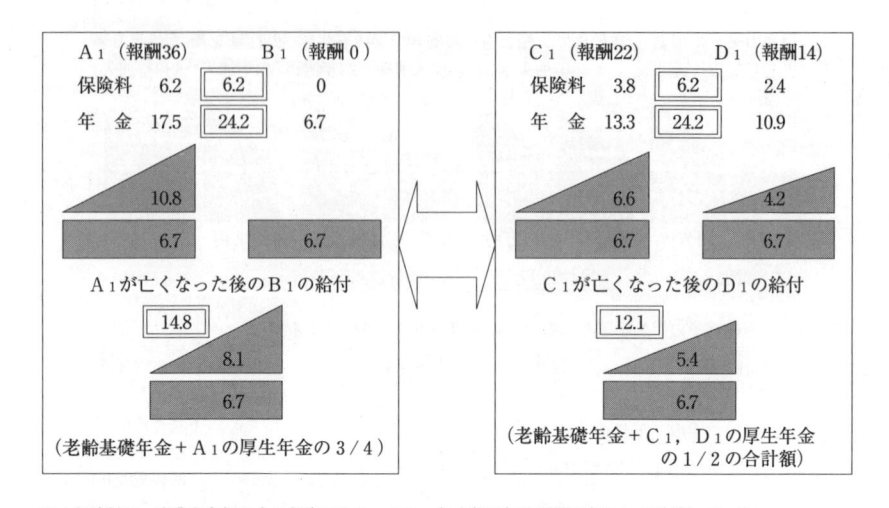

```
A1（報酬36）      B1（報酬0）        C1（報酬22）      D1（報酬14）
保険料 6.2  6.2        0           保険料 3.8  6.2       2.4
年 金 17.5 24.2       6.7          年 金 13.3 24.2      10.9
         10.8                              6.6         4.2
         6.7          6.7                  6.7         6.7
     A1が亡くなった後のB1の給付        C1が亡くなった後のD1の給付
              14.8                             12.1
              8.1                              5.4
              6.7                              6.7
   （老齢基礎年金＋A1の厚生年金の3/4）    （老齢基礎年金＋C1，D1の厚生年金
                                          の1/2の合計額）
```

注：保険料は，事業主負担を含む数字である。また，年金額は加入期間40年として計算している。

図III-2-5　片働き世帯と共働き世帯の間での高齢期の遺族年金の不均衡（単位：万円）

に，共働きの場合より，夫が一人で給与を得るほうが，同じ所得を得ても，高い遺族年金が給付されることになるのである。こういった事態は明らかに，専業主婦優遇と言わざるを得ず，女性の就労に不利に作用するので，改善が必要である。

　このほか，女性が育児のために職から離れた場合にも，結果として受給額が減少することになる。これまでこの場合は，保険料の納付額も減少するからやむを得ないと考えられてきたわけであるが，もし損得勘定からすれば，公的年金は，民間の個人年金などと比べると，明らかに有利な制度なのであるから，相対的には育児のために職から離れる女性は不利になる（もちろん男性が育児のために職から離れても同じように不利になる）。

　最後に，先にも若干述べた，給付建てと拠出建てとの差異の説明も含めて，公的年金と民間年金の差異について述べておこう。まず確認しておく必要があるのは，「少子高齢化にともなって，これから公的年金制度が破綻する可能性があるから，民間年金へ」という世上の評判があるが，これは明らかに誤解である。民間年金において，資産確保の安全性が完全に確保される可能

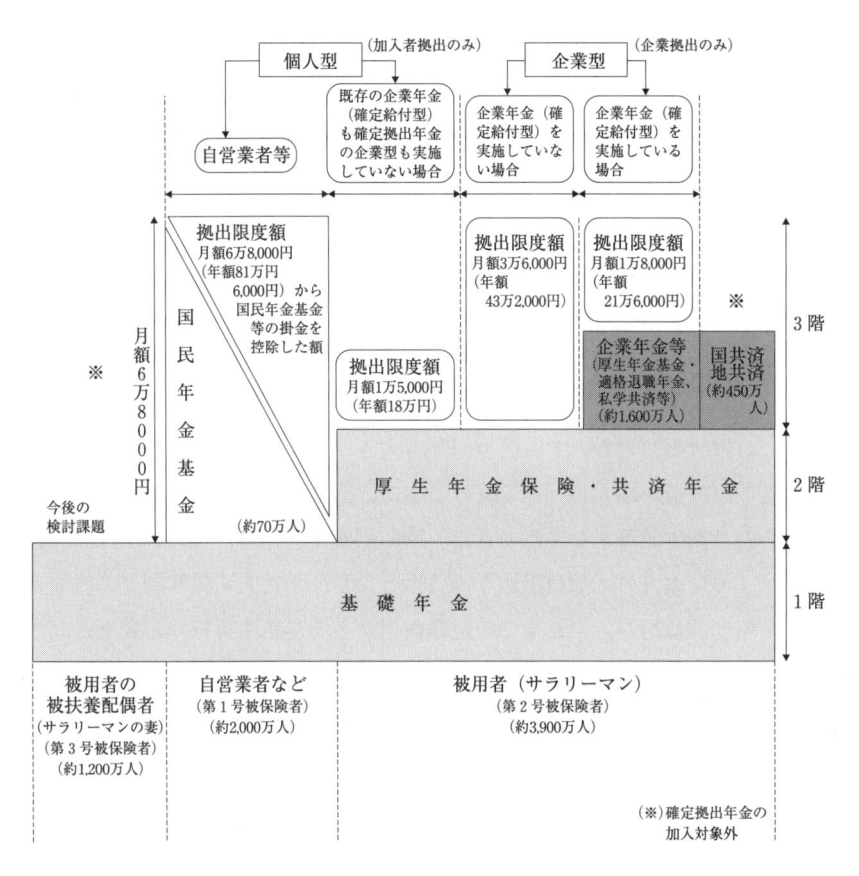

III-2 保険・年金・医療・介護制度 183

図III-2-6 確定拠出年金の対象者・拠出限度額と既存の年金制度への加入の関係

性はないのであり，むしろ民間のほうが，拠出建てになっているために，将来の不確実性は高い。次回の改革で，公的年金制度も拠出建てに移行することが論議されているわけであるが，仮にそうなっても，一定の額を確保するという意味で，公的な年金には，給付建て部分が残ることはほぼ確実なのであるから，民間の年金のほうが確実に有利である保証は全くない。

もちろん，民間年金は，民間保険会社などの資産運用が成功すれば，公的年金などの負担と給付の関係に比べて有利となる可能性がないわけではないが，これに過度に期待することは適切ではないであろう。

現行の日本の老後を保障するための仕組みは，図III-2-6に示すように3階建てとなっているが，国民にとって，この1階部分は，確実であるが収益率は必ずしも高くはなく，3階部分は，ある程度高いリスクを負う反面，場合によってはかなりの収益を見込めるという構造を是認し，国民もそのような仕組みを理解して，保険料の納付に努めるべきであろう。

5 医療保障の見通し

厳しい財政事情のもとで，医療保障も大きな変革の波にさらされている。高齢者の医療費が増大の一途を続ける中で，医療保険制度は，これまでも再三にわたり制度改革がなされてきた。特に平成14年度に行われた改正では，サラリーマン本人の一部負担が3割負担となり，また老人保健制度の対象者に対する一部負担が，これまでの定額負担から1割定率負担へと変更された。この変化は，不況の永続化とも相まって，国民に大きな不安を与えている。

以下では，特に高齢者に焦点を絞って，今後の制度改革の可能性と，それに対する対処法について展望したい。ただし，この分野における制度改革の可能性は，今後の経済の動向に大きく左右される可能性が高いので，あくまで可能性を述べるにとどまることをあらかじめ断っておきたい。とは言え，ただ漠然と可能性を述べるのでは，高齢者の不安は募るばかりである。そこで，前節の年金制度の例にならって，いくつかのシナリオを示し，それぞれに応じた対処のあり方を示したい。

患者の一部負担は，最悪の場合，たとえば外来に限って2割負担に引き上げられることも考えられるが，高額療養費の負担限度額の制度そのものが廃止される可能性はきわめて低い。むしろ今後予想される変化は，拡大する老人医療費の財源を，消費税の引き上げでまかなうという可能性である。したがって，老後に備えての貯蓄自体は，ある程度の蓄えを必要とするが，特に疾病に備えての貯蓄は，ほどほどの額でよいものと思われる。

表III-2-1 受診率と平均在院日数の国際比較

	受診率 (人口あたり 年間受診回数)	平均在院日数
オーストラリア	6.4	16.3
デンマーク	6.2	6.7
フランス	6.3	10.6
ドイツ	6.5	12.0
スウェーデン	2.8	6.7
韓国	8.8	12.0
イギリス	5.4	9.8
日本	16.0	39.8
アメリカ	5.8	7.0

注:平均在院日数は,日本以外については,この数値以外に「急性期(acute care)」の定義によるものがあるが,日本のデータがないために,病院入院患者全体について比較した。
資料:OECD *Health Data, 2002*

　むしろ大切なのは,次の2つの点に関しての備えである。1つは,病気になった場合の医療機関への受診にあたっての「心構え」と,いま1つは,「医療・介護の選択」という問題である。これらの2点は,現在の高齢者にやや欠けていると思われる視点であり,現在の高齢者にとっては一朝一夕に改めることが難しいとしても,近い将来の高齢者が肝に銘じておくべきことである。特に,ここ数十年の間に,疾病構造が大きく変化を遂げてきたことについての認識を強く持つことが望まれる。現在の高齢者が若い時代には,応急措置を必要とする感染症などの急性期疾患が多かったが,食生活などの生活習慣の変化に伴って,慢性疾患とくに生活習慣病が急増してきた。高血圧症,糖尿病等々がその例であり,また必ずしも慢性疾患と思われていなかった,悪性新生物(がん)も余命が伸びて,むしろ病を抱えながら長く生きていくという慢性疾患になりつつある。この意味で病と対処するその姿勢に関して,心構えの変化が求められるのである。

　表III-2-1に示すように,日本の国民は,主要先進諸国の国民に比べて,年間の医療機関への受診回数が著しく多い。もちろん,このことは一面では幸せなことである。心身の不調を自覚したときに,いつでも気軽に経済的負

担の不安を感じることなく，医療機関を訪れることができれば，これに越したことはない。ただ，1972年に実施された老人医療費の無料化以来，長年の間に，老人がやや安易に医療機関を頻繁に訪れる習慣が形成されてしまったことを批判する声も数少なくない。自然治癒力に期待し，「自分で治せるものは自分で治す」という発想が減退したことを反省すべきであろう。

また，疾病の種類によることに注意しなければならないが，自ら努力して，医学知識を高める工夫も必要である。たとえば医療費という観点から見て，かなりのウエイトを占める高血圧症や糖尿病については，医師による薬剤を中心とした治療にも増して，運動療法や食事療法が重要な役割を果たす。こういったことが，過度に医師に依存する体質のもとでは円滑に進まないことは明らかであるし，この意味で，経済的負担の増加による医療機関への依存の低下が，「災い転じて福となす」方向へ進むことを望みたい。この意味では，戦略的には，医療機関を訪れる機会を若干減らして，その代わり，いったん医療機関を訪れた際には，医師などから医学知識をどん欲に吸収するという姿勢が重要である。

また，近年医薬分業が進展しつつあるが，これを「不便になった」と思わないで，薬局において，薬剤師とのコミュニケーションを高めて，ここでもどん欲に知識を増すために利用するという姿勢も必要である。

第2の論点は，医療と介護との選択である。この問題は，介護保険と密接に関連しているので，次節で詳しく論じることにしたい。

6 介護保険の見通し

介護保険制度は，2000年に発足したばかりであるので，この将来像を的確に予測することは難しい。特にこの保険制度の実施責任主体が市町村であるため，今後市町村によって，保険料も提供されるサービスも，かなり格差が生じることが予想される。現在市町村合併問題が，1つの最終局面を迎え

ている。すなわち合併に有利な国による補助金の提供期間が，まもなくいったん終了するので，ここ数年で大きな変化が生じる可能性があり，全国で3千以上ある市町村の今後の動向を予想することは難しい。言い換えれば住民の選択によって，介護保険の姿はかなり変わることになるのである。

ところで，この制度が実施された背後には，寿命の伸びに基づく，要介護期間の長期化があげられることは周知の通りである。昔は介護を要するようになってから死亡するまでの期間がそれほどでもなかったので，問題が深刻化しなかったが，近年は，大部分の人々が死亡直前に少なくとも数ヶ月の介護を必要としている。場合によっては，10年以上にも及ぶことも少なくない。こういった事態は，要介護者はもちろんのこと，介護を行う家族にとっても深刻であり，とりあえず2000年から発足した制度は，要介護者というより，まず家族をある程度解放するために発足したと言っても言い過ぎではない。言い方を変えれば，介護を受ける本人そのものの意向は，必ずしも確かめられていないと言ってよい。具体的には，要介護者は，在宅での介護を求めているのか，施設での介護を求めているのかが，明確ではないのである。もちろん注意しておきたいのは，症状の度合いによって，その希望は変わるであろうし，また今後は，施設と居宅とを頻繁に行き来することが普遍的になるであろうから，厳格な線引きを前提とした議論を行うことは有益ではない。

とは言え，「どちらかと言えば」どちらを望むのかの意向を，必ずしも本人から聞き出しにくいという事情がある。なぜなら，家族に対する遠慮や配慮によって，本音が語られにくいからである。極端に言えば，日本人にとっては，老人の身体や心が，本人だけのものではなく，家族のものではないかとさえ思わざるを得ない状況がある。こういった思いやりの精神は，確かに日本のよき伝統ではあるが，同時に問題の解決を難しくしている。

一例をあげれば，一定の介護を要する期間を終え，いよいよ終末に近い状態を迎えたとき，いわゆる「死に場所」としてどこを選ぶか，という問題である。どちらかと言うと，本人は，自宅でのあまり過度な医療行為が行われ

ない状況を選びがちであるが，家族の方は，少しでも長い延命を願って，病院への入院を望むことが多い。もちろん，この背後には，純粋な延命の期待と家族での介護の負担の忌避とが相混ざっている。しかもこの際，本人も，家族への思いやりから，本音を語ることをしない。結果的には，より医療機器などが整備した施設が選ばれることになるのである。

　厄介なのは，国民の中に，医師が「終末の時期」をある程度的確に予測できるという期待と誤解がある点が，より問題を複雑にする。その結果，医療費も介護費用も，やや過大と思われる程度にまで費消されることが多いのである。

参考文献
小塩隆士［2002］『社会保障の経済学　第2版』（日本評論社）。
高山憲之［2001］『年金の教室』（PHP 新書）。
西村周三［1997］『医療と福祉の経済システム』（ちくま新書）。

　　　　　　　　　　　　　　　　　　　　　　　　　　　　　（西村周三）

III-3

高齢者雇用

1 はじめに

　通常，高齢者の定義は65歳以上としてとらえられている。しかしながら，人生80年といわれる時代にあって，また日本が未曾有の高齢化を迎える時代となり，60歳代の持つ意味について，従来とは大幅に考え方を改めることが要請されている。また社会の活力を保つためにも，65歳以上の人々を一括して「お年寄り」と考える習慣を改める時期が来ているように思われる。しかしながらこと雇用面に関しては，むしろ事態は逆で，60歳から「高齢雇用者」と考えられている。したがって，本章のテーマ「高齢者雇用」は60歳からの人々の雇用問題である。

　「働きたい」と望む高齢者が働けるような環境をいかに作るかは，社会にとっても，行政にとっても，取り組むべき重要課題である。図III-3-1に示すように，15〜29歳の若年労働力人口は，2001年現在の1,557万人から，2010年には，1,231万人と約330万人減少するのに対し，55歳以上の労働力人口はこの間約400万人増加する。

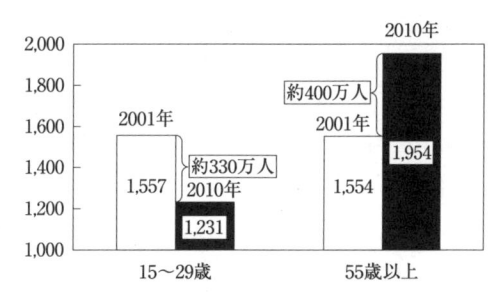

注：30〜54歳は3,641万人（2001年）から3,550万人（2010年）とそれほど変化がない。
資料：2001年は，総務省『労働力調査』，2010年は厚生労働省職業安定局の推計による

図III-3-1　年齢階層別の労働力人口の推移（万人）

30〜54歳人口にはほとんど変化がないので，単純に考えれば，現在の労働力を維持するためには，高齢労働力がほぼ全部吸収されなければ，日本経済は，いまと同じ活力を維持できないという計算になる。

もちろん問題はこのような単純な数あわせでは済まない。若年労働力の失業率も高いし，定年制の1つをとっても，その制度改正の途は意外に困難を伴う。たとえばアメリカでは「年齢差別禁止法」を制定し，雇用に関して年齢による差別を行うことを禁止しているが，一片の法律を決めることだけで事態が解決するようには思われない。以下ではその込み入った事情を明らかにし，今後の方向性を探ることにする。

2　高齢者雇用の現状

最初に，65歳以上の高齢者の雇用の現状を見てみよう。65歳以上高齢者の労働力率（労働力人口÷人口）は，平成13年時点で，65歳以上全体では，男性32.9％，女性13.8％である。その内訳は，65〜74歳に関しては，男性41.9％，女性20.4％，75歳以上に関しては，男性16.0％，女性5.9％である（総務省『労働力調査』平成13年）。これを諸外国との比較で見ると，図III-3-2に示すように，経済的に豊かな国々に比べかなり高く，周辺アジア諸国との比較ではかなり低い。

一般的には，経済の発展とともに，年金制度が普及するなどして高齢者の労働力率が低下する傾向にあるが，日本はその経済力の水準との比較ではかなり高い。これには，公的年金などの社会保障制度に対する不安感などが原因していると思われ，表III-3-1に示すように，就業希望者数がかなり高い（平成9年）。特に男性に関して，就業希望者で就業していない人々の比率がかなりの割合に達していることがわかる。

65歳以上の男性の総数約490万人のうち，15.1％の約75万人が就業できないでいる。それでも男性の32.9％が就業しているという現実は，あるい

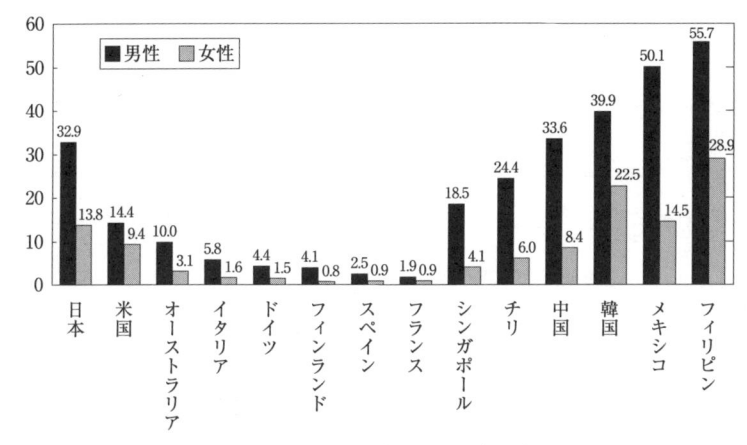

注：日本は2001年，中国は1990年のデータ。その他の国は2000年のデータ。
資料：ILO "Yearbook of Labor Statistics"，日本は総務省『労働力調査』

図III-3-2　高齢者（65歳以上）の労働力率の国際比較（%）

表III-3-1　就業希望者・非希望者の状況

		総数 （無業者）	就業 希望者(%)	求職者(%)	非求職者(%)	就業 非希望者(%)
男	65歳以上	4,938	15.1	5.3	9.7	84.9
	65〜74歳	2,799	22.4	8.5	13.8	77.6
	75歳以上	2,139	5.5	1.2	4.2	94.5
女	65歳以上	9,618	6.3	1.5	4.8	93.7
	65〜74歳	4,941	10.0	2.6	7.3	90.1
	75歳以上	4,677	2.4	0.3	2.1	97.6

注：「無業者」とは，ふだん収入を得ることを目的として仕事をしていない者を示す。すなわち，普段まったく仕事をしていない者及び時々臨時的にしか仕事をしていない者を言う。
資料：総務庁『就業構造基本調査』（平成9年）

はかなり高いという印象を与えるかもしれない。

この疑問は，図III-3-3を見ると，ある程度納得がいく。この図に示すように，65歳以上男性就業者のほぼ半数が自営業主であるからである。女性に関しても，約4割が家族従業者である。ところが，自営業主それ自体は，近年確実に減少しつつある。全年齢に関する，自営業主と家族従業者の合計

第Ⅲ部 政策・制度・組織

| | | 自営業主 | 家族従業者 | 役員 | 正規の職員・従業員 | パート | アルバイト | 嘱託など | 人材派遣企業の派遣社員 | その他 |

図Ⅲ-3-3 高齢者の性・年齢階級・就業形態別就業者割合（％，若年層参考掲載）

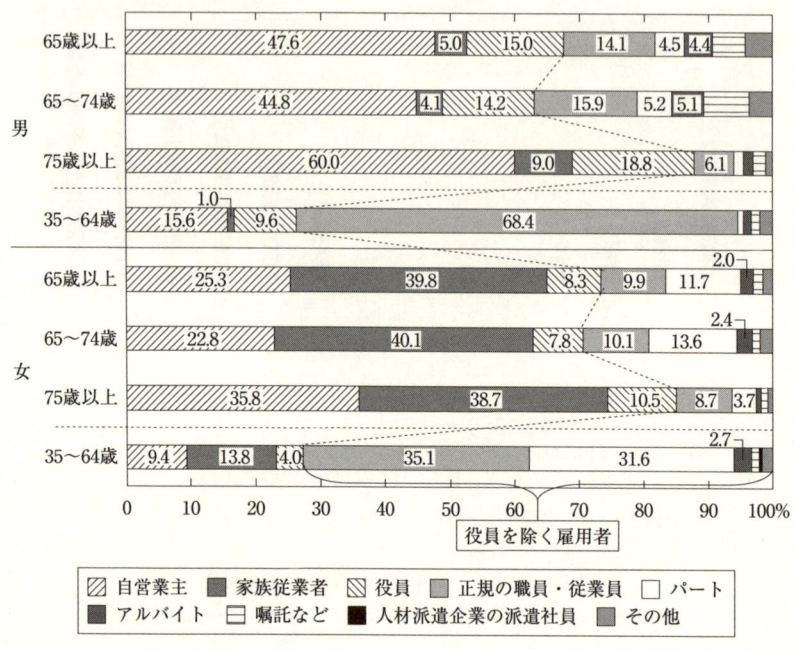

資料：総務庁『就業構造基本調査』（平成9年）

は，1970年には約1,780万人いたのが，1990年には1,380万人となり，2000年には，1,070万人にまで低下した。とりわけ60歳未満の人々の自営業主の減少が著しい。自分で自分を雇えるような職業の維持が困難になり，人に雇われる人々が急増してきた社会においては，定年制などのさまざまな雇用慣行が，貴重な労働力の無駄使いを強いているものと思われる。

特に，後に述べるように，日本の場合，高齢者の勤労意欲は，単に経済的理由だけでなく，「刺激があって，精神的によい」「身体によい」などの理由による高さが重要な役割を占めるだけに，いかにして雇用吸収を図るかが今後の重要な課題となる。

次に60歳代前半を中心に，その前後と比較してみよう。別の資料による，55～69歳の就業率を示したのが表Ⅲ-3-2および表Ⅲ-3-3である。60歳

表III-3-2　従業上の地位別に見た高年齢者の割合（％）

性・年齢階級	就業者 高年齢者に占める就業者の割合		会社,団体などの役員	雇用者	任意に行う仕事	内職	自営業主	自家営業の手伝い	不明
男	70.9	100.0	12.8	58.4	3.2	0.4	22.7	2.0	0.4
55～59歳	89.9	100.0	11.8	70.0	1.1	0.2	15.7	0.8	0.5
60～64歳	66.5	100.0	13.7	53.2	4.5	0.6	25.6	2.1	0.3
65～69歳	51.6	100.0	13.8	40.1	6.2	0.6	34.2	4.6	0.6
女	44.2	100.0	5.1	51.9	5.5	4.2	17.3	15.3	0.7
55～59歳	59.7	100.0	4.0	64.0	3.7	3.0	13.6	11.0	0.7
60～64歳	41.5	100.0	6.3	46.4	5.4	3.8	18.5	18.9	0.7
65～69歳	28.7	100.0	6.1	30.4	10.2	7.5	24.6	20.7	0.5

注：1.「任意に行う仕事」とは，近所の人や会社などに頼まれて任意に行う仕事をしたものを言う。
　　2. 四捨五入をしているので合計して100.0とならない個所がある。
資料：厚生労働省『高年齢者就業実態調査』（平成12年）

表III-3-3　勤務形態別の高年齢雇用者割合（％）

性・年齢階級	就業者 就業者のうち雇用者の占める割合		勤務形態					
			普通勤務	短時間勤務	1日の労働時間が短い	勤務日数が少ない	1日の労働時間が短く勤務日数も少ない	不明
男	58.4	100.0	84.7	14.5	4.0	6.6	3.9	0.8
55～59歳	70.0	100.0	96.9	2.5	0.8	1.3	0.4	0.6
60～64歳	53.2	100.0	72.6	26.5	7.0	12.5	7.0	0.9
65～69歳	40.1	100.0	60.2	38.5	10.5	15.9	12.0	1.4
女	51.9	100.0	56.8	42.7	20.7	6.6	15.4	0.6
55～59歳	64.0	100.0	64.7	34.6	16.3	6.2	12.0	0.7
60～64歳	46.4	100.0	46.4	53.1	28.1	6.4	18.6	0.5
65～69歳	30.4	100.0	39.5	60.2	26.1	8.8	25.3	0.3

資料：厚生労働省『高年齢者就業実態調査』（平成12年）

代前半の男性の就業率は 66.5％，女性は 41.5％ である。意外に高いように見えるかも知れないが，表III-3-3から明らかなように，この時期からいわゆるフルタイム勤務が急激に減少し，短時間勤務者が増えている。55～69

194　第III部　政策・制度・組織

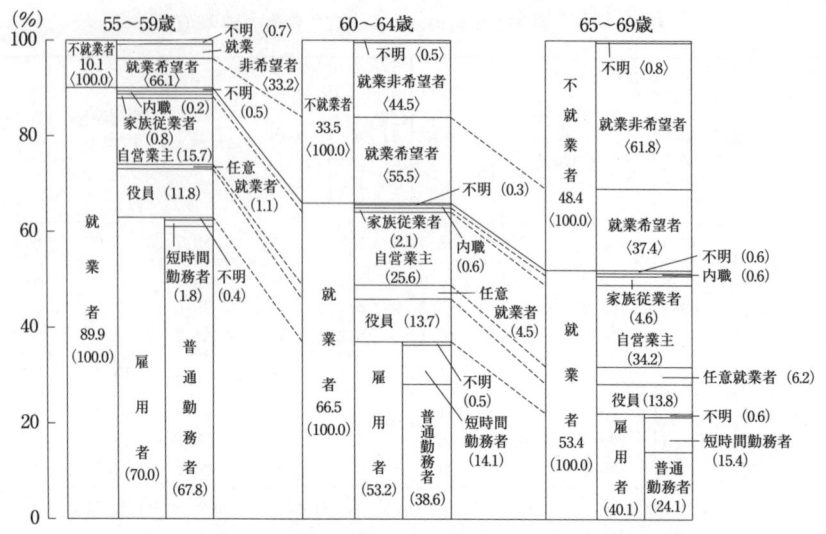

注：1．四捨五入をしているので合計して100.0とならない個所がある。
　　2．（ ）内は就業者を100とした場合の割合，〈　〉内は不就業者を100とした場合の割合である。
資料：厚生労働省『高年齢者就業実態調査』（平成12年）

図III-3-4　年齢階級別高年齢者の就業・不就業状況（男性）

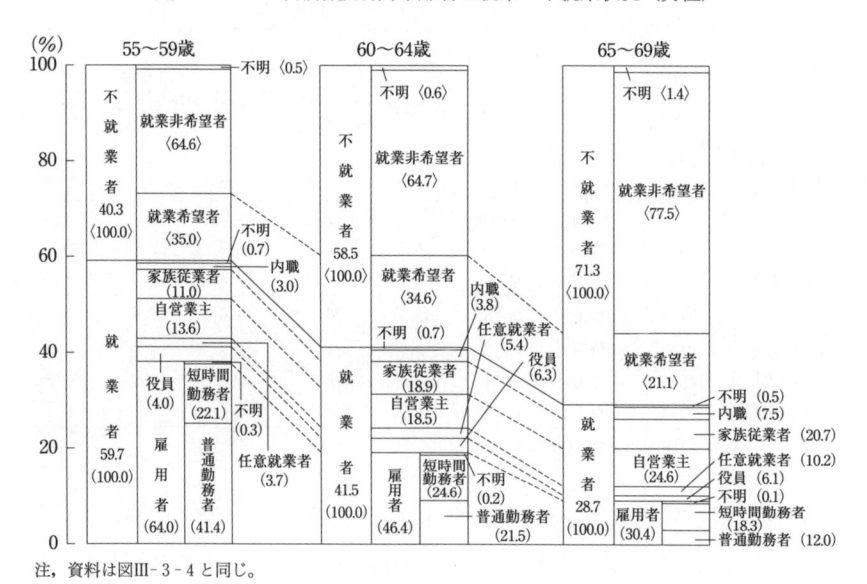

注，資料は図III-3-4と同じ。

図III-3-5　年齢階級別高年齢者の就業・不就業状況（女性）

歳を3区分に分けて，男女別に就業・不就業，就業の形態別に図に示したのが，図III-3-4，図III-3-5である。男性に関しては，全体としてみると，自営業主の占める割合が年齢を通じて変わらないのに対して，雇用者がこの3区分の年齢層で，一気に低下していくことが明らかである。女性に関しても，就業希望者の割合がすべての区分の年齢層で相当数いることがわかる。

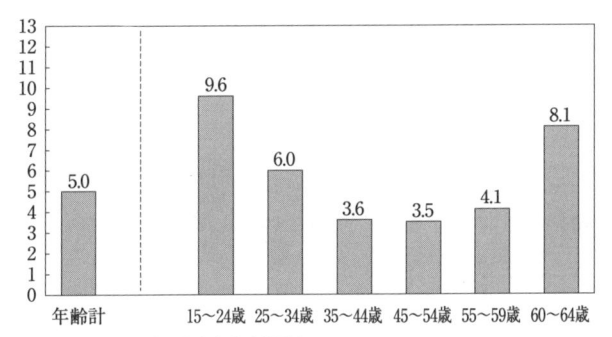

資料：厚生労働省『職業安定業務統計』

図III-3-6　年齢別の完全失業率（％，平成13年）

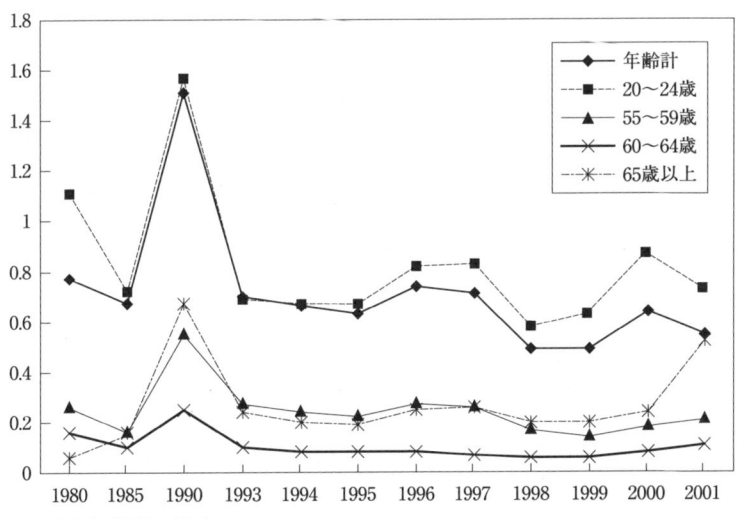

資料：総務省『労働力調査』

図III-3-7　年齢別有効求人倍率の年次推移

最初に述べた，日本全体としての労働力という観点から，重要な潜在的労働力であることがうかがえる。

ところが，高齢者に対する求人の状況は決してかんばしいものではない。図Ⅲ-3-6に示すように，年齢別に見た完全失業率は，60歳代前半で8.1％とかなり高い水準となっている。ただし近年の動向として，若年層の完全失業率が60～64歳の失業率を上回っていることにも注目する必要がある。図Ⅲ-3-7で明らかなように，過去10年間の推移を見れば，中高年齢層の有効求人倍率は，一貫して厳しいものの，やや上向き加減であるのに対し，若年層のそれの低下が目につく。労働需給のギャップが，むしろ若年層においても深刻化していることから，高齢者の雇用問題は，全年齢層の雇用問題との関連で論じなければならなくなっているのである。この点は第4節で明らかにすることにする。

次に，企業における定年制などの状況を見てみる。ここ10年ほど前から，政府によって，定年年齢を65歳とすべく，さまざまな施策がとられてきているが，図Ⅲ-3-8に示すように，定年制を定めていない企業は，全体の

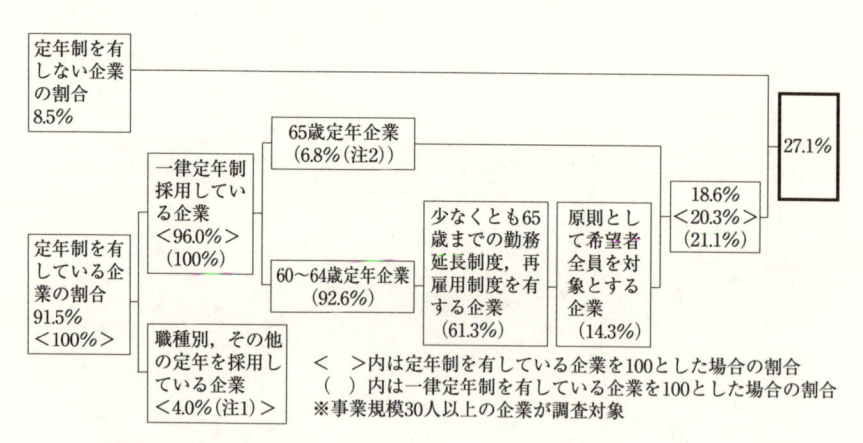

```
定年制を有しない企業の割合 8.5%

定年制を有している企業の割合 91.5% <100%>
  ├─ 一律定年制採用している企業 <96.0%> (100%)
  │    ├─ 65歳定年企業 (6.8%(注2))  ────────────────────────────────────── 27.1%
  │    └─ 60～64歳定年企業 (92.6%)
  │         ├─ 少なくとも65歳までの勤務延長制度，再雇用制度を有する企業 (61.3%)
  │         │    ├─ 原則として希望者全員を対象とする企業 (14.3%)  18.6% <20.3%> (21.1%)
  └─ 職種別，その他の定年を採用している企業 <4.0%(注1)>
```

＜　＞内は定年制を有している企業を100とした場合の割合
（　）内は一律定年制を有している企業を100とした場合の割合
※事業規模30人以上の企業が調査対象

注：1．職種別その他の定年制を採用している企業についても，65歳までの雇用を確保する企業が若干存在する。
　　2．65歳を超える定年企業も若干存在する。
資料：厚生労働省『雇用管理調査』（平成14年）

図Ⅲ-3-8　65歳までの雇用を確保する企業の状況

表III-3-4　勤務延長制度・再雇用制度の状況（平成13年1月）

(1) 制度の有無と最高雇用年齢の状況（単位：％）

区分		一律定年制を定めている企業	計	制度がある		
				勤務延長制度のみ	再雇用制度のみ	両制度併用
企業規模	計	[96.4]	100.0	69.9	15.1	42.7	12.1
	5000人以上	[97.4]	100.0	55.9	3.3	46.2	6.3
	1000～4999人	[98.2]	100.0	59.9	3.4	48.7	7.7
	300～ 999人	[96.5]	100.0	64.2	8.5	46.6	9.1
	100～ 299人	[97.9]	100.0	69.3	13.0	45.7	10.6
	30～ 99人	[95.8]	100.0	71.0	16.9	41.1	13.0
最高雇用年齢	定めている	－	(100.0)	(100.1)	(100.2)	(100.3)
	60歳以下	－	(1.0)	(2.5)	(0.8)	(－)
	61歳	－	(1.9)	(2.1)	(2.3)	(0.1)
	62歳	－	(4.1)	(2.6)	(5.2)	(1.2)
	63歳	－	(6.7)	(5.5)	(8.4)	(1.1)
	64歳	－	(1.3)	(3.1)	(1.1)	(0.2)
	65歳以上	－	(85.0)	(84.1)	(82.1)	(97.4)
	定めていない	－	59.8	65.0	57.2	62.5

注：1.「勤務延長制度」とは、定年年齢が設定されたまま、その定年年齢に到達した者を退職させることなく引き続き雇用する制度を言う。
　　2.「再雇用制度」とは、定年年齢に到達した者をいったん退職させた後、再び雇用する制度を言う。
　　3.「どちらかの制度がある」「両制度併用」では、最高雇用年齢の高いほうの年齢を集計している。
　　4.　[　]内は、一律定年制を定めている企業のうち該当する制度がある企業の割合である。
　　5.　(　)内は、最高雇用年齢を定めている企業を100とした割合である。
資料：厚生労働省『雇用管理調査』（平成13年）

(2) 制度の適用対象者の範囲（制度がある企業＝100.0）（単位：％）

産業 企業規模		勤務延長制度					再雇用制度				
		制度がある企業	原則として希望者全員	会社基準適合者全員	会社が特に認めた者	その他	制度がある企業	原則として希望者全員	会社基準適合者全員	会社が特に認めた者	その他
企業規模	計	[27.2]	29.3	12.2	57.5	0.9	[54.8]	22.8	15.1	61.1	1.0
	5000人以上	[9.7]	12.5	25.0	62.5	－	[52.6]	18.4	23.6	64.0	4.0
	1000～4999人	[11.1]	15.6	14.4	61.7	8.2	[56.4]	10.3	14.9	71.9	2.8
	300～ 999人	[17.6]	14.4	9.5	73.2	2.9	[55.7]	8.4	12.5	77.6	1.6
	100～ 299人	[23.6]	20.9	15.0	63.0	1.1	[56.3]	17.9	14.5	67.0	0.6
	30～ 99人	[29.9]	32.7	11.6	55.1	0.6	[54.1]	26.5	15.6	57.0	1.0
鉱業		[32.6]	34.8	13.0	52.2	－	[46.1]	24.6	12.3	63.1	－
建設業		[41.4]	25.6	13.1	60.7	0.6	[52.3]	25.5	9.8	64.1	0.6
製造業		[26.4]	29.6	11.4	57.0	2.0	[55.5]	24.3	12.7	61.8	1.2
電気・ガス・熱供給・水道業		[2.5]	＊	＊	＊	＊	[61.5]	13.1	20.2	64.6	2.0
運輸・通信業		[24.5]	39.7	21.1	39.2	－	[57.0]	21.9	27.6	48.1	2.4
卸売・小売業,飲食店		[24.9]	31.7	6.3	61.8	0.3	[55.1]	21.7	16.2	61.9	0.2
金融・保険業		[15.6]	4.0	21.3	74.7	－	[55.5]	6.9	16.1	77.0	－
不動産業		[27.4]	23.7	11.5	64.8	－	[57.5]	15.2	16.6	68.2	－
サービス業		[24.0]	24.6	14.6	60.6	0.2	[52.8]	20.8	14.2	63.9	1.1

注：1.「勤務延長制度」「再雇用制度」には、「両制度併用」を含む。
　　2.　[　]内は、一律定年年齢を定めている企業のうち、勤務延長制度又は再雇用制度がある（両制度併用を含む）企業の割合である。
　　3.　電気・ガス・熱供給・水道業の勤務延長制度については公表されていない。

8.5％にすぎず，また定年制を有する企業で，65歳定年を定めている企業は6.8％にすぎない。大企業の定年年齢は，99.4％までが60歳定年であり，表Ⅲ-3-4に示すように，勤務延長制度や再雇用制度を採用している企業も，大企業ほど少ない。従業員規模が1,000人以上の企業では，半数程度の企業が，再雇用制度のみの採用であり，会社が特に認めたもののみに再雇用を認めている。一般的には，大企業で60歳定年を迎えたものが，中小零細企業に再雇用されるという形態が普遍的であり，ここに日本の雇用慣行の特徴がある。

以上の現実をふまえ，次節では，雇われる側から見た，そして第4節では，雇う側から見た中高年の雇用問題を概観しよう。そしてその後，第5節で今後の方向性を探ることとする。

3　雇われる側の論理

東京都が都民を対象に行った「高齢者の就業に関する意識調査」(東京都「労働に関する世論調査」(2001年))では，現在働いている人々で，定年後も働きたい人々は，圧倒的に多く，男性では80％以上が，女性では75％程度がそれを望んでいる。ただし勤務の形態に関しては，毎日フルタイムで働くことを望む人々は，10％台にとどまっており，ほとんどがパートタイムかフルタイムでも週2～3日程度を望んでいる。働き続けたい理由は，約半数が，経済的理由を挙げているが，複数回答で，「刺激があって，精神的によい」「身体によい」「自分の経験や技能を活かすため」などといった理由を同時に挙げている。年齢に関しては，「65歳くらいまで」が39％，「70歳くらいまで」が35％，「75歳かそれ以上」が，21％となっている。

こういった調査結果は，パソナが2000年に行った「中高年層の就労に関する意識調査」でも同じような傾向が見られる。この2つは現役労働者を対象とする調査であるが，退職した人々も含む大規模なものは，やや古いが，

田尾他［2001］による2つの調査がある。1つは，従業員500名以上の全国企業の30～60歳代のホワイトカラー従業員約2,000名と京都府宇治市の婦人会・老人会会員の併せて1,151名に対して1995年に行ったアンケート調査と，いま1つは，全国のシルバー人材センターに登録している50歳以上の2,152名を対象に1996年に行った調査である。シルバー人材センターは，リタイア後の就労の機会を提供している団体であり，企業などへの就労意識とともに，NPOなどの地域での活動に対する関心なども知ることができる貴重な調査である。

　これらの調査の結果は，先に紹介した2つの結果とほぼ同じ結果が得られているほかに，さらに次のような結果が明らかにされている。定年後に働く場合，現在の会社を志向する人々が8割近い。ただし働きたくないと答える人々も相当数おり，その人たちは主に，自分のやりたい趣味があるという回答が多い。しかしながら，生き甲斐という観点からは，レジャーのような個人的な楽しみより，奉仕活動のような社会貢献を求める傾向が強いことを明らかにしている。

　仕事に対する自信や意欲は，就労を続けている人では高く，そうでない人と比べて大きな差が認められる。この要因は，仕事を辞める人が，健康上などの理由でやめたりするから一部は当然の結果であるが，やむなくやめさせられた人々も，仕事を中断していると，自信を失っていくこと，したがって可能な範囲で仕事を継続することが，自信や意欲を向上させることになることが，この調査やそれ以外の調査によっても確かめられている。ただしこの点は，仕事の種類によって異なり，能力発揮を要する仕事に関して，このことがよく当てはまり，体力を要する仕事に関しては，あまり当てはまらない。

4　雇う側の論理

　以上見てきたように，働きたい人々は大勢いる。それなのに，働く場がな

い。このような状況がなぜ生じるのか。雇う側が，無責任なのか。どうやらそうとも言えないようである。もちろん究極的には，「雇う能力」を持つ人々が減少していることが原因である。また自営業が維持できなくなっていることも大きな要因である。ともあれその事情をもう少し詳しくみよう。

まず，雇う側の論理を述べるにあたり，大企業と中小零細企業とで事情が異なることに注目しておきたい。大企業を定年で辞めたあと，中小零細企業に再雇用されるという日本の雇用慣行が，なぜ生まれたのか。それは，以下のような特徴があるからであると理解されている。

第1は，処遇や賃金との関連である。日本労働研究機構が，従業員50人以上の企業10,000社に対して，2000年に行った「高年齢者の活用等に関する調査」では，正社員の40歳代から定年までの賃金カーブのイメージは，「一定の年齢を過ぎると上昇が鈍化」するパターンが39.5％ともっとも多く，「横ばい」「年齢とともに一定して上昇」を含めれば，合計67.1％となり，低下する企業はきわめてわずかである。このため，雇う側は，現在の定年後，一気に給与を低下させるのでない限り，中高齢者の人件費はきわめて高コストになる。そこで，関連会社などの中小零細企業に移動させるというパターンが形成される。給与を段階的に低下させる手法として，役職定年制，すなわち一定年齢になると，役職からはずれるという制度の採用が一部で（約20％程度の企業で）採用されているが，これも大部分が55〜59歳に達してからであり，結果としての「年功賃金」から脱却している企業は少ない。

第2の特徴は，能力評価の難しさという問題である。近年はどこの企業でも，単純な年功賃金から脱却しようという試みが普遍的であり，能力給や職務給の占めるウエイトのほうが高まっている。しかしより厄介なのは，従業員の年齢と能力とがどのように対応しているのかという問題である。もし，年齢と能力とにある程度の対応関係があれば，定年制という制度は必要ではない。定年時点で一気に能力が低下するとは考えられないからである。ところが，賃金以外で能力を評価する手法が十分に開発されていないために，能力以外の「年齢」という要因で賃金が決まっているところに問題がある。

先に紹介した日本労働研究機構の調査では，被調査者の職務遂行能力に関する評価は，かなり意見が分かれている。年齢とともに能力が若干低下すると考えるものもあれば，能力は年齢には関係がないと考えるものもあり，その評価の年齢による差は一概に言えない。ただし職種別には，技能工，採掘・製造・建設作業および労務作業者の場合のみ，年齢の要素が能力に関係があるとの評価がやや多い。

年功賃金制度についての批判は，最近の日本では高くなりつつあり，これを改めようとする企業が少なくないが，これに代わって採用されつつある「能力給」や「職務給」のための評価基準がいまだに曖昧なのである。

第3に，**解雇権濫用法理**，あるいは整理解雇の法理によって企業の解雇権が制限されているという問題がある。能力が十分でないと評価しても，容易には解雇できないために，定年制を雇用調整弁として利用することになる。

第4は，若年・中年労働者との関連である。定年制を延長すると，家族の生活を支える中年労働者，これから生活を築く若年労働者の職場が奪われる可能性がある。平均的には，若年者より高年齢者のほうが，職務遂行能力が高いという評価であるので，能力のない若年者よりも，能力のある高齢者を優先すべきであるという見解もあり得る。しかし企業経営の時間的視野を考慮に入れると話は単純ではない。たとえ短期的に見て，高年齢者のほうが能力が高いとしても，彼・彼女らをいつまでも雇用することができないから，教育訓練によって若年者の能力をオン・ザ・ジョブ・トレーニングによって高めていくことが，長期的には企業にとって有利となる。

また，逆にそれほど職務遂行能力の高くない高年齢者を「福祉的」な配慮から長期に雇用すると，企業そのものの存立が危うくなる。こういった短期的視点と長期的視点とのバランスの問題が存在している。

第5に，企業福利の問題がある。1998年時点で，製造業の平均での労働費用に占める現金給与以外の割合は，約18％となっている。すなわち，1人の従業員に対して，100円の費用をかけているとすれば，そのうち82円が現金で直接従業員に支払われ，残りが福利厚生費として支出されているこ

とになる。具体的には、公的年金、健康保険などのための企業（事業主）負担は、総労働費用の約9.5％を占め、必ずしも法で定められている訳ではない企業年金や従業員のための社宅、家賃補助などの法定外福利費2.9％、さらに退職金の支払いが5.5％となっている。こういったものは大部分、正規職員に対しての支出であるから、労働費用を削減しようとすれば、いきおいパート職員、非正規職員の方が人件費を削減できることになり、このため、ある一定年齢で定年を迎えさせ、その後はパート的に継続雇用する方が有利となるわけである。

いずれにせよ賃金のうちの年功的要素と福利厚生費は、従業員の「生活費」に応じてという発想から生まれたものであり、これが従業員の就労意欲の向上のためのインセンティブとして機能してきたことは否定できない。したがって、これを一気に廃止するわけにいかず、それゆえに、定年制を維持したいという意向につながる。

5　目指すべき方向

以上見てきたように、高齢者の雇用問題は根が深く、単に高齢者を対象とするそれとしてではなく、広く若年者を含めた日本の雇用制度のあり方を検討することから考えなければならない。このような認識のもと、厚生労働省職業安定局では、「年齢にかかわりなく働ける社会に関する有識者会議」を設置し、平成14年にはその「中間とりまとめ」を報告している（以下ではこれを「とりまとめ報告」と略称することにする）。

以下では、このとりまとめにしたがって、今後の方向性を、筆者の見解を含めて展望することにしたいが、これに先立ち、企業に中高年者の雇用延長を求める行政の各種施策を概観しておく。

定年制の延長や、高齢者の雇用を促進するための行政による支援策としては、主に次の9つがある。①継続雇用定着促進助成金、②高年齢者雇用環境

整備奨励金，③高年齢雇用継続給付，④在職者求職活動支援助成金，⑤生涯能力開発給付金，⑥特定求職雇用開発助成金／特定求職困難者雇用開発助成金，⑦中小企業雇用創出人材確保助成金，⑧新規・成長分野雇用創出特別奨励金，⑨高齢者を雇用する事業所への税の優遇措置。

　これらの措置の効果は，比較的長期に及ぶことが考えられ，短期的に評価することは慎みたいが，ここ 10 年ほどの推移を見ると，こういった措置だけでは 65 歳までの就業期間の延長という期待した効果を上げ得ないという認識のもと，新たな試みが提起されている。その基礎となるべき報告書が，前掲の「とりまとめ報告」である。この報告で箇条書きにされた各項目ごとに紹介し，それぞれについてコメントを加えたい。

(1) 職務の明確化と社会的能力評価システムの確立
　① 職務の明確化と企業横断的な能力評価システムの確立
　まず，官民が協力して，ホワイトカラーを含めて職務ごとに必要な能力について分析した結果を踏まえて能力評価手法を整備し，それを基礎として各業種ごとに能力評価の具体的な基準を作成することにより，包括的な能力評価制度を整備することが必要であるとしている。こうすることによって，個人差を踏まえた評価が定着すれば，すべての従業員とまでは行かなくても，相当数の従業員の雇用期間を延長することができる。
　② キャリア形成の支援，多様な能力開発機会の確保
　次に，労働者のキャリア形成を図るため，キャリアカウンセリングを通じた動機付けや能力の棚卸し等についての政策的支援が必要としている。①が確立していくと，個人間の格差が生じる可能性があるが，それはやむを得ないとしても，ふさわしい職場に配置されていないがために，能力を発揮できない人々は救われない。そこでキャリアカウンセリングなどを通じて，一人一人の適性を把握することが必要となるというのが，この趣旨である。

(2) 賃金・人事処遇制度の見直し
　① 能力・職務重視の賃金・人事処遇制度の確立

職務に必要な能力や成果を重視するという観点から，仕事内容や職務特性，あるいはキャリア形成の段階に応じた，より複線的・多元的な賃金・人事処遇制度の確立を目指すべきであるとしている。職場における能力評価は，個々人の就労に関する多様な要望を受け止めるものでなければならない。現行の職場慣行は，多くの人々の，時間的にも職階的にも，均質な要望を前提としており，勤務時間の多様化などのさまざまな試みが必要であろう。

　この点が，今後の高齢者雇用の推進にとって，もっとも重要であると思われるが，このための労働組合の役割について，一言付加しておきたい。複線的・多元的な賃金・人事処遇制度を確立していくさい，労働組合の役割が微妙である。「複線的・多元的な」という言葉の響きはよいが，これは場合によっては，職場内でのさまざまな差別を容認することにつながりかねない。日本の組合は企業別組合という特徴もあって，たとえば常勤雇用者をパート従事者に比べて重視する傾向にあった。これは組合そのものの組織のあり方からしてある程度やむを得ない面があるので，今後は広く企業を超えた「職種別組合」の結成・強化を目指すべきであり，さらにこのことを使用者側が容認するように行政が指導していく必要がある。

　② 評価・処遇における長期と短期のバランス

　さきにも述べたように，人々の能力の発揮の仕方は，人により即座に発揮されるものと，長期間にわたって徐々に発揮されていくものとがある。こういった業種や職種ごとの特性を踏まえ，短期的な業績のみに偏ることなく，長期と短期のバランスのとれた評価・処遇システムを確立していくための工夫が必要である。

　③ 教育費等の家計負担の軽減による賃金制度を見直しやすい環境整備

　従来の賃金体系や雇用期間は，主に年齢別に見た家計の必要度をかなり配慮するものであった。子供が大学生になる頃に，多額の教育費が必要となることなどを踏まえて，中高年者に厚い給与体系になっていたことも否定できない。しかしこういった生活給的要素が強いことが，却って雇用期間の延長を妨げることにもなる。したがって，教育費などの家計負担を軽減するよう

な奨学金制度の普及なども求められる。

(3) 能力を活かした多様な働き方を可能とする環境整備

① 年齢にかかわりなく活躍できるための従来の働き方の見直し

長期化する職業生活の中で労働時間の配分の在り方を見直し，個人のライフスタイルやライフステージに応じた多様な働き方の確立が必要である。その際，ワークシェアリングを含めて関係者が十分議論し，合意形成に努めることが重要である。特に高齢雇用者を増加するには，地域と連携したNPOでの就業といった複線的な雇用形態が実現するような配慮も必要である。高齢者には，企業の第一線で就業することと同時に，地域の活動を両立させたいと希望するものが多いからである。

② 雇用就業形態の違いによる待遇格差の是正

常用フルタイム以外の労働者が意欲を持って働くことができるよう，わが国の仕事の組み立て方や処遇の仕組みも踏まえた公正な処遇の確立に向けて，パートタイム労働に関するガイドラインを策定するなど環境整備に努めるべきである。

③ 多様な働き方に対応した税制や社会保障制度等の整備

パートタイム労働者への厚生年金や医療保険の適用拡大の検討が必要。また退職金にかかる所得税控除，在職老齢年金制度の検討も必要である。同報告書やこのもととなった「有識者会議」ではあまり議論されなかったが，企業の福利厚生のあり方を根本的に見直すことも必要であろう。厚生年金や医療保険の保険料負担を，事業主が行うことは一見すると好ましいことに見えるが，そのことの副作用も大きい。こういった負担は結局は，本来支給されるべき「給与・賃金」の一部なのであるが，これを事業主が負担するために，この適用を受けるものとそうでないものとの間での，事業主側から見た労働費用に差異が生じ，これがパート従事者や高齢者を低賃金で雇うことの温床になっていることに注目する必要がある。

④ 多様な形態の雇用・就業機会の確保と労働力需給調整機能の強化

ここでは，労働者派遣，有期雇用，裁量労働制の在り方の検討が必要であ

るとされている。
　⑤　高齢者の職域開発のための相談援助の強化
　⑥　幅広いニーズに応じた就業・社会参加の促進
　シルバー人材センターの強化，自営開業への支援，NPO での雇用・就業，ボランティア活動に関する情報提供等が必要であるとしているが，それにとどまらず，企業自体が，NPO との密接な連携を図ったり，ボランティア活動自身を積極的に推進することも必要であろう。

(4) 採用と退職にかかわる条件整備
　①　募集・採用時における年齢制限の是正に向けた一層の取組
　年齢制限緩和のための指針の確実な運用と内容の見直しが必要である。また，将来的には，年齢制限を課す必要性について事業主の説明責任を強化したり，さらには年齢制限について原則禁止とすることを検討するべきである。ただし，こうした措置を講じるのであれば，解雇を含めた退職の在り方についてもあわせて検討すべきであろう。紹介予定派遣や常用目的紹介の普及が，ミスマッチの解消に有効となる，としている。この点は，同報告書のもととなった有識者会議でも，微妙な意見の食い違いが見られたところであるが，日本の企業社会そのものが抱える今後の課題と言うべきであろう。
　②　定年の引上げや継続雇用制度の導入・改善の推進
　ここでは，団塊の世代の高齢化や厚生年金の支給開始年齢の引上げを踏まえ，65 歳までの雇用確保に向けたアクションプランを設定するとともに，その達成に向けた対策を強化するべき，としている。このままいくと，いわゆる団塊の世代の大量退職時期が 2005 年から 2010 年頃に集中する。したがって，あまり時間的な余裕はないと考えるべきである。
　③　定年・解雇等の退職過程の在り方
　定年制については，能力のある高齢者の活用の妨げとなっているので将来的には廃止すべきであるが，労働者の生活の安定や企業の雇用管理上の目安としては，定年制の役割も見過ごせないので，今後慎重な検討が必要である，としている。まさにこれは両論併記であるが，それだけこの問題が難しいと

理解すべきであろう.

　ただし,定年制を廃止する場合には,能力評価制度が確立していない中で,解雇対象者の選定基準を設定し,対象者の納得を得ることは困難かつ多大なコストであるので,こういった点に関するバランスのとれた配慮が必要である.

　処遇を見直して継続雇用する場合のコストと,定年をなくした場合に雇用調整に要するコストを比較しつつ,退職過程全体の検討が必要である.

　④ 「年齢差別禁止」という考え方について

　将来的には,年齢差別禁止というアプローチをとる必要があるが,年齢にかかわりなく働ける社会とは年齢差別禁止とイコールではなく,人権保障政策的観点と雇用政策的観点とを区別すべきであり,年齢に代わる基準が確立されていない中では労働市場の混乱を招く恐れもある.

　いずれにしても,職務内容の明確化と企業横断的な能力評価システムの確立,能力・職務を重視した賃金・人事処遇制度の普及,多様な働き方の定着などが大前提であり,その上で,誰もが高齢期を迎えるという意味で年齢差別という概念が他の差別と異なる点を勘案しつつ,高齢者の雇用の促進のためにはいかなるアプローチがより効果的であるかといった観点から,総合的な検討が必要である.

参考文献

厚生労働省職業安定局［2002］「年齢にかかわりなく働ける社会に関する有識者会議　中間とりまとめ」厚生労働省.

田尾雅夫・高木浩人・石田正浩・益田圭［2001］『高齢者就労の社会心理学』ナカニシヤ出版.

内閣府編［2002］『高齢社会白書　平成14年版』財務省印刷局.

三谷直紀［2001］「高齢者雇用政策と労働需要」猪木武徳・大竹文雄編『雇用政策の経済分析』東京大学出版会.

(西村周三)

III-4

高齢者施設のこれから

1 はじめに

　高齢社会の大きな問題の1つは，高齢者がどこに住むのかということである。異世代が同居することが一般的であった時代は，高齢になったからといって住居を変わる必要はなかった。高齢になって収入がなくなり，介護の必要性が生じても，同居の子供世代の援助が期待できたからである。家屋などの遺産は老後保障の見返りという要素があった。そのような時代にあっては，高齢者の施設とは「身寄り」がなく，家族から経済的あるいは精神・身体的な援助が期待できない人々が生活する場であった。

　長寿化は疾病・障害の発生率の増加とADL低下の重度化・長期化によって介護の必要性を拡大させた。同時に次のような社会・経済的変化が起こり，高齢者支援のシステム変更を迫った。第1に，高齢者世帯と子供世帯の別居が増大したこと。第2に，経済成長の成果や年金制度の成熟により，高齢者は子供世帯とは別個に収入や資産を保持するようになったこと。つまり，家族からの援助を期待できないのは「身寄り」のない人だけではなくなり，また，支援の必要性は経済的なものよりも精神・身体的なものの比重が大きくなったのである。その結果，介護サービスの需要が拡大し，その供給不足から社会的入院と言う現象が発生した。「福祉の普遍化」と呼ばれるこのような介護サービス需要の増大に対して，2000年に公的介護保険制度が創設された。

　介護保険の主な目的の1つは在宅サービスの充実である。介護保険では在

宅サービスについては提供主体の参入規制緩和が行われ，供給量の増大が図られた。現在のところ，施設サービスの利用者負担が在宅サービスに比べて「割安」になっているため，依然として施設サービスへの超過需要は解消されていない。しかし，在宅サービスが充実すれば，施設の存在意義が問われるようになるであろう。在宅で充分な介護を受けられるのであれば，なぜわざわざ施設で住まなければならないのか。そのような観点から施設を見直そうとする時，重要なのは住居としての側面である。

　高齢者住宅というものが成立するのは，一生同じ家に住むのではなく，ライフステージによって住む家を変えるというライフスタイルにおいてである。世代を超えて1つの住宅を継承するのではなく，個人が必要とする機能に応じて住宅を変える。いわば住宅の個人化と言えよう。当然のことながら，住宅は異なる世代の用途に応じる多機能的なものではなく，個人の生涯の一段階に応じた専用的な機能を有するものとなる（ただし，このようなライフスタイルが成立するためには中古住宅の市場がなければならない）。

　では高齢者住宅にはどのような機能が必要になるであろうか。まず，バリアフリーや，介護を受けやすくするための風呂場，トイレ，廊下，寝室の空間など，住宅の構造が考慮されなければならない。第2に，高齢になると閉じこもりがちになるので，孤立してしまうことのないように，人との交流を考慮した住宅が望まれる。居住機能とプライバシー保持のためには区画された空間が必要であるが，介護や交流には開かれた空間が適している。施設におけるユニットケアから，グループホーム，集合住宅，高齢者の町などさまざまなバリエーションが考えられる。

　従来の日本の高齢者施設は，貧困もしくは精神・身体的な理由のために「居を構える」ことができない人を「収容」するものとされてきたため，このような居住機能を考慮の外に置いていた。たとえば，特別養護老人ホームは介護サービスの提供のために居住機能を軽視した構造となっていた。病院がモデルとなったと思われるが，サービス提供者の移動コストを抑えるためにサービス利用者を1か所に集め，提供者のタイムスケジュールに合わせた

生活を強いる。設置・運営コスト節約のために建物・設備などを機能別に集約し共同使用するので、サービス利用者の個人的空間はベッドだけになってしまう。特別養護老人ホームへの不評は介護の質の悪さというより居住環境の悪さからきている。

施設サービス利用者の状態が重度から軽度までバリエーションが広がり、また、資産・所得の状況も様々になってくると、相応のコストを負担しても居住環境のよい施設が需要されるようになる。介護機能と居住機能の様々なパターンの組み合わせの中から自分に合った居住場所を選ぶことを高齢者が求めるようになり、施設もそのような時代の要請に対応した形態が必要となってくる。

この章では、多様なニーズへの対応が求められている高齢者の施設が今後どうあるべきかを考えてみたい。第2節では介護保険制度における施設の位置づけについて、第3節では介護サービスの提供は非営利の主体に限られるべきかについて、第4節ではアメリカの高齢者施設の現状について、第5節では日本の高齢者施設の動向についてそれぞれ検討し、最後に結論を述べる。

2 介護保険制度と施設

高齢者への支援が家族主体であった頃は、高齢者対策とは貧困対策であった。老人ホームの前身は、戦前は救護法に基づく養老院であり、戦後は生活保護法に基づく養老施設である。1963年に成立した老人福祉法によって、主として身体介護を目的として特別養護老人ホームが創設されたが、入所要件は家族介護者がいないこととされ、高齢者の介護は家族が担うことが依然として前提とされていたのである。

しかし、高齢化による介護の必要性の増大と、一方で核家族化や女性の就労などの家族形態の変化によって、介護の「社会化」が支持されるようになった。当初行政は施設機能の拡大によって高齢者介護に対応しようとした。

利用者および家族の金銭的負担を条件として，家族介護者のいないという入所要件を緩和した。また，在宅サービスの必要性が言われるようになると，施設を在宅サービスの拠点として活用しようとした。しかしながら，施設整備が介護需要に追いつかないために，病院などでのいわゆる社会的入院が代替せざるを得なかった。また，「福祉の普遍化」ということが言われ，障害者福祉からノーマライゼーションの概念が持ち込まれたこともあって，在宅サービスをも含めた，高齢者が誰でも必要に応じて利用できるサービスの提供が望まれるようになった。

　公的介護保険制度は，高齢者介護サービスのシステムをそれまでの貧困対策としての垂直的所得再分配から，社会保険による水平的所得再分配に変換するものであった。ところで，従来の主たる介護サービス提供主体であった社会福祉法人は，垂直的所得再分配の一端をになっていた。そのような性格が介護サービス拡大の限界となっていたため，サービス提供者の多様化が図られた。具体的には，施設サービスとして特別養護老人ホームの他に老人保健施設と療養型病床群が加わり，在宅サービスについては参入規制が緩和された。

　財政面では，それまでの高齢者福祉サービスの提供システムである措置制度が，サービスの提供者と利用者の契約に基づくシステムに変わった。サービス提供者に支払われるのは，行政からの委託費である措置費ではなく，サービスに対する対価としての介護報酬になった。措置費は費用償還としての性格を持ち，原則として使い切ることが義務付けられていたが，介護報酬は利益の発生を認められるようになった。このようにして，介護保険においては，正当な対価を求める事業活動によって介護サービスの拡大が図られている。

　介護保険の実施後，様々な問題点が指摘されているが，システムの目的から見て重要と思われるのは施設サービスへの超過需要であろう。施設サービスの提供は社会福祉法人，医療法人，地方公共団体など非営利の主体に限られている。ここでは社会福祉法人の運営する介護老人福祉施設をとりあげて

みよう。

　介護保険制度発足時に存在する特別養護老人ホームは介護老人福祉施設の指定を受けたものとみなされたので，特別養護老人ホームはそのまま介護保険制度での施設となった。介護老人福祉施設の介護報酬は，資本的費用が認められていなかった措置費の性格を受け継いでいる。このような不十分な移行は，第一種社会福祉事業（特別養護老人ホームの運営もその中に含まれる）における社会福祉法人の優先的な地位を維持した結果である。

　社会福祉法は主として入所施設である第一種社会福祉事業の経営主体を原則として国，地方公共団体，社会福祉法人に限っている（第60条）。その根拠となるのが社会福祉法人の提供するサービスの非営利性であり，具体的には施設建設における土地と建築費の無償負担があげられる。これに公的補助が加わって，資本的費用をサービス価格に転嫁せずにすむことになる。措置費は資本的費用を除いた費用設定であった。介護報酬もそれを踏襲して，介護老人福祉施設のサービス単価は他の施設サービスより低く設定されている。つまり，介護老人福祉施設は運営主体である社会福祉法人の性格により，所得再分配の機能を保持している。社会福祉法人を主体とした施設整備がなかなか進まないのは，無償性を前提としたシステムが継続されていることが大きな原因となっている。

　ところで，サービス価格を低く設定することを可能にしている資本的費用の負担は誰がしているのであろうか。まず，社会福祉法人の負担する施設建設費は，本来は寄付などで充てられるはずであるが，寄付が集まらないときは社会福祉・医療事業団などからの借り入れに拠っている。その借り入れは寄付や収益事業などによる内部補助で返済されるべきであるが，介護保険では借り入れの返済は事業の収益によって行われることが可能になり，社会福祉法人の施設建設費負担の無償性は失われていると言ってよい。

　次に，社会福祉法人への公的補助は税金でまかなわれているので，納税者の負担となる。施設建設費の公的補助部分については，サービスに転化させることが期待されているが，法人の利益として取り込まれてしまう可能性が

ある。介護老人福祉施設が予想外の利益をあげていることが伝えられているが，その中には本来サービス提供費用として使われるべき公的補助部分の減価償却相当額が含まれているケースがあると推測される。社会福祉法人は得た利益を配当として外部へ出さず，事業に再投資するからサービス利用者の利益になるという主張もある。しかし，再投資が利益を得るために使われ続ければ，いつまでたってもサービス利用者はその分け前にあずかれない。

　結局，社会福祉法人の貢献は当初の土地の無償提供にあるということになる。しかし，そのことがネックとなって施設整備が進まない（公有地を貸与することもなされているが，そうなると社会福祉法人は何の貢献もしないことになり，社会福祉法人に優先的に事業を行わせることの根拠は失われることになる）。極端な言い方をすれば，土地代をケチっているために私たちは施設サービスを受ける機会を失っているのである。

　施設サービスの介護報酬を土地代も含めた資本的費用をカバーするものにすれば，営利のサービス提供主体の参入などにより，サービス量の拡大が可能となる（今のところ営利主体の参入自体が認められていないが）。社会福祉法人が提供する比較的安価だが稀少な施設サービスと，営利も含めた多様な主体が提供する価格に応じた幅広い施設サービスの，どちらを私たちは選ぶべきであろうか。

3　介護サービスと非営利性

　介護サービス提供者としてのNPO（非営利組織）への信頼の基礎には以下の期待があると思われる。

(1)　NPOは利益を目的としないのであるから，弱者であるサービス利用者を不利に扱うことはないであろう。つまり，NPOと営利企業の提供するサービスには差があるであろう。

(2)　たとえNPOと営利企業の提供するサービスに差がなくとも，NPOは

損益を度外視してより多くのサービスを，あるいはより低い価格でサービスを，あるいはその両方のサービスを提供するであろう。

　(1)については，正当な利益の獲得と不法行為を別に考える必要がある。契約条件が同じであって契約が正当に履行されるのであれば，NPOと営利企業の提供するサービスに差はない。NPOが営利企業よりも利用者にとってよい契約条件でサービスを提供したり，契約よりもよいサービスを提供することができるとすれば，それは(2)になる。営利企業がNPOよりも不法行為を犯しやすいと考える根拠はあるであろうか。実際の業務に関わる人間にとっては，営利企業に雇われようがNPOに雇われようが，そのこと自体で行動を違える理由はない。実際，介護保険の在宅サービス部門では社会福祉法人，医療法人，特定非営利活動法人と並んで営利企業がサービスを提供しているが，特に問題は起こっていない。医師のように専門性の高い職業では，雇用主体の性格によって業務の内容に差が出ることがないと期待する強い理由もある。営利，非営利という経営形態の違いからサービスの相違が直接導きだされることはない。もし，雇用主なり従業員が不法行為を犯そうという意思を持って参入するのであれば，むしろ非営利を装うであろう。

　そうであるなら，非営利への信頼は結局(2)に集約されることになり，これは市場で成立し得ない契約条件でサービスを提供するということであり，所得再分配に関わることである。介護サービスの提供をNPOが主体に行うという選択は，サービス提供者による所得再分配を組み込んでシステムを運営するということに他ならない。介護保険制度には垂直的所得再分配の要素があり，保険料や税や利用者負担の徴集を通じて行われているが，サービス提供の場において社会福祉法人が行うことも予定されている。手段としては，既述の資本的費用のサービスへの転化や，より直接的には「社会福祉法人等による利用者負担額軽減措置」がある。しかしながら，サービス提供において再分配的行動をとるか利益追求的行動をとるかは法人に任せられている。実際にはこの再分配機能は十分には発揮されていないようである。

　企業は儲かることしかやらないというのが，非営利を推奨する人々の常套

句である。具体的には利用者の（企業による）選択や不採算領域への不進出もしくは速やかな撤退などが非難の対象とされる。しかし，企業がそのような行動をとった場合，社会福祉法人が NPO としての行動をとろうとするなら，その時こそ社会福祉法人の出番であるはずである。損な役回りをさせられるのはご免だといって，社会福祉法人がそのような補完的な役割を避けるのであれば，社会福祉法人と営利企業の行動に差はつけがたくなる。そうであるなら，社会福祉法人だけを特別に優遇する理由は見当たらない。

　規制改革論者の間では社会福祉法人の評判はかんばしくない。経済財政諮問会議のいわゆる「骨太の方針」や，総合規制改革会議の「重点 6 分野に関する中間とりまとめ」でも批判的に言及されているが，たとえば島田晴雄慶応大学教授は「要介護者が毎年十万人以上も増加していくのに，社会福祉法人が補助金のほとんどを吸収してしまう旧来の仕組みでは財政制約のもとで施設の増加は二万人程度に過ぎない。……高齢者ケアや保育で，規制や保護が撤廃されれば，民間企業が参入し人々の膨大な潜在需要は巨大なサービス産業に転化するだろう」（日本経済新聞 2002 年 3 月 12 日）と述べている。

　介護保険制度下におけるサービス提供者の行動を見れば，もはや施設サービスへの企業参入を禁ずる理由はないと言えるのではないか。社会福祉法人にとってむしろ問題となるのは，介護保険制度の中でその地位を維持することができるかということである。そのためには，非営利的行動を保障するシステムを自ら備えていなければならない。これはガバナンスの問題である。株式会社においては代表取締役が人事権を含む大きな権限を持ち，取締役会の監督や監査役の監査が形骸化してしまっているという問題があり，「ガバナンスとマネジメントの分離」が提案されている。社会福祉法人では，株式会社の取締役会に当たるのが理事会であり，代表取締役に当たるのが理事長であり，監査役に当たるのが監事である。社会福祉法人でも理事長への権限の集中が問題になっている。その結果，社会福祉法人の非営利性は理事長の「意思」という偶発的な要素に左右されるようになってしまっている。社会福祉法人のガバナンス改善のために，2001 年から介護保険事業を行ってい

る法人には評議員会の設置が義務づけられるようになった。しかしこれとても屋上屋を重ねるだけの効果しかないようである。

　非営利性は他から押し付けられて身につくものではない。全体的な介護サービス提供システムとしては，サービス提供者が非営利的行動をとることを期待しないで構築されるべきであろう。もし非営利的行動をとるサービス提供者がいれば，それは「おまけ」として受け取ればいいのである。

4　アメリカの場合

　介護保険の施設サービス事業への参入を営利企業にも開放したらどのようなことが起こるかについて，アメリカの場合を見てみよう。アメリカにおける医療や介護に関する公的な給付はメディケイド，メディケアに限られている。医療については民間保険によってカバーされているが，無保険者も多い。介護の施設としてはナーシングホームが一般的である。高田［1999］，伊原・和田［1998］によれば，1995年時点で約1万6,700のナーシングホームに約138万人の高齢者が入居しており，高齢者千人当たりの入居者は41.3人である。ナーシングホームの66％は営利企業であり，非営利26％，政府など8％である。一方，1996年のナーシングホームの費用の48％（375億ドル）はメディケイドから支出され，メディケアは11％（89億ドル）である。

　ナーシングホームの費用は年間約3万ドルかかるので，資産を使い切ってしまってメディケイドの適用を受けるケースが多い。約2,000ドル以上の資産（家と車は除く）があるとナーシングホームのためのメディケイドの給付は受けられない。そのためメディケイド年金という抜け道が一部で使われている。これは資産を保険会社に渡し，月払いで全額を還元してもらうことにより，資産を失う前にナーシングホームのためのメディケイドの給付を受けることができるというものである。このような違法行為に近い方法がビジネ

スとして成立するのはいかにもアメリカらしい（ウォールストリート・ジャーナル 2001 年 6 月 6 日）。

　給付の形態は日本とは異なるが，ナーシングホームでは公的な給付が営利企業の提供するサービスとしてなされている。メディケイドやメディケアの適用を受ける場合には政府の規制に従う必要がある。ナーシングホームの規制としては OBRA'87 があるが，ナーシングホームのサービスの質については，職員数の不足，職員の未熟練，賃金の低さなどにより，問題が多いことが指摘されている。介護事故による訴訟も多く，損害賠償のための保険料が上昇し，訴訟に制限を加えようとする動きもある。ナーシングホームに対しては，職員の配置基準を設けることを要望する声もあるが，政府はコストの点で反対し，むしろ監査などについて規制緩和を行う意向で，情報公開を進めれば起こると期待される市場の力による淘汰に頼ろうとしている（ニューヨーク・タイムズ 2001 年 9 月 7 日および 2002 年 2 月 18 日）。

　ナーシングホームに入ることはやむを得ないと受け止められているが，好まれてはいない。これは日本の特別養護老人ホームと同じである。介護の必要性がナーシングホームでの介護よりも軽度で，より快適な居住環境を求める人のために，アシステッドリビングという施設がある。アシステッドリビングでは家具やペットを持ち込め，希望に応じた介護が受けられる。アシステッドリビングはナーシングホームしかなかった介護施設に新たなオプションを提供し，急速に増大した。9 割が営利企業によって経営され，法的な規制はあまりない。アシステッドリビングは投資の対象とされて供給過剰に陥り，1998 年には 3 万 2,700 であった建設数が 2000 年には 7,900 に減り，調整過程に入っている。アシステッドリビングの入居者は 50 万〜100 万人とみなされている（ウォールストリート・ジャーナル 2001 年 4 月 18 日）。

　アシステッドリビングの居住者には公的な補助はほとんどなく，ほぼ全額自己負担である。料金は平均月 2,000 ドル程度であるが，介護の程度が増すと倍以上になることが多い。料金は契約で決められるが，料金の変更が不明瞭であるという指摘もある。アシステッドリビングにおいて資産を使い切っ

てしまった入居者がメディケイドの給付をうけるためには，ナーシングホームに移らなければならない。また，アシステッドリビングでも介護事故は起きている（ワシントン・ポスト2001年2月19日および20日）。

　アメリカにおける介護サービスについては，公的な規制はさほど厳しくないので，サービスの質の保障のためにオンブズマン制度や第三者機関による評価が行われている。それらは一定の効果をあげているが，問題の全てが解決されているわけではない。

　日本はアメリカと異なり，介護保険による給付が介護サービスのほとんどをカバーしているため，介護サービスに対する公的な規制が可能となっている。介護保険では職員配置の規制があり，この点ではアメリカよりも厳しい。しかしながら，介護サービスのコストの大きな部分を占める人件費の硬直化は，効率化努力を限定的なものにする可能性が大きい。施設サービスへの企業の参入開放の目的が供給量の拡大と競争による効率化であるならば，職員配置規制の緩和が要望されるであろう。アメリカと同様に，効率化の期待と質の低下の懸念の相克が激しくなると思われる。

5　日本の場合

　高齢者に対する福祉施設サービスとしては，特別養護老人ホームの他に，養護老人ホーム，軽費老人ホームがある。後二者は低所得高齢者向けの施設であるが，1989年に軽費老人ホームの一種として居住機能を重視したケアハウスが創設された。

　高齢者の施設としては他に有料老人ホームとグループホームがある。主に営利企業が経営する有料老人ホームは高額な一時金や利用料のため高所得者向きとなっていた。一方，グループホームは公的な支援なしに自主的に発生したが，痴呆性老人の介護に有効であることから1996年度に国庫補助事業として制度化された。

介護保険は在宅サービスの提供者の規制を緩和することにより，施設サービス提供システムにも大きな影響を与えた。それは施設的性格を持つ痴呆対応型共同生活介護（痴呆性高齢者グループホーム）と特定施設入所者生活介護（有料老人ホーム，在宅介護対応型軽費老人ホーム（ケアハウス））が在宅サービスとされたことを通じて起こっている。

　もともと第二種社会福祉事業は第一種社会福祉事業とは違って，国，地方公共団体，社会福祉法人でなくとも，都道府県知事に届けるだけでよい。その意味では参入規制はないと言えるが，措置費や建設補助金などの支弁対象が社会福祉法人などに限られているので，参入が困難であった。介護保険は指定居宅サービス事業者の要件である法人格に制限をしていないので，営利企業や特定非営利活動法人が介護報酬を得られるようになった。このことにより痴呆性高齢者グループホームの数が爆発的に拡大した。全国介護保険担当課長会議資料（2001年5月28日）によれば，1999年度運営費補助件数は266か所であったが，介護保険実施後2000年7月1日で605か所，2001年3月10日で870か所となっている。

　ケアハウスは入居率が低いせいもあって整備が進んでいない。全国介護保険担当課長会議資料（2001年9月28日）によれば，入居率の低い原因を会計検査院は次のように分析している。「住宅地より遠距離であることや産業廃棄物処理施設の近隣地であること等の立地条件が居住環境としてふさわしくないもの，2人用居室を多く設け過ぎたことにより利用者のニーズにそぐわないもの，入居者募集などのPR活動が不十分と思われるもの，管理費や施設運営を巡ってトラブルを生じているもの等」。ケアハウスは「軽費」であるといっても一括払いの管理費（建設費の一部）はかなり高額であり，それ相応の魅力がなければ入居率は上がらない。

　軽費老人ホームは第一種社会福祉事業であるので，設置・運営主体が国，地方公共団体，社会福祉法人でない場合は都道府県知事の許可を受けなければならないが（社会福祉法第62条第2項），設置運営要綱で民法法人，農業協同組合，医療法人等に限られていた。2001年11月に，「規制改革3か年計

画」(2001年3月30日閣議決定) に沿って，ケアハウスについてはその制限は外された。また，株式会社等がケアハウスを設置する際の支援として，2001年度補正予算において，PFI法に基づき地方自治体が賃貸を前提にしてケアハウスを買い上げる方式 (BTO方式) をとる場合に，施設整備補助の対象となる制度ができた。注目すべきは，PFI制度の対象となるのは新型ケアハウスが優先されることである。ケアハウスは全室個室ないし夫婦部屋であるが，さらに新型ケアハウスは入居者10人程度を単位として小規模のグループケアユニットに分かれた構造になる。特定施設入所者生活介護の指定を受けて介護サービスを提供することにより，施設サービスの不足を補うことが期待されている。利用者の負担は特別養護老人ホームより大きいが，居住性は良い (後述する新型特養と対応するものと言える)。

老人福祉法は10人以上の高齢者を入居させて食事や介護などのサービスを提供する場合を有料老人ホームとして届け出を義務づけているが，住居の提供とサービスの提供を別法人が行えば有料老人ホームとしての届け出の義務はなくなる。ケア付きマンションなどと呼ばれるこのような有料老人ホーム類似施設が増加している。有料老人ホームではないので，訪問介護などの事業者の指定を受ければ，特定施設入所者生活介護よりも高い介護報酬を得られる。このような手法で有料老人ホームよりも安価な料金設定を可能にしている。

これらはいずれも従来の有料老人ホームと特別養護老人ホームの中間を埋めるオプションとなっている。有料老人ホームも特定施設入所者生活介護の指定を受ければ介護報酬を得られるので，従来の有料老人ホームよりも料金を下げて需要の拡大を図る企業の参入が増えている。特別養護老人ホームについても，2002年度から全室個室，ユニットケアの新型特養の整備に補助が行われるようになった。新型特養では建設費用や光熱水費などのいわゆるホテルコストの一部を利用者が負担することになっている。

介護保険は介護サービスへの報酬を明確にすることで，居住に関するサービスについてもシステム変革を促している。つまり，よい居住環境のために

は負担が必要であるし,それだけの負担をしても需要する層が存在するのである。しかしながら,新型特養について,全国老人福祉施設協議会の中村博彦会長は,建設費の負担が大きいので社会福祉法人の1割程度しか関心を示さないだろうという見解を述べている(日本経済新聞2002年1月26日)。言われている1割というのは関心を示す法人であって,実際に建設するのははるかに少ないと予想される。新型特養については参入を開放することが考えられてもいいであろうし,それが1つのきっかけになるかもしれない。

6 おわりに

高齢者の施設は介護サービスと居住サービスの2つの機能を備えている。介護保険は介護サービスの提供を目的としているが,介護保険施設では介護と居住が一体化したサービスの提供になっている。軽視されてきた施設の居住機能を改善しようとする流れがあるが,その負担を介護保険に求めれば保険財政を悪化させ保険料や税負担の上昇をもたらすことになる。介護保険の目的から言えば,また在宅者と施設居住者の公平の観点からも,居住サービスの費用は主としてサービス利用者が負担するのが正当であろう。介護保険施設以外の施設では概ねそのようになっている。

居住サービスの提供に関しても所得再分配を組み込むことは可能であろうが,介護サービスのようなリスク対応の要素はないので,部分的な垂直的所得再分配に限られるであろう。したがって,居住サービスの需要は所得や資産の差が顕著に現れてくる。平等性を重視する福祉的観点からは,資産や所得の差によって利用できる施設が異なるということは受け入れにくいであろうが,一律の負担における財政制約のもとでは皆が居住性の悪い施設しか選べない。

在宅サービスの供給が拡大したのは,介護保険により大きなサービス需要が出現したからである。特定非営利活動法人によるサービス供給の増大も介

護報酬に支えられたからであり,「採算がとれないとやらない」というのは営利企業だけに当てはまることではない。施設サービスの提供についても単に市場が開放されたからといって需要が高まるわけではないが,介護サービス費用の負担を介護保険が軽減したことにより,施設サービスのトータルの費用負担が軽減されている。様々な需要のレベルに応じた供給が可能になっていると言えよう。

　社会福祉法人に対する公的補助と介護報酬の組み合わせが現状のままであれば,社会福祉法人の施設は低所得者向けになってしまう可能性が高い。それも社会福祉法人の福祉的要素を保つための1つの選択肢ではある。だが,そのような形態を国民一般に押し付けることは,もはやできなくなっていると言えよう。

参考文献
伊原和人・和田康紀［1998］「米国における介護サービスの質の確保――第三者機関による評価アプローチを中心に」『週刊社会保障』No. 2033-2010。
大守隆・田坂治・宇野裕・一瀬智弘［1998］『介護の経済学』東洋経済新報社。
国立社会保障・人口問題研究所編［2000］『医療・介護の産業分析』東京大学出版会。
高田麻子［1999］「アメリカ高齢者介護事情」（株式会社ノルド　ホームページ）。
八田達夫・八代尚宏編［1998］『社会保険改革』日本経済新聞社。
八代尚宏編［2000］『社会的規制の経済分析』日本経済新聞社。

（井本　喬）

終　章

変化に対する適応力

1　はじめに

　現在の大多数の高齢者が生きてきた戦後日本の60年近くは，経済発展という意味で，激しい変化の時代であった。しかしながら，この激しい変化というのは，あくまで相対的なものである。たとえば，それ以前の日本の百年は，第二次大戦後と比べて経済的な変化は鈍かったものの，戦争に明け暮れるという意味で激しい変化を経験した。ほとんど戦争のなかった江戸時代後半と比べて，数多くの命が戦争によって失われたという意味において，激しい変化があったと言える。

　したがって，見方を変えれば，過去60年の日本は，戦争を経験しないという意味では，全く変化がなかったことになる。このように，一口に変化と言っても，それはあくまで相対的なものであり，どのような価値観からそれを判断するかで，受け止め方はかなり異なる。

　本書の主題は，「超高齢社会と向き合う」であるが，この超高齢社会というのは，何らかの変化を想定しての言葉であろうか。高齢者人口が近い将来30％近くに達するというほぼ確実な現象は，社会に変化をもたらすのであろうか。おそらくその答えはイエスであろう。

　興味深いのは，この変化は，個々の人々の暮らしの中では，きわめてゆっくりとしたスピードで進むという点である。ある50歳の人が，1年経って突然80歳になるわけではない。ちょうど白髪が少しずつ増すように，ゆっくりしたペースで老化が進むのである。このように考えれば，変化は激しく

ないと考えるのが妥当であろう。ところが厄介なことに，話はそれほど単純ではない。ちょうど人々が，白髪のわずかの変化で老化を感じるのではなく，外から見れば，ほんのわずかの変化と思われる出来事で，「老い」を感じるのと同様に，変化はしばしば断続的にやってくる。たとえば，定年退職という現実は，客観的には決して，老いを感じさせる激しい変化ではない。その人自身の肉体が，この時点で激しく変わるわけではない。ところが，多くの人々にとって，この出来事は，老いを感じさせるに十分な大きな出来事である。

このように考えると，われわれ自身を取り巻く変化は，外界が自分を見る目と，自分自身の内面との相互作用によって決まるのであることが想像できる。そこで以下では，このような個人を取り巻く環境と内面の変化との相互作用に注目しながら，高齢者の生き方を考えてみたい。重要な点は，このような意味での変化に対して，どのような適応力を持ちうるかであると思われるからである。

まず，日本という社会を取り巻く環境が，今後どのように変化するのかを，外部環境の変化という観点から，主な特徴を見てみたい。

2　第1の変化：世界の中での変化

第1の特徴は，世界の中での日本の位置という観点からの変化である。日本が高齢社会になることは確実であるが，それを取り巻く世界全体が，高齢社会になるのであれば，おそらくそれに対する対処法はそれほど難しいことには思えない。ところが，現実は，ややオーバーに言えば，「日本だけ」が超高齢社会を迎える。もちろんこれは誇張である。主要な先進諸国と言われる国々は，一様に高齢化が進むし，また少子化も，一部の例外を除き，普遍的な現象となりつつある。中国でさえも，かつての「一人っ子政策」によって，日本を追うように高齢社会を迎える。しかし日本と違って，平均寿命の

違いによって，高齢者数の比率はそれほど高くならないであろう。いずれにせよ，日本がいわば超高齢社会のリーダーとなることは間違いがないのである。

より正確に言えば，日本の高齢社会のイメージは，2つの段階に分けて考えるのが適切であろう。そのいずれもがいわゆる「団塊の世代」高齢化の進展に関連している。まず2015年頃までの間は，65歳以上の増加もさることながら，60歳前後の，いわゆる中高年が増大する。世界的に見て，経済力がその社会の年齢構成によって規定されるという過去の証拠はないが，多くの人々は，この点を心配している。たしかに，高年齢者の就業率は，若年者に比べて，どこの国でも低いので，この点に変化がない限り，このような心配はある程度当たっているであろう。しかしここ最近までの世界各国のデータを比較する限り，高齢者比率の大小と経済成長率の間には，明確な相関はない。たとえば北欧諸国は，概して高齢者比率が高いが，経済不況が，他国に比べて長期化しているということはない。

90年代以降の日本の長期不況やそれに基づく閉塞感も，高齢化とは関係がないはずである。しかしそれでも，社会全体を見渡すとき，高齢化が，日本の経済力や社会の活力を低下させているのではないかという疑念を払拭できない。たとえば，若年者の覇気がないように見えるのは，営々と蓄えた高齢者の富を，どうも若年者が食いつぶそうとしているのではないかという疑念から発しているように思うのは，筆者だけではあるまい。

この謎を解くためには，今の日本社会全体の閉塞感や，経済の停滞の要因を明確にしておく必要がある。そしてその要因のもっとも大きな点は，おそらく，過去の50年あまりの「成功のゆえの」制度変革の難しさに由来していると思われる。ただしここで誤解を避けるために，筆者の次のような立場をあらかじめ明確にしておきたい。社会全体が活力に満ちているかどうかは，決して経済成長率では判断できない。たとえゼロ成長であっても，失業者が少なく，インフレもデフレもなく，真に豊かな生活が保障されていれば，閉塞感は生まれない。とりわけ「循環型社会」の必要性が叫ばれ，エネルギー

多消費型社会からの脱却が望まれている今,むしろ「もの」の生産を中心とした経済成長は,むしろ人類全体にとっての脅威のはずである。この意味で,経済成長率が至上の目標なのではないことは自明である。

ところが問題なのは,経済的な豊かさという目標に代わる新たな目標が,国家や地方自治体などにとってだけではなく,個人にとっても定かに見えてきていないという点である。おそらく,ここでいう目標というのは,受け身のものであってはならないであろう。それが経済的価値に結びつくかどうかはともかくとして,何らかの形で社会に貢献できる活動という意味での目標を,人々が明確にもっているかどうかが重要である。

このような現状の中で,中国などの近隣諸国の経済活動は,ますます活発化し,主にもの作りでの激しい追い上げが迫っている。したがって,もの作りというより,あるいはもの作りに付加される「ヒューマン・サービス」という新たな目標が設定されなければならないにもかかわらず,個人にも,政府にもそのような目標が明確になっていないことが閉塞感の根源であるとも思われる。

少なくとも2015年頃までに関しては,健康で,比較的豊かで,決して従来の「老い」のイメージからは想像できない中高年者が急増する。おそらくゆっくりとしたスピードで,これまでの前期高齢者のイメージは変わるであろうが,いかにしてこのイメージの急速な転換を図るかが,政策や制度設計にとって重要であろう。

次に,後期高齢者が急増する2015年以降に関しては,いまのところ,明確なイメージを描きにくい。前期高齢者が多数を占める社会は,北欧諸国など,日本に先立って経験している国々があるが,後期高齢者が多数を占める社会は,世界に例を見ないわけであり,想像することが難しい。ただ,1つの可能性をイメージすることはできる。この点は次の第2の外部環境の変化について述べたあと,若干触れるにとどめたい。

3　第2の変化：技術の変化

　第2の外部環境の変化として重要なのは，「技術進歩」とそのとらえ方である。経済社会の発展の大部分が，さまざまな技術進歩に支えられてきたことは言うまでもないが，いつの時代でも，この「技術進歩」を受け止める社会のあり方は，それほど単線的なものではなかった。蒸気機関車や電力の開発という今では当然のことのように人類が享受している技術進歩も，その導入時点では，さまざまな抵抗があった。産業革命は，必ずしも大多数の人々の歓迎するものではなかった。

　幸か不幸か，日本は，「遅れて発展した国」であったために，大部分の技術進歩は欧米でのこういった実験的な過程を確かめてから受け入れることができた。しかしながら，いまや先進国となってしまった日本は，新たな技術の導入に関して，その導入過程での試行錯誤を繰り返すことを余儀なくさせられている。IT技術やバイオテクノロジーの導入は，こういった試行錯誤を必然化する技術である。IT技術は，人々のライフスタイルを大きく変える。たとえば携帯電話の普及は，若者の路上でのマナーを大きく変え，高齢者のひんしゅくをかったという例は記憶に新しい。ほぼ5年前には，ところかまわず携帯電話に向かって話す若者を見て，老人たちは，大いに怒ったものである。

　こういった事例は，次の技術進歩として期待されているバイオテクノロジーに関して，より大きな摩擦を生むであろう。いまやポスト・ゲノム時代と言われ，遺伝子組み換え技術の利用可能性が高まるとともに，その社会的適用についての，さまざまな新たなモラルの確立の必要性が叫ばれているが，これに関しても，おそらく高齢者ほど，受け入れがたいと考える人々が多くなる心配がある。

　この具体例に関しては，F.フクヤマが近著『人間の終わり』でアメリカの現状を紹介しているが，おそらく日本では到底受け入れがたいバイオ関連技

術の導入がアメリカで起きている。たとえば，もともとアメリカでは，精神的な疾患についてのとらえ方が，相当日本と異なる。すなわち精神を病んだと思ったら，かなり気軽に医師を訪問するアメリカと，必ずしもそういった考えが普遍的でない日本とでは，その文化的風土が異なるが，そのアメリカでは，治療する新たな薬剤が数多く開発されつつあり，これを日本も同じように受け入れることになれば，これはわれわれの社会の「障害者」観にも大きな変更を迫ることになる。

　それぞれの固有の価値観に合わせて，技術進歩が導入されるべきことは言うまでもないが，経済のグローバル化が進む中で，いわば「情報鎖国」「技術鎖国」を維持することは至難の技であり，新しい技術の受容と拒否に関するモラルの確立が求められるであろう。たとえばクローン人間の創生を認めるのか否かといった，ある種の他人事のような話についても，あらかじめ社会的なルールの確立を用意しなければならない。クローン人間の場合は極端な例であるが，さまざまな人工臓器の導入をはじめとする再生医療を，どのように社会的に，すなわち医療保障の範囲で受け入れるかどうか，といった問題や，遺伝子組み換え技術を医療や食品に，どの程度受け入れるか，なども新たな課題である。

　この点について，やや些末なような例に見えるが，高齢者の方がより多くのとまどいを感じる可能性の例を示しておきたい。最近の高等学校の生物の教科書は，30年前までのそれに比べて，ほとんど全てといってよいほどの変化を遂げている。もし高齢者が，最近の生物学の進展についての知識を有せず，こういった社会的決定に参加することになれば，誤った判断をしかねない。新しい技術を受け入れるにせよ，拒否するにせよ，正しい知識に基づくことが大前提である。しかも，これらは，単に個人の問題ではなく，社会的な意思決定として判断されなければならないものが多い。

　筆者が，「変化に対する適応力」というのは，まさにこのような意味においてである。携帯電話の通話マナーを，老若が共同して確立する工夫がなく，ただ，怒りにまかせるだけでは問題が解決しないという例以上に，より深刻

な問題が数多く生まれてくるのである。F. フクヤマは,「男女の生み分け」という例を取り上げ,日本以外の多くの国々で,男性比率の高まりが生じていることに警鐘をならしているが,この問題も,単なる個人の意思決定とだけでは済ませられない問題を提起する。

一言で言えば,古い価値観の何を維持し,何を捨てるかの社会的意思決定が必要な機会が噴出しており,仮にも老人支配の社会が蔓延すれば,社会は混乱することは目に見えている。

さて,同様のバイオテクノロジーの進歩がもたらす,もう1つの重要な問題も提起しておこう。それは,新たな技術を用いて,人々が,さらに長寿を真に望むかという問題である。しかもこの場合,健康寿命がさらに延びるという可能性を前提としての問題である。深刻なのは,多数の人々がこれまでよりも増して長寿を望んだ場合,その人々の生活を,誰が保障するのかという問題である。これまでの日本では,ほぼ間違いなく長寿はまさに「寿ぐべき」ことであった。100歳まで生きる人々の年金を保障することに,ほとんど誰も疑いを抱かなかった。しかしもし,100歳まで健康で生きる人々が大量に増大した場合,年金負担はかなり増大する。

そこで多くの人々が思い浮かべる短絡的な思考は,次の2つの両極端であろう。これからは,そういった大量の人々の社会保障は望むべくもないから,個人の責任の度合いを高めればよいという考え方と,他方では,それを社会的に保障できない社会は,人間の社会とは言えないので,なんとしてでも保障すべきであるという考え方である。しかもこの種の議論の大前提として重要なのは,寿命が,自然の寿命としてというより,バイオテクノロジーの利用による「人工的な長寿」という性格を持つという点である。この点が,おそらく2つの両極端の考えの溝を大きくする。たとえば,「無理矢理に元気にするのだから,働こうという意欲がある人のみに,長寿を認めよう」といった意見も出かねない。

いずれにせよ,この問題は,単に個人の意思決定の領域に収まらず,もちろん経済問題としてのみ議論されるべき課題でもない。大げさに言えば,広

く社会の生命観などとも関連する人類の将来を見通した議論となるべきであろう。

4 適応力を高めるには

それではこういった，新たな技術の生み出す新しい課題に，どのように適応していけばよいのだろうか。そのもっとも大きな鍵は，個人が個人として確固たる人生観を持ちつつ，かつ異なる見解をも受け入れうる柔軟な適応力を持つことである。自分の考えを，特に若い人に押しつけようとすることは，おそらく他人にとって受け入れがたいことに違いない。かといって，高齢者は，何も若者の考えに迎合する必要はない。新たな時代に生きる人々の新たな考えをどこまで受容できるか，また直接自分に関わりのない事象に対し，どこまで許容できるかが鍵となる。

その具体例として，北欧が，かつて超高齢社会を迎えるに際して経験した次のような例が参考になる。いわゆる後期高齢者を大量に抱えることを最初に経験したのは北欧諸国であるが，この時期に，北欧は，いわゆる「寝たきり老人」を最小限にすることに成功した。それは医学の発展の成果を受け入れることで成功したのではなく，それまで医学分野ではいわばマイナーな技術であった「リハビリテーション」に政策の力点をおくことで成功した。80年代頃から，スウェーデンは，後期高齢者を大規模病院に「収容」することで，社会保障を充実することから，在宅ケアを重視し，生活の場でのリハビリに力点をおくことで，意外にも寝たきりの高齢者を減少させることに成功したのである。

このような試みは，いまでは世界の主要先進諸国では当たり前のことになっているが，政策が打ち出された当初は，多くの偏見と不満があったことが想像できる。いまでは，多くの研究者は，この変化を「健康変換 (health transition)」と呼び，高く評価しているが，この転換は，研究室や病院での

医学の技術進歩から生まれたのではなく，まさに「変化に対する，社会制度の柔軟な適応力」から生まれたと言ってよい。

　もちろん，現代の高齢社会は，アルツハイマー病などのいわゆる痴呆性疾患から解放されないでいる。たとえ「寝たきり」でなくても，痴呆にはなりたくないと願い，医学の進歩が，これを克服してくれることを望んでいる。遺伝子技術の進歩がこの問題を解決することが期待されており，これが，2015年以降の後期高齢者を多く抱える日本にとって，重要な政策課題であることは言うまでもない。ただ，その際，社会システムが同時に柔軟に対応できるかどうかという問題があるわけであり，その時，北欧のシステムの経験からも学ぶことが多いに違いないのである。

参考文献
フクヤマ，F［2002］『人間の終わり』鈴木淑美訳，ダイヤモンド社。

（西村周三）

索　引

ア　行

IT機器　124, 128-129
アシステッドリビング　217-218
アルツハイマー病　125
イエ規範　94
イエ制度　87, 141, 143-144
イソップの寓話　6, 175
1.57ショック　36
意味記憶　26
エイジズム　4, 11, 67-70, 73, 75, 77-78, 81
エイジング　3, 6, 15, 17-29, 159
NPO（非営利組織）　97, 162-163, 199, 205-206, 213-215
エピソード記憶　26
エラー説　20
応益原理　174-175, 179
横断研究　18, 24
応能原理　174-175, 179
オールドタウン化　89-90

カ　行

解雇権濫用法理　201
介護　6, 11, 38-39, 76, 81, 119, 136-151, 176, 187, 208-210, 216
介護サービス　146, 149, 159, 208-211, 213-214, 216, 218, 220-222
介護ストレス　76
介護の社会化　141, 146, 210
介護の担い手の変化　143
介護の民営化　146
（公的）介護保険（制度）　10, 15, 39, 63, 136, 141, 146-147, 154, 156-157, 161, 165-166, 186-187, 208, 210-211, 214-216, 218-222
介護老人福祉施設　211-213
介助　136-137
回想法　126-127
架橋結合説　20
核家族的世帯　50
家族周期　86-87
家族政策　40, 42, 44-45

家族に含まれた高齢者　87
家族の「愛情」と介護　146
家族変化　141
家族変化と介護　141-145
片働き　180-181
活動理論　77
加齢　17, 99, 103-104, 106, 120, 122-125, 139, 159
加齢の人間工学　99
感覚遮断　22
完全失業率　196
企業年金　178, 202
企業福利　201
基礎給付　52
基礎自治体　154-159, 161-163, 166
基礎年金　178-179
技能伝承　109
機能年齢　28, 100-101, 109
客体としての高齢者　87-88
QOL　122, 130
急性期疾患　185
給付建て　177, 182-183
拠出建て　177, 182-183
勤務延長制度　198
金融資産額　57
ケアハウス　218-220
継続雇用　7, 9, 13, 99, 157
軽費老人ホーム　218-219
結婚出生率　36
結晶性知能　24
高額療養費　184
後期高齢人口　32, 34, 138
公共部門　164-165
合計特殊出生率　36, 40
公私分担　163
厚生年金保険料　60
公的なセクター　9
公的年金（制度）　52, 57-58, 60, 62, 173-174, 178, 180, 182-183, 190, 202
公的年金制度の民営化論　62
公的年金の控除　178
公民のパートナーシップ　14

(超)高齢化　5, 17, 30-31, 36, 39-40, 42-45, 48, 68, 85-86, 88-89, 95, 99, 124, 136, 149, 154, 189, 224
高齢化率　2, 4, 34-35, 68, 90, 99, 116, 124-125
高齢者虐待　73-77
高齢者雇用　189-207
高齢者世帯　49-50, 52, 54-55, 86, 208
高齢者世帯の平均家計支出額　52
高齢者対策　161
高齢者の就労　108-109, 112, 116, 159
高齢者の所得水準　59
高齢人口　30-32, 34, 137-138
コーホート　19
国際人口移動　42-44
国民年金保険料　178
国民負担率　169, 171-172
国立社会保障・人口問題研究所　2, 33, 50, 99, 137
国連人口部　31, 35, 43-44
個人差　5, 23, 28, 78, 100, 112, 166
個人年金　182
子世代との同居率の推移　141
個としての高齢者による家族再構築　87
こども虐待　73-74
個別型職務再設計　106, 112
コミュニケーション障害　125
雇用対策　159
雇用のミスマッチ　100, 116
暦年齢　17, 28, 100-101

サ 行

再雇用(制度)　7, 9, 13, 157, 198
在職老齢年金　178
財政再計算　178
最頻値所得　54
作業姿勢　104, 113-114
サクセスフル・エイジング　68
参加型体験学習　133
参加型人間工学　107
産業化　3, 84-86, 88-89
残気量　123
三世代世帯　48-51, 54-55, 57-58, 86
自営業主　180, 191, 195
ジェンダー　137, 143-144
視覚(機能)　22, 103, 112
自己決定　131, 134

自己免疫説　20
自助・共助・公助　14, 158, 163-164
私的年金　178
死の準備教育　131
市民参加　162-163
市民社会の成熟　11
社会的交換説　76
社会的入院　208, 211
社会福祉法人　211-215, 219, 222
社会保険方式　173-174, 178
社会保険料　173
社会保障審議会年金部会　178
社会保障制度　168-169, 173-174, 190, 205
社会保障制度の整備と家族意識　147
収益率　177, 184
就業率　192-193, 225
(年少・老年/経済的)従属人口指数　34-35, 43
縦断研究　18-19, 25
主体としての高齢者　87, 89
出生促進政策　40, 44
受動的な高齢者像　96
純移入　42-44
少子化　2-3, 7, 32, 72, 85-86, 168, 224
消費税　174, 184
消耗説　20
将来推計人口　34-35, 37
職務再設計　102-104, 106-108, 117
職務設計　102
女性化する福祉社会　150
女性高齢者と生活問題　140
所得再分配機能　62, 174
所得水準と介護サービス利用　148
自立　4, 68-69, 89, 160
人口置き換え水準　36
人口学的ボーナス　31, 34
人口政策　39-40, 43-45
人口(学的)転換　31, 138, 141
人種差別　66-67
スウェーデン方式　62
ストレス　119, 124, 131
ストレス説　20
生活習慣病　185
生活速度説　20
生活の質　122, 130
政策官庁化　158
性差別　66-67

索 引 235

生産年齢人口　31, 34-35, 43
税・社会保障負担率　63
精神的障害説　76
生存率　38
税方式　178
世界高齢者会議　30-31
世代間移転説　76
世代間の対立　173
世代効果　19
セルフヘルプ　14, 163
ゼロ成長　59, 61
専業主婦　180, 182
喪失　118, 125
双方向説　76
総労働費用　202
租税負担率　171
措置制度　211

タ 行

第1号被保険者　180
第1次予防　127
第一種社会福祉事業　212, 219
体細胞変異説　20
第3号被保険者　178, 180
第3次予防　128
第三セクター　9, 165
代謝産物蓄積説　20
対処行動　118-121, 133-134
第2次予防　128
団塊の世代　67, 85, 94, 141, 149-150, 206, 225
短期記憶　26, 106, 125-126
単独世帯　48-51, 55
地域共同体意識　95
置換率　62
知的能力　106
知能テスト　18, 24
痴呆　2, 21, 73, 122, 125, 139, 154, 159, 166, 231
地方行革　156, 158
痴呆性高齢者グループホーム　219
地方分権　63, 156, 158, 166
中位数年齢　31, 33-34
注意力　106
聴覚(機能)　23, 103
長期記憶　26-27
貯蓄現在高　57
積立金　177

積立方式　175, 177-179
定常型社会　61
定年制　69, 192, 196, 198, 200-202, 206
等価所得　55
同居慣行　87
当事者負担　164
特定施設入所者生活介護　219-220
特別養護老人ホーム　126, 136, 209-212, 217-218, 220
都市高齢社会　89
共働き　180-182

ナ 行

ナーシングホーム　216-218
長町式作業姿勢インデックス　104, 114
二世帯住宅　54, 87, 90
入移民　43-45
ニュータウン　89-95
人間関係説　77
寝たきり老人　2, 5, 97, 154, 230
年金の支給開始年齢　116, 159, 206
年功賃金　200-201
年少人口　31, 34
年齢効果　18-19
年齢差別　66-67
年齢差別禁止　207
年齢差別禁止法　190
年齢指針　99
脳血管性障害　125, 130
能動的な高齢者像　96
能力評価(制度)　200, 203-204, 207

ハ 行

配偶者虐待　73-74
ハイテク能力開発　109
発見的学習　110
離れていても親しい関係　87
バランス感覚　103-104
パルモア　70-71
PFI法(制度)　220
一人暮らし高齢者の増大　38, 141
一人暮らし老人　2, 5, 39
丙午　36
病識　125
貧富の格差　7-8, 51, 54, 57, 166

「夫婦家族」制　143
賦課方式　173, 175, 177-179
福祉国家　162, 164
福祉の普遍化　208, 211
福利厚生費　201-202
扶養率　35
プログラム説　20
プロダクティブ・エイジング　68, 77-78
分時最大換気量　123
平均寿命　36, 138, 224
平均所得　52, 54, 149
平均余命　37, 139
米国センサス局　30
ベビーブーム　30-31, 36, 85, 137
ヘロン　22
報酬比例　52, 62
補充移民　43
ボランティア　9, 79-81, 91, 95, 97, 119, 160, 162-163, 206

マ・ヤ行

慢性疾患　118, 157, 185
看取り　130-132
民営化　158, 163, 165
民間委託　163, 165
民間の活力　168
無拠出年金制度　179
メッシュ法　111

メディア・ネットワーク　96-97
役職定年制　200
有配偶出生率　36
遊離基説　20
有料老人ホーム　218, 220
有料老人ホーム類似施設　220

ラ行

ライフコース　17
ライン型職務再設計　106, 114
利子率　177
リスク・シェアリング　63
「リスクに備える」　176
離脱理論　77
流動性知能　24
老化　17, 20-22, 122-123
老化現象　123
老親扶養　87
老人医療費　171, 184, 186
老人福祉法　70, 136, 155, 210, 220
老人保健制度　184
老人保健福祉計画　155
老性自覚　124
労働力人口　2-3, 7, 35, 38, 159, 162, 189
労働力の確保　7
労働力率　190
老年化指数　35
ロールプレイ　133

《編者紹介》

田尾 雅夫(たお まさお)

1975 年　京都大学大学院文学研究科博士課程修了
現　在　京都大学経済学研究科教授，経済学博士
著　書　『行政サービスの組織と管理』(木鐸社，第 33 回日経・経済図書文化賞，第 7 回組織学会高宮賞)，『ボランタリー組織の経営管理』(有斐閣)，『ヒューマン・サービスの経営』(白桃書房) 他

西村 周三(にしむら しゅうぞう)

1969 年　京都大学大学院経済学研究科修士課程修了
現　在　京都大学経済学研究科教授，経済学博士
著　書　『保険と年金の経済学』(本会)，『応用ミクロ経済学』(有斐閣)，『医療と福祉の経済システム』(ちくま新書) 他

藤田 綾子(ふじた あやこ)

1973 年　九州大学大学院教育学研究科博士課程単位取得退学
現　在　京都光華女子大学人間関係学部教授
著　書　『高齢者と適応』(ナカニシヤ出版)，『老人・障害者の心理』(編著，ミネルヴァ書房)，『コミュニケーションとこれからの社会』(編著，ナカニシヤ出版) 他

超高齢社会と向き合う

2003 年 4 月 10 日　初版第 1 刷発行

定価はカバーに表示しています

編者　田尾　雅夫
　　　西村　周三
　　　藤田　綾子

発行者　岩坂　泰信

発行所　財団法人　名古屋大学出版会
〒 464-0814　名古屋市千種区不老町 1 名古屋大学構内
電話 (052)781-5027/FAX (052)781-0697

©Masao Tao et al., 2003　　Printed in Japan
印刷・製本 ㈱太洋社　　ISBN4-8158-0462-1
乱丁・落丁はお取替えいたします。

Ⓡ〈日本複写権センター委託出版物〉
本書の全部または一部を無断で複写複製(コピー)することは，著作権法上での例外を除き，禁じられています。本書からの複写を希望される場合は，日本複写権センター (03-3401-2382) にご連絡ください。

西村周三著
保険と年金の経済学　　　　　　　　Ａ５・240頁
　　　　　　　　　　　　　　　　　　　本体3,200円

井口昭久編
これからの老年学　　　　　　　　　Ｂ５・352頁
―サイエンスから介護まで―　　　　　本体3,800円

長谷川幸治著
新・よくわかる股関節の病気　　　　Ａ５・234頁
―手術をすすめられたひとのために―　本体2,200円

見松健太郎/河村守雄著
やさしい肩こり・腰痛・シビレの話　Ａ５・142頁
　　　　　　　　　　　　　　　　　　本体2,000円

岩田久監修　長谷川幸治/横江清司著
よくわかる膝関節の病気・ケガ　　　Ａ５・142頁
　　　　　　　　　　　　　　　　　　本体1,800円

広瀬幸雄著
環境と消費の社会心理学　　　　　　Ａ５・250頁
―共益と私益のジレンマ―　　　　　　本体2,900円

髙栁哲也編
介助犬を知る　　　　　　　　　　　Ａ５・354頁
―肢体不自由者の自立のために―　　　本体2,800円